L'ÉQUIPE

le livre de l'année

2022

27e ÉDITION

Après trois jours de retard en raison des conditions météo défavorables, les 138 participants (un record) de la Route du Rhum ont pu partir le 9 novembre de Saint-Malo pour rallier la Guadeloupe et Pointe-à-Pitre.

SOMMAIRE

14 NOVEMBRE

MOTOGP **GRAND PRIX DE VALENCE.** Après six titres de champion du monde et 76 victoires en 20 saisons, Le « Doctor » Valentino Rossi (42 ans) a terminé dixième de la toute dernière course de sa carrière, remportée par son disciple, Francesco Bagnaia (Ducati). Quelques mois après, son numéro 46 est retiré de la catégorie reine.

19 DÉCEMBRE

HANDBALL **CHAMPIONNATS DU MONDE.** Pauletta Foppa, prise en tenaille par trois joueuses, arme son tir. Sur un nuage à deux minutes de la mi-temps (15-9), les Françaises s'inclinent finalement (22-29) contre la Norvège en finale. Stine Bredal Oftedal (n°10) et ses partenaires empochent le quatrième sacre mondial du pays.

12 DÉCEMBRE

FORMULE 1 **GRAND PRIX D'ABU DHABI.** Dans une fin de saison haletante, Max Verstappen (Red Bull) s'est octroyé son premier titre mondial, détrônant Lewis Hamilton (Mercedes) et ses sept sacres. Le Britannique était pourtant virtuellement champion jusqu'au dernier tour, controversé après la sortie de la voiture de sécurité.

20 NOVEMBRE

RUGBY **TEST MATCH.** Lors d'une soirée de gala, la bande à Antoine Dupont – bientôt désigné meilleur joueur du monde fin 2021 – s'offre la Nouvelle-Zélande dans un Stade de France incandescent (40-25). C'est la première victoire des Bleus face aux All Blacks depuis 2009, la plus large de leur histoire contre les Néo-Zélandais.

21 NOVEMBRE

WRC **RALLYE DE MONZA.** La boucle est bouclée. Grâce à une 54e et ultime victoire, ainsi que quinze années passées côte à côte, Sébastien Ogier et Julien Ingrassia ont décroché un huitième titre mondial, puis se sont séparés. Après les neufs sacres consécutifs de Sébastien Loeb, une nouvelle dynastie prend fin.

20 NOVEMBRE

KARATÉ **CHAMPIONNATS DU MONDE.** Steven Da Costa domine largement le Macédonien Emil Pavlov (8-0) en finale des - 67kg. Après l'or aux Jeux Olympiques de Tokyo, il s'offre son deuxième titre mondial après 2018. Une prouesse réussie précédemment par Thierry Masci (1986, 1988) et Gilles Cherdieu (1996, 1998).

29 NOVEMBRE

FOOTBALL **BALLON D'OR.** Lionel Messi remporte son septième Ballon d'Or devant Robert Lewandowski et Jorginho. En 2021, l'Argentin avait décroché son premier titre avec sa sélection, la Copa America. Côté FC Barcelone, le bilan était plus mitigé : Coupe du Roi, 3e de Liga et élimination en 8es de finale de Ligue des champions.

DAKAR Rallye-Raid 12e et dernière étape, Bisha-Djeddah

Le retour dès Djeddah

Intouchables de la première étape à la dernière, Nasser al-Attiyah et son copilote français Mathieu Baumel ont géré leur avance pour remporter un troisième Dakar en commun, le quatrième pour le Qatarien depuis 2011.

L'ÉQUIPE DU 15 JANVIER 2022

LOUIS BOULAY

Qu'il gagne une médaille olympique au ball-trap (à Londres en 2012) ou un Dakar, Nasser al-Attiyah commencera toujours ses réponses de la même manière : *« La voiture roulait bien, je suis très content. »* À l'arrivée de la 12e et dernière spéciale, quelque part entre Bisha et Djeddah, et après une longue accolade avec son copilote français Mathieu Baumel sur le toit de leur Toyota Hilux T1+, le Qatarien prit le temps de revenir sur ces deux semaines de domination sans partage qui font désormais de lui l'égal d'Ari Vatanen avec quatre succès (2011, 2015, 2019, 2022). *« Malgré les apparences, ce n'était pas si évident que ça à gérer. J'ai pour habitude d'attaquer mais il a fallu être patient. Nerveusement, ce n'était pas facile. »*

Pour remonter le fil de cette 44e édition, le plus simple était de passer sur le bivouac, devant le camping-car de l'équipage 201. L'âme d'un artiste, Baumel y dessinait chaque soir le chemin parcouru et leur position au général. Ce n'était pas bien compliqué, elle n'a jamais évolué.

> **“On a fait une réunion d'urgence. Jamais on n'aurait imaginé avoir une telle avance si tôt.”**
> JEAN-MARC FORTIN, PATRON DE TOYOTA OVERDRIVE

Impressionnant sur le prologue, le duo prit ses distances avec ses principaux rivaux dès la première spéciale, marquée par de nombreuses erreurs de navigation. *« Sur cette journée-là, c'est l'habitude qui a parlé,* assurait Baumel. *On a roulé toute l'année ensemble. Ça crée des automatismes, des routines dans les moments stressants. Sans compétition pendant un an, on aurait sûrement fait la même erreur que les autres. »*

Vainqueurs de la Coupe du monde, Al-Attiyah et Baumel avaient enchaîné les kilomètres et les succès avant d'arriver en Arabie saoudite. Sébastien Loeb et son copilote Fabian Lurquin, eux : zéro sortie officielle. Stéphane Peterhansel et Carlos Sainz au volant de leur Audi hybride : pas un mètre en compétition. *« Il n'y a pas de*

secret, insistait Jean-Marc Fortin, le patron de Toyota Overdrive. *Tu auras beau faire des milliers de bornes d'essais, rien ne remplacera jamais la réalité du chrono et de la course.»* Avec 12'44'' d'avance sur Loeb au soir de la première étape, la préparation de la paire franco-qatarienne portait déjà ses fruits. Alors, quand l'Alsacien connut un problème mécanique sur son BRX Hunter durant la troisième spéciale, les 37'40'' qui séparaient Loeb des leaders du général poussaient ces derniers à changer leur fusil d'épaule.

«On a fait une réunion d'urgence, se rappelait Fortin. *Jamais on n'aurait imaginé avoir une telle avance si tôt.»* Ordre était donné à l'homme à la moustache impeccable de lever le pied et de ne plus prendre de risques inutiles. *«Je ne pensais pas que cela serait aussi stressant*, soufflait Baumel. *Gérer, ça voulait dire ne pas rouler. D'habitude on essaie de tout gagner mais là c'était l'inverse. Pour la deuxième semaine, on ne voulait remporter aucune spéciale.»* En ayant compté jusqu'à 44'59'' d'avance sur Loeb, ils respectèrent le plan à la lettre dans la deuxième partie de course.

LES DIX DERNIERS VAINQUEURS
AUTO

2022	Al-Attiyah-Baumel
2021	Peterhansel-Boulanger
2020	Sainz-Cruz
2019	Al-Attiyah-Baumel
2018	Sainz-Cruz
2017	Peterhansel-Cottret
2016	Peterhansel-Cottret
2015	Al-Attiyah-Baumel
2014	Roma-Périn
2013	Peterhansel-Cottret

Si une frayeur mécanique lors de la 8e étape faisait office de piqûre de rappel, les nombreux pièges n'atteignaient jamais le copilote français. *«Mathieu a fait un boulot exceptionnel*, certifiait Al-Attiyah. *Je suis content pour lui, il mérite cette reconnaissance.»* Dans les traces de la Toyota 201 lors de la première étape, Loeb n'avait pas hésité à qualifier de *«belle à voir»* la navigation de Baumel. *«Faire un sans-faute du début à la fin, c'est très gratifiant*, admettait le principal intéressé, 45 ans, qui remportait là son troisième Dakar. *C'est bien de temps en temps que l'on puisse parler du travail de l'ombre. Tout le monde a vu, cette année, à quel point ça pouvait compter.»*

AUTO
classement général

1. Al-Attiyah - **Baumel**....en 38 h 33'3'' ;
2. **Loeb** - Lurquin....à 27'46'' ;
3. Al Rajhi - Orr....à 1 h 1'13'' ;
… 7. **Serradori - Minaudier** (Buggy Century)....à 2 h 32'5'' ;
… 59. **Peterhansel - Boulanger** (Audi)....à 68 h 12'13''.

MOTO
classement général

1. Sunderland....en 38 h 47'30'' ;
2. Quintanilla....à 3'27'' ;
3. Walkner....à 6'47'' ;
4. **Van Beveren**....à 18'41'' ;
5. Barreda Bort....à 25'42'' ;
6. Cornejo Florimo....à 38'6'' ;
7. Brabec (USA, Honda), à 46'4'' ;
8. Short (USA, Yamaha)....à 46'8''.
… 15. **De Soultrait**....1 h 26'25''.

Nasser al-Attiyah (à dr.) et Mathieu Baumel célèbrent leur troisième victoire commune sur le Dakar (2015, 2019, 2022), la quatrième pour le pilote qatarien au total.

Troisième en 2019 et 2021, vainqueur en 2017, le Britannique Sam Sunderland s'est offert un quatrième podium sur le Dakar en montant sur la plus haute marche avec sa Gas Gas.

«Sam a tout contrôlé»

Le Britannique Sam Sunderland (Gas Gas), déjà vainqueur en 2017, l'a de nouveau emporté. Son beau-frère et concurrent Adrien Van Beveren, 4e en moto, dresse son portrait.

L'ÉQUIPE DU 15 JANVIER 2022

«J'ai gagné ou pas ? S'il vous plaît, dites-moi !» À peine arrivé au bout des 164 km de spéciale de la 12e et dernière étape du Dakar, Sam Sunderland (Gas Gas) n'osait pas encore lever les bras. Après dix longues minutes d'attente, le Britannique laissa enfin exploser sa joie lorsque ses rivaux Pablo Quintanilla (Honda) et Matthias Walkner (KTM) eurent franchi la ligne à leur tour. Sacré pour la deuxième fois après 2017 sur KTM, le pilote de 32 ans, toujours placé tout au long de cette 44e édition, avait ravi la première place trois jours avant à son beau-frère, le Français Adrien Van Beveren. Finalement 4e, le pilote Yamaha acceptait d'évoquer le profil de son plus proche concurrent, *«un immense champion»*.

Le pilote
«Un super exemple»

«Je suis évidemment ravi pour lui. Si ce n'était pas moi qui gagnais, il fallait que ce soit Sam. C'est génial. C'est un vrai champion. Je vis à ses côtés une bonne partie de l'année. On s'entraîne tout le temps ensemble, on se tire toujours la bourre sur tout : à vélo, en course à pied, à la piscine et évidemment à l'entraînement. Nous sommes des compétiteurs mais on s'éclate. J'ai beaucoup de chance d'être aux côtés d'un grand champion comme lui. Il a deux Dakar à son actif maintenant. Il a roulé intelligemment et vite, c'est un super exemple. Oui, c'est mon adversaire et j'aurais bien aimé lui prendre ce trophée. Je n'en étais pas loin, finalement, mais je suis hyper content pour lui. Il le mérite amplement.»

LES DIX DERNIERS VAINQUEURS
MOTO

2022	Sunderland
2021	Benavides
2020	Brabec
2019	Price
2018	Walkner
2017	Sunderland
2016	Price
2015	Coma
2014	Coma
2013	Despres

Être son concurrent
«Je m'inquiète rapidement»

«Ce n'est jamais évident d'avoir Sam dans la même course que moi. Je m'inquiète rapidement pour lui car je connais les risques qu'il faut prendre pour performer. Par exemple, quand il est anormalement absent à un *refuelling (la pause en milieu de spéciale pour faire le plein d'essence)*, je me pose forcément des questions. Lors de l'étape 7, son coéquipier Daniel Sanders s'est blessé sur la route de liaison *(fracture du coude gauche)*. En passant devant l'accident, quand j'ai vu que c'était une Gas Gas, j'ai eu le souffle coupé, j'ai eu vraiment peur. J'ai fait demi-tour et j'ai tout de suite été voir. J'étais inquiet et déçu pour Daniel, ça m'a touché, mais j'étais rassuré que ce ne soit pas Sam.»

Sa route vers la victoire
«Rien de laissé au hasard»

«Il prend un peu plus de risques que moi. On a deux profils différents. Je trouve que, sur cette édition, ce qui lui a permis de gagner, c'est qu'il a vraiment tout contrôlé, il n'a rien laissé au hasard. En général, il est assez agressif, il tombe plus souvent que moi, en course comme à l'entraînement. Mais, en fin de compte, ça ne veut pas dire grand-chose. La preuve il a été très régulier. Il a été capable d'être super concentré. Même sur la dernière spéciale : partir sur une étape comme celle-là en étant en tête du Dakar et devoir gérer jusqu'au bout, ce n'était vraiment pas facile. Je le félicite de tout mon cœur, je suis vraiment content pour lui. Respect, grand respect.» **L. B.**

Sénégal 0-0 (4-2 aux t.a.b.) Égypte

Premier rugissement sénégalais

Les Lions de la Teranga ont remporté pour la première fois la CAN en battant l'Égypte au bout de la séance de tirs au but.

Les Sénégalais peuvent oublier les défaites en finale de la CAN en 2002 et 2019 grâce à ce sacre contre l'Égypte aux tirs au but.

L'ÉQUIPE DU 7 FÉVRIER 2022

HERVÉ PENOT

Il s'éloigne de ses équipiers, seul au monde. Quand tous ses potes se tiennent la main dans le rond central, Sadio Mané marche à l'écart, à une vingtaine de mètres. Il regarde à peine Mohanad Lasheen frapper sur Édouard Mendy. Ça y est. C'est son moment. S'il marque, le Sénégal soulève la Coupe dans le ciel de Yaoundé au bout de la séance de tirs au but (0-0, 4-2 aux t.a.b.). Il porte le poids d'un pays sur ses épaules, s'avance vers cet incroyable « Gabaski », spécialiste des arrêts réflexes. À quoi pense-t-il à cet instant ? À son rêve de jeunesse de décrocher ce titre continental, lui qui a été biberonné aux exploits d'El Hadji Diouf, son idole avec Ronaldinho ? Ou revoit-il son penalty de début de match (7e) arrêté par le roc égyptien ?

Avant de rejoindre la surface, les Lions le prennent dans leurs bras, l'embrassent. Mané se rend vers son beau destin, prend la balle, ne se pose aucune question et place une frappe sèche loin du monstre du Caire. Un stade, longtemps en sommeil, comme tétanisé par la pression, explose comme un seul homme.

Les Lions font plier les Pharaons et leurs sept titres

Ça vibre de partout, ça crie, la tribune de presse remplie de nombreux journalistes sénégalais bondit. Mané est enseveli sous des tonnes de coéquipiers dans une ambiance indescriptible, à la hauteur de l'attente. Le Sénégal remporte sa première Coupe d'Afrique des nations. La belle histoire s'écrit face à l'Égypte, le maître avec ses sept titres. Avant d'entamer cette séance, les Sénégalais commençaient même à croire encore en un fichu destin.

Depuis le début de la CAN, les Pharaons avaient encore été parfaits dans leur destruction du jeu, dans leur capacité à endormir l'adversaire. Mais même avec un Mohamed Salah en grande souffrance, ils auraient pu empocher le Graal sur deux ou trois coups en fin de rencontre et on n'a jamais vraiment vu qu'ils sortaient de trois prolongations (après celles face au Maroc en quarts et au Cameroun en demies). Sauf que le Sénégal voulait tellement défricher son CV, enlever cette malédiction qui lui collait à la peau depuis toujours...

Le sélectionneur Aliou Cissé, l'ancien capitaine des Lions, battu aux tirs au but par le Cameroun en 2002, longtemps critiqué, a aidé cette équipe à atteindre les sommets. Une qualification en Coupe du monde et deux finales de CAN successives ont démontré sa patte, et sa constance au très haut niveau. Cissé a su se remettre en question comme il le disait lui-même, écouter, et repartir au combat. Les héros sénégalais ont été nombreux : Sadio Mané, Édouard Mendy, Kalidou Koulibaly, Diallo ou Bouna Sarr. Et que dire des Idrissa Gueye, Kouyaté ou des nouveaux comme Dieng, très bien entré contre l'Égypte ? Tous méritent les honneurs.

Franck Kessié et les Ivoiriens ont mis au tapis les tenants du titre algériens.

Out of Africa

Battue par la Côte d'Ivoire, l'Algérie, championne en titre, est tombée dès la phase de groupes. Une immense désillusion pour la sélection phare du foot africain depuis trois ans.

L'ÉQUIPE DU 21 JANVIER 2022

HERVÉ PENOT

Le choc. Djamel Belmadi, le sélectionneur algérien, entre dans la salle de conférence de presse la démarche lente, le regard dans le vague. Il tarde à trouver ses mots. On le voit touché, là sans l'être, le corps meurtri, peut-être encore peiné par les larmes de ses joueurs au coup de sifflet final. Il fait face, ne se défile pas devant les questions, même les plus délicates, répond parfois mécaniquement.

Comment aurait-il pu imaginer une telle déception, la première de sa carrière d'entraîneur, en arrivant au Cameroun à la tête de Fennecs invaincus depuis 34 matches ? La dernière place en phase de groupes reflète la portée de la désillusion. Ses joueurs sont tombés d'un gratte-ciel et non d'un muret.

Écrasés par les Éléphants

L'équipe a carrément sombré contre la Côte d'Ivoire, écrasée par les coups de patte surpuissants des Éléphants (1-3). La défaite, une deuxième d'affilée après celle concédée face à la Guinée équatoriale (0-1), résumait le parcours des Fennecs : ils n'ont existé que dix minutes après le but de Sofiane Bendebka (1-3, 74e), le temps de se créer une belle occasion par Islam Slimani, de la tête, stoppée par Ali Badra Sangaré (75e). Bien trop peu pour espérer bousculer des Ivoiriens meilleurs dans tous les domaines.

Le destin s'acharne décidément sur cette sélection qui avait connu le même sort après son succès en 1990 : retour à la maison prématuré deux ans plus tard. Comment les Algériens en sont-ils arrivés là ? Eux qui venaient avec l'idée d'égaler le record d'invincibilité de l'Italie (37 matches sans défaite) ne marqueront donc pas l'histoire mondiale. La préparation pas idéale, entre Covid et joueurs récupérés à la dernière minute, n'a jamais permis de revoir le groupe conquérant, surpuissant de l'Égypte. Belmadi a cherché des solutions, des attelages, mais n'a jamais réussi à les trouver. Et le manque de réussite incroyable de ses attaquants lors des deux premiers matches, prolongé par le penalty raté de Riyad Mahrez contre les Ivoiriens (60e), l'a contraint à une gestion moins fluide qu'en 2019.

Mahrez, le capitaine, débarquait, auréolé du titre de meilleur joueur de Manchester City en décembre 2021, et repartait du Cameroun sans jamais avoir eu d'impact. L'équipe avait perdu, en plus, son assise défensive, orpheline d'Adlène Guedioura, celui qui protégeait la défense centrale. Cette dernière est aussi passée au tamis du temps, Djamel Benlamri ayant perdu de son influence et Aïssa Mandi étant devenu remplaçant de luxe à Villarreal. Les étoiles de ces héros ont pâli comme celles de Baghdad Bounedjah, buteur clinique au Caire, en 2019, peu visible à Douala.

LES DIX DERNIERS VAINQUEURS

2022	Sénégal
2019	Algérie
2017	Cameroun
2015	Côte d'Ivoire
2013	Nigeria
2012	Zambie
2010	Égypte
2008	Égypte
2006	Égypte
2004	Tunisie

tableau final CAN 2022

1/4

Burkina Faso	1
Tunisie	0
Sénégal	3
Guinée équat.	1
Gambie	0
Cameroun	2
Maroc (a. p.)	1
Égypte	2

1/2

Burkina Faso	1
Sénégal	3
Cameroun	0
Égypte	0

1-3 aux t.a.b.

Finale

Sénégal	0
Égypte	0

4-2 aux t.a.b.

3e place

Burkina Faso	3
Cameroun	3

3-5 aux t.a.b.

Les Comores, magnifique surprise

Pour leur toute première participation à la CAN, les Comores ont réussi à se hisser jusqu'en huitièmes de finale et ont été héroïques face au pays hôte, le Cameroun. Dans un groupe très relevé, (Maroc, Gabon, Ghana), les « Cœlacanthes » – du nom d'un poisson présent dans les eaux de l'archipel – se sont qualifiés grâce à leur victoire lors de la dernière journée contre le Ghana (3-2).

Classés parmi les quatre meilleurs troisièmes, ils avaient pourtant perdu leurs deux premiers matches (0-1 contre le Gabon, 0-2 contre le Maroc). Avant la confrontation contre les Lions indomptables, les Comores ont été confrontés à une situation complexe : devoir jouer sans gardien pour cause de Covid et d'un protocole flou de la part de la CAF. C'est donc le défenseur Chaker Alhadhur (1,72 m, arrière latéral) qui a pris place dans le but. S'il a sorti quelques ballons de façon spectaculaire, Karl Toko Ekambi (29e) et Vincent Aboubakar (70e) ont finalement eu raison de lui. Réduits à dix dès la 7e minute, les Comores se sont battus jusqu'au bout, réduisant le score par Youssouf M'Changama à la 81e mais sans parvenir à égaliser.

À la maison, le Cameroun dompté

En 1972, lors de la dernière CAN organisée par le Cameroun, le pays hôte avait perdu contre le Congo en demies. Cinquante ans après, les Lions indomptables se sont arrêtés au même stade. Plutôt dominants en phase de groupes (deux victoires, un nul), craintifs contre les Comores en huitièmes de finale, ils ont été plus à l'aise contre la Gambie avant de retrouver l'Égypte en demi-finale.

Les Pharaons (sept titres) sont les seuls à les devancer au nombre de victoires finales (cinq pour le Cameroun). Mais la rencontre fut décevante de part et d'autre. Le Cameroun, malchanceux (deux poteaux), butait sur l'Égypte, qui tint bon et s'imposa aux tirs au but. Harold Moukoudi, James Léa-Siliki et Clinton Njie rataient leur tentative. Les Lions indomptables étaient domptés devant leur public.

D'une autre planète

En remportant son deuxième Open d'Australie, au prix d'une lutte phénoménale, Rafael Nadal a décroché son 21e titre du Grand Chelem et devance les deux autres monstres sacrés, Novak Djokovic et Roger Federer.

Nadal	2	6	6	6	7
Medvedev	6	7	4	4	5

L'ÉQUIPE DU 31 JANVIER 2022

DAVID LORIOT

Il a posé sa volée de revers, juste posé, sans prendre de risque inutile. Daniil Medvedev a galopé, l'a touchée, juste touchée. Et la Rod Laver Arena s'est soulevée d'un coup, balayée de frissons, submergée, enivrée. Devant elle, un héros authentique se dressait, avec un sourire immense qui semblait embrasser tous les bonheurs du monde. Les mains sur les hanches, les yeux pleins d'étincelles, Rafael Nadal venait d'accomplir l'un des plus colossaux exploits de ses dix-sept ans de carrière, un chemin pourtant déjà pavé de tant de grandes choses.

En 5 h 24' d'un combat mémorable, résumé sublime d'une vie héroïque, Nadal a mis un pied dans l'éternel. En remportant son 21e Grand Chelem, en devançant maintenant les deux autres titans du jeu, Roger Federer et Novak Djokovic, le Majorquin a écrit l'histoire à l'encre d'or et a tatoué au fer de l'émotion les 20 000 cœurs battant jusqu'au bout de la nuit.

Tous se souviendront de ce moment hors du temps, de cette finale immense que Nadal aurait sans doute perdue en trois sets si tout avait été normal, si l'histoire n'avait pas tambouriné à la porte. Si Medvedev n'avait pas laissé passer trois balles de break consécutives à 3-2 au troisième set, alors qu'il avait le match en main et que Nadal, sans première balle de service (53,5 % sur les deux premiers sets), était souvent cueilli à l'échange.

Mais voilà, c'était un soir bien trop spécial pour se contenter de l'ordinaire. Et il était finalement assez naturel que ce tournoi se termine sur une note extatique tant il a emprunté de chemins «de travers» en trois semaines. Du numéro 1 mondial, Novak Djokovic, «embastillé» puis renvoyé *(lire par ailleurs)*, au sacre de Nadal, son deuxième à Melbourne après celui de 2009, ce Grand Chelem aura pour toujours une place à part.

Alors, quand Nadal eut écarté ce fameux break au cœur du troisième set, il a regardé son clan, comme pour dire : «*Je suis toujours vivant et je vais me battre. Comme toujours et peut-être plus encore.*» L'Espagnol savait qu'il partait de très loin. Il n'avait plus remporté un match en cinq sets, après avoir concédé les deux premiers, depuis 2007… Jamais dans l'ère Open un joueur n'avait remonté deux sets en finale de l'Open d'Australie et il fallait revenir cinquante-sept ans en arrière et la victoire de Roy Emerson sur Fred Stolle pour trouver une telle «remontada». Comment envisager qu'un homme de 35 ans privé de terrain depuis plus de cinq mois – son dernier match datait d'août 2021 – qui avait débarqué en terre australe avec un pied à peine rafistolé et un tombereau de doutes, qui dut écourter sa préparation après avoir contracté le Covid en décembre, puisse retourner le numéro 2 mondial et décrocher son septième Grand Chelem de trentenaire ?

Un roi sur une simple chaise

En arrivant, Nadal n'avait aucune certitude. Lentement, il a rallumé son feu. Au troisième tour, face à Khachanov, il a laissé

LES DIX DERNIERS VAINQUEURS

2022	Nadal (ESP)
2021	Djokovic (SER)
2020	Djokovic
2019	Djokovic
2018	Federer (SUI)
2017	Federer
2016	Djokovic
2015	Djokovic
2014	Wawrinka (SUI)
2013	Djokovic

HOMMES

1/4	1/2	finale	1/2	1/4
MONFILS	BERRETTINI 6-4, 6-4, 3-6, 3-6, 6-2	**NADAL 2-6, 6-7 (5), 6-4, 6-4, 7-5**	TSITSIPAS, 6-3, 6-4, 6-2	SINNER
BERRETTINI 7-5, 7-6 (4), 6-3		NADAL 6-3, 6-2, 3-6, 6-3		TSITSIPAS 7-6 (3), 6-3, 6-4
SHAPOVALOV	NADAL 6-3, 6-4, 4-6, 3-6, 6-3	MEDVEDEV, 7-6 (5), 4-6, 6-4, 6-1	MEDVEDEV, 6-7 (4), 3-6, 7-6 (2), 7-5, 6-4	AUGER-ALIASSIME 4-6, 6-4, 4-6, 6-3, 6-4
NADAL 6-3, 7-6 (5), 6-3				MEDVEDEV 2-6, 7-6 (7), 6-2, 7-6 (4)

1/4 (scores as printed)				
MONFILS / BERRETTINI: 7-5, 7-6 (4), 6-4	SHAPOVALOV / NADAL: 7-6 (14), 6-2, 6-2		SINNER / TSITSIPAS	AUGER-ALIASSIME / MEDVEDEV: 7-6 (14), 6-2, 6-2

En capitales, les têtes de série.

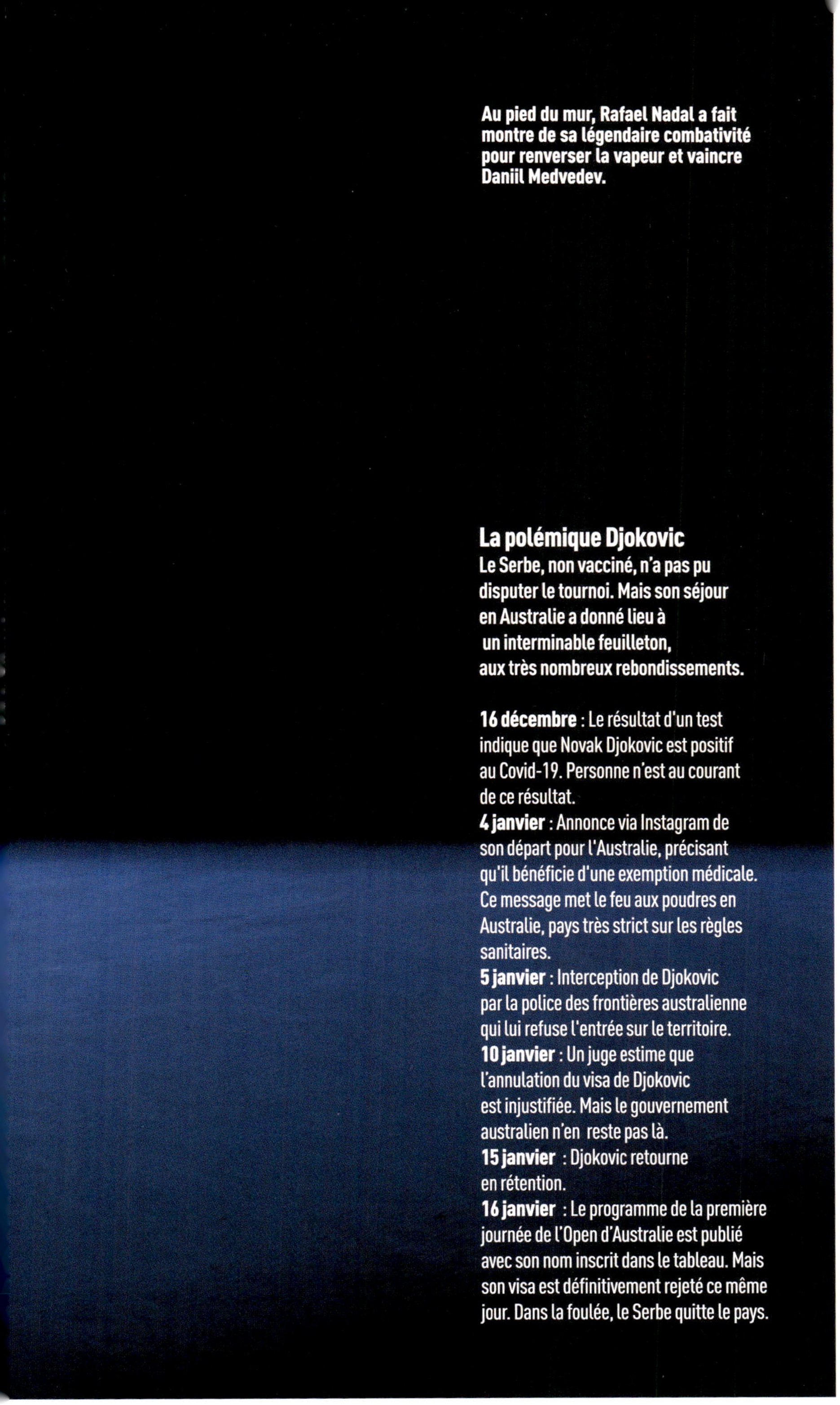

Au pied du mur, Rafael Nadal a fait montre de sa légendaire combativité pour renverser la vapeur et vaincre Daniil Medvedev.

La polémique Djokovic

Le Serbe, non vacciné, n'a pas pu disputer le tournoi. Mais son séjour en Australie a donné lieu à un interminable feuilleton, aux très nombreux rebondissements.

16 décembre : Le résultat d'un test indique que Novak Djokovic est positif au Covid-19. Personne n'est au courant de ce résultat.
4 janvier : Annonce via Instagram de son départ pour l'Australie, précisant qu'il bénéficie d'une exemption médicale. Ce message met le feu aux poudres en Australie, pays très strict sur les règles sanitaires.
5 janvier : Interception de Djokovic par la police des frontières australienne qui lui refuse l'entrée sur le territoire.
10 janvier : Un juge estime que l'annulation du visa de Djokovic est injustifiée. Mais le gouvernement australien n'en reste pas là.
15 janvier : Djokovic retourne en rétention.
16 janvier : Le programme de la première journée de l'Open d'Australie est publié avec son nom inscrit dans le tableau. Mais son visa est définitivement rejeté ce même jour. Dans la foulée, le Serbe quitte le pays.

son premier set du tournoi, mais c'était paradoxalement presque un bon signe : le Majorquin pouvait batailler. Contre Mannarino, il a sorti un passing de coup droit croisé fracassant pour ne pas lâcher un tie-break gigantesque de 28 minutes (16-14). Ce furent ensuite cinq sets devant le frappeur compulsif Shapovalov.

L'Espagnol se mettait dans le dur physiquement, mais il existait au plus haut niveau. Puis en demi-finales, il rouait de coups habiles le revers de Berrettini. Les bonnes nouvelles s'entassaient au fil des jours, mais Nadal souriait gentiment à l'évocation de ce 21e Grand Chelem, répétant qu'il ne changerait pas sa vie. Mais à le voir slicer, bomber, amortir, embrouiller un Medvedev qui perdait le contrôle des choses et sa lucidité dans le quatrième set, à le voir couvrir sa ligne de fond à toute vitesse dans le cinquième, à le voir repartir sur le champ de bataille après avoir trébuché sur la première marche de l'histoire à 5-4, tous savaient que ce bonhomme vivait la nuit la plus émouvante de sa carrière.

À 1 h 11, sur cette volée juste posée, Nadal était fait roi du monde. Roi éreinté, assis sur une simple chaise avant de recevoir son trophée, tandis que déjà, partout, on contait la légende…

FEMMES

1/4	1/2	finale	1/2	1/4
BARTY 6-4, 6-3	BARTY 6-2, 6-0	BARTY 6-1, 6-3	COLLINS, 7-5, 6-1	COLLINS 4-6, 6-4, 6-4
PEGULA 7-6 (0), 6-3		**BARTY 6-3, 7-6 (2)**		**Cornet** 6-4, 3-6, 6-4
KREJCIKOVA 6-2, 6-2	Keys 6-3, 6-2	COLLINS, 6-4, 6-1	SWIATEK, 4-6, 7-6 (2), 6-3	SWIATEK 5-7, 6-6, 6-3
Keys 6-3, 6-1				KANEPI 5-7, 6-2, 7-6, (10-7)

En capitales, les têtes de série, en gras la Française.

Un dernier coup de Ash

Victorieuse de l'Américaine Danielle Collins (6-3, 7-6), l'Australienne Ashleigh Barty a sereinement assumé la pression devant son public. Avant, moins de deux mois plus tard, de tirer sa révérence.

Ashleigh Barty a survolé le Grand Chelem australien sans perdre un set.

L'ÉQUIPE DU 30 JANVIER 2022

FRANCK RAMELLA

Barty	6	7
Collins	3	6

Après un regard presque hargneux à la balle de match, la bouille préférée des Australiens était proche des larmes dans le brouhaha festif de la Rod Laver Arena. Mais « Ash » n'a pas craqué. Ashleigh Barty, humble, gentille, les pieds sur terre, n'avait pas grand-chose à ajouter que sa simplicité pour parachever un accomplissement phénoménal dans un pays qui n'avait plus connu un tel succès depuis 44 ans avec Chris O'Neill. Et c'était alors à Kooyong, sur gazon. Barty rend les choses simples. Durant la préparation « hivernale », elle avait apprécié de coacher les week-ends sa nièce Lucy et son groupe d'amis. Et, depuis la reprise de la compétition, avec un premier succès à Adélaïde, la *« créature de routine »*, comme elle se désigne, n'a pas laissé gagner la nervosité dans cet événement hors-norme à Melbourne Park.

On l'a toujours vue faire la même chose ici – cet échauffement dans les couloirs batte de cricket en main – tandis que Craig Tyzzer, son coach depuis 2016, martelait que rien ne changeait au quotidien. Et on le croyait. Dans le box pendant la finale, tout le monde, quasi stoïque, était à l'unisson de cette absence calculée d'excitation.

LES DIX DERNIÈRES VAINQUEURES

2022	Barty (AUS)
2021	Osaka (JAP)
2020	Kenin (USA)
2019	Osaka
2018	Wozniacki (DAN)
2017	S. Williams (USA)
2016	Kerber (ALL)
2015	S. Williams
2014	Li Na (CHN)
2013	Azarenka (BLR)

Trois titres majeurs sur trois surfaces différentes

Même si son fameux slice en revers n'a pas bouleversé Danielle Collins, même si elle a été menée 5-1 en deuxième manche après quelques bourdes, l'Australienne s'est laissée porter par son état d'esprit, son service (82 % de points gagnés après sa première balle) et son coup droit qu'elle glisse là où elle le souhaite pour finir la quinzaine sans perdre une manche. La rage de « Danimal » l'Américaine, hardie sur quelques retours agressifs, s'est diluée dans un dernier tie-break sans suspense. Sortie d'une pré-retraite après presque deux ans en pige au Brisbane Heat en cricket (2014-2016), pas loin du mi-temps avec les contrariétés du Covid encore plus dures à gérer pour les Aussies (année quasi blanche en 2020, retour à la maison dès septembre en 2021), Barty a fait fructifier la variété de son jeu pour gagner son troisième Majeur, après Roland-Garros 2019 et Wimbledon 2021. Elle a gagné douze de ses quatorze dernières finales…

Sept semaines plus tard, elle arrête tout

Moins de deux mois (le 23 mars) après sa victoire, Ashleigh Barty a annoncé soudainement la fin de sa carrière. Une déclaration choc pour le monde du tennis, d'autant que l'Australienne a seulement soufflé vingt-six bougies en 2022. La joueuse aux quinze titres (dont trois en Grand Chelem) a bouclé de la meilleure manière sa courte aventure en disputant son dernier match chez elle, à Melbourne. Dans la vidéo postée sur Instagram où elle explique ce retrait, Barty a indiqué que c'était le bon moment : *« Je sais juste que dans mon cœur, pour moi en tant que personne, c'est la bonne chose à faire. Je n'ai plus la motivation physique. Je suis épuisée. »*

HANDBALL Championnat d'Europe demi-finales

France 33-34 Suède

Bien contenu par Karl Wallinius et Jonathan Carlsbogard, Nikola Karabatic n'a pas pu guider la France vers une nouvelle finale européenne.

À court de miracle

Les Bleus ont logiquement cédé face à une Suède supérieure, comme au Mondial il y a un an. Et n'ont pas réussi à décrocher le bronze face au Danemark.

L'ÉQUIPE DU 29 JANVIER 2022

YANN HILDWEIN (avec Ak. C. et P. Me.)

Un instant fugace, le spectre de Grégory Anquetil s'est invité à Budapest, quand les Bleus se sont offert une balle d'égalisation à la dernière seconde contre la Suède. Mais il n'y a pas eu de but magique comme en finale du Mondial 2001 à Paris-Bercy (28-25 a.p.). Face au tir de Ludovic Fabregas, c'est un autre fantôme qui s'est dressé : Andreas Palicka, qui déjà avait brisé le rêve des Français en demi-finales des Mondiaux l'an passé (26-32).

« Il nous a tués », se désolait Nicolas Tournat. Le ballon est resté collé à la jambe du gardien vêtu de noir, qui l'a brandi face aux tribunes. La France, elle, devra attendre avant de vivre sa quatrième finale continentale après les trois glorieuses de 2006, 2010 et 2014. Cet ultime loupé était dans le sens de l'histoire. Dispersés dans leur moitié de terrain pendant que leur bourreau, Jim Gottfridsson, recevait son trophée d'homme du match, les Bleus ont pu méditer à quel point leurs adversaires avaient mérité leur succès

Des Suédois au-dessus

Ils avaient sans doute épuisé leur quota de miracles lors de la folle remontada au dernier match de groupes contre le Danemark (30-29). Ils ont encore été menés de cinq buts contre la Suède. Ils se sont encore battus jusqu'au bout, mais sans inverser le rapport de force. En défense surtout.

Trente-quatre buts encaissés, c'est très, très loin des standards de l'arrière-garde tricolore dans son histoire et dans cet Euro. *« On est dégoûtés*, avouait Karl Konan. *On perd de la lucidité et de la rigueur au fil du match. C'est une belle leçon de hand. »* Contrairement à l'an passé, quand ils avaient couru après le score du début à la fin, les Bleus ont pourtant connu une entame de rêve (5-1, 6e), agressifs et dominateurs. Mais la machine était fragile, comme toutes les équipes de cet Euro à cause du Covid.

Nicolas Tournat était de retour pour ce match, comme le sélectionneur Guillaume Gille, mais Kentin Mahé a encore manqué, isolé dans sa chambre avec vue sur le Danube. Les Suédois aussi avaient perdu du monde par la malédiction de l'écouvillon, leur meilleur buteur Hampus Wanne en tête. Ils ont cependant trouvé d'autres ressorts. Et les Bleus ont commencé à plonger sur une succession d'exclusions temporaires. Ils ont très mal géré leurs ballons alors qu'ils avaient sorti leur gardien, permettant à Palicka de marquer trois fois dans une cage vide

Des leaders qui n'ont pas été au rendez-vous

Une fois que la Suède est passée devant, la France n'a jamais su inverser la tendance. À l'image du carton rouge de Valentin Porte, alors que la France venait de revenir à un but à trois minutes du terme.

« On était dans un moment un peu fort et ça a coupé la dynamique, avouait le capitaine. *J'en suis navré et je me suis excusé auprès de mes coéquipiers, c'est une erreur bête. »*

L'équipe de France a été lâchée par ses cadres, jeunes et moins jeunes. Nikola Karabatic, Ludovic Fabregas ou Dika Mem n'ont jamais vraiment pesé sur la rencontre, au contraire d'Aymeric Minne, dont l'incroyable culot aurait presque pu sauver les Bleus. Ou d'Hugo Descat, qui n'a cessé d'haranguer le coin des supporters français dès la fin des hymnes.

LES DIX DERNIERS CHAMPIONS

2022	Suède
2020	Espagne
2018	Espagne
2016	Allemagne
2014	**France**
2012	Danemark
2010	**France**
2008	Danemark
2006	**France**
2004	Allemagne

Médaille en chocolat pour les Bleus, le sacre pour la Suède

Après sa défaite en demi-finales contre la Suède, les Bleus retrouvaient le Danemark dans le match pour la troisième place. Et surtout son demi-centre Kentin Mahé, à l'isolement pendant huit jours à cause d'un test Covid positif. Malgré son retour fracassant (8 buts, 7 passes décisives), la France s'inclinait (32-35 a.p.). La Suède, elle, est allée jusqu'au bout en disposant de l'Espagne (27-26) pour s'offrir un cinquième sacre européen. Vingt ans après son dernier titre. Jim Gottfridsson a été élu joueur du tournoi et le gardien Andreas Palicka a encore été énorme en finale (11 arrêts).

Loeb, quadra vrombissant

Alors qu'on l'imaginait avoir tourné la page du WRC en 2020, l'Alsacien a décroché, à 47 ans et 10 mois, sa 80e victoire, la huitième au Monte-Carlo.

L'ÉQUIPE DU 24 JANVIER 2022

JÉRÔME BOURRET

Sébastien Loeb revient de loin. Un mois et demi avant le départ de ce Monte-Carlo, il n'était pas certain d'en être. Dix jours avant, il était dans le désert saoudien à courir, en vain, après une première victoire sur le Dakar. Sur ce rallye, il paraissait plus proche d'une nouvelle deuxième place que d'un 80e succès en Championnat du monde. Mais une crevaison sur la Toyota de Sébastien Ogier, dans l'avant-dernière spéciale, a décidé de l'épilogue de ce sublime bras de fer. La chance et le destin ont choisi l'Alsacien, entré encore un peu plus dans la légende en devenant, à 47 ans, 10 mois et 28 jours, le plus vieux vainqueur en WRC. *« Je ne crois pas qu'un autre sportif ait déjà réussi ça*, observait Malcolm Wilson, le patron de M-Sport, sur le port de Monaco. *Il a plus de 47 ans, tente un retour en rallye après deux ans d'absence, rentre de deux semaines éprouvantes au Dakar. Incroyable ! »*

classement final

1. **Loeb-Galmiche** (Ford Puma Rally1)............3 h 0'32''8 ;
2. **Ogier-Veillas** (Toyota GR Yaris Rally1)..............à 10''5 ;
3. Breen-Nagle (IRL, Ford Puma Rally1)..............à 1'39''8 ;

vainqueurs de spéciale

Loeb, 6 ; **Ogier,** 5 ; Rovanperä, 3 ; Greensmith, Evans et Neuville, 1.

leaders successifs

Ogier, ES 1 à ES 4 et ES 10 à ES 15 ; **Loeb,** ES 5 à ES 9 et ES 16 à ES 17.

power stage (ES17)

1. Rovanperä ; 2. Evans ; 3. Neuville ; 4. **Loeb,** 2 ; 5. **Ogier**

Le souvenir douloureux du Monte-Carlo 2020

Emporté par l'élan d'une victoire déjà sortie de nulle part lors du Rallye de Catalogne 2018, Sébastien Loeb s'était repris au jeu en signant chez Hyundai pour huit apparitions en 2019 et 2020. Gêné par son manque de roulage, il eut bien du mal à renouer avec son glorieux passé, celui des années Citroën (2002-2013) et des succès à la pelle (78).

Le Monte-Carlo 2020 fut, notamment, un passage délicat pour l'ego du champion. Hors du coup (6e) sur cette épreuve dont il était pourtant, à l'époque, le recordman de victoires. L'Alsacien préféra renoncer à sa participation à l'épreuve suivante, en Suède. Le Covid et la saison 2020 l'avaient finalement poussé à refermer une nouvelle fois la page WRC.

Sébastien Loeb célèbre sa 80e victoire en WRC au côté d'Isabelle Galmiche, ancienne copilote de réserve du pilote alsacien, au volant de la Ford Puma Rally1 (ci-dessous).

Mais Red Bull, en mars 2021, commença à lui parler d'un énième retour. *« Dès qu'il est monté dans la Ford Puma Rally 1, il a retrouvé ses sensations oubliées. Il ne voulait plus descendre de la voiture tant il se sentait bien. On ne pouvait plus l'arrêter »*, raconte Wilson.

Relâché sans lâcher prise

L'entame de course confirma ses bonnes sensations des essais. Le doyen fut même en tête du Monte-Carlo. Une première pour lui depuis 2015. Cette année-là, après un break d'un an et demi, il avait tenu tête à Ogier avant de se faire piéger par une plaque de glace. Cette fois, il n'a pas lâché prise. S'est joué de cette puissante machine, s'est amusé de cette belle aventure. Et est devenu, au passage, le recordman de victoires de spéciales sur le Monte-Carlo (81).

Isabelle Galmiche, sa co-pilote, qui retournera à son quotidien de prof de maths dès le lendemain, n'en revient pas : *« Faire un rallye avec lui, c'était énorme. Alors le gagner ! Ce qui m'a fait le plus bizarre, ce sont les célébrations à l'arrivée de la dernière spéciale et sur le podium. D'habitude, je regarde ça à la télé ! »* Son dernier succès remontait au Rallye régional des Routes Picardes 2018, au côté de Dominique Rebout, l'ex-beau-frère de... Loeb. Aussi bon perdant qu'il aurait fait un beau vainqueur, Ogier retenait, au-delà de ce coup du sort, *« un grand week-end de sport »* entre deux monuments du rallye.

21 JANVIER

SKI FREESTYLE X GAMES. Tess Ledeux empoche l'or avec un saut historique chez les femmes à 1 620° (quatre tours et demi) sur l'épreuve de big air. Le lendemain, elle gagne le slopestyle et devient la première à remporter les deux épreuves sur une même édition des X Games. De quoi lancer la numéro 1 mondiale vers les JO.

9 JANVIER

TENNIS TOURNOI D'ADELAÏDE 1. À 35 ans, Gaël Monfils domine le Russe Karen Khachanov en deux sets (6-4, 6-4, 1h19') pour remporter son onzième titre ATP. Il égale Guy Forget et devient le cinquième Français le plus titré dans l'ère Open derrière Yannick Noah (23), Jo-Wilfried Tsonga (18), Richard Gasquet (15) et Gilles Simon (14).

13 JANVIER

SKI DE BOSSES COUPE DU MONDE. À Deer Valley (USA), Perrine Laffont s'est imposée pour la deuxième fois en cinq jours. Deux victoires bienvenues après une chute lors de la manche de Coupe du monde à l'Alpe d'Huez en décembre. La championne olympique de Pyeongchang (2018) engrange alors de la confiance avant les JO de Pékin.

16 JANVIER

RUGBY COUPE D'EUROPE. Montpellier perd contre le Leinster avec un écart de 82 points (7-89), le plus gros de l'histoire de la Coupe d'Europe pour un club français. Le MHR a encaissé treize essais et n'en a inscrit qu'un seul. Aucun match en un mois, dix-huit cas Covid depuis le 5 janvier et une équipe remaniée expliquent cette déroute.

23 JANVIER

MMA UFC POIDS LOURDS. Invaincu en dix combats, Ciryl Gane (à dr.) a dû céder en cinq rounds face à la puissance du Camerounais Francis Ngannou, tenant du titre. Bien entré dans sa partie avec des coups bien sentis dans les deux premiers rounds, « Bon Gamin » s'est fait surprendre par les qualités de lutteur de son adversaire.

30 JANVIER

HOCKEY SUR GLACE COUPE DE FRANCE. Patrick Coulombe jubile et soulève la troisième Coupe de France de l'histoire des Ducs d'Angers. En finale, les hockeyeurs de l'Anjou se sont défaits de Gap lors d'une finale serrée (5-4). Ultime rescapé de la dernière victoire angevine dans la compétition, Robin Gaborit a inscrit le but en or.

7
JANVIER

BASKET **NBA.** Contre les Boston Celtics de Robert Williams III (n°44) et Marcus Smart (n°36), Evan Fournier a franchi la barre des 40 points (41). Un fait rare pour un Français puisque seuls deux Tricolores l'ont précédé outre-Atlantique : Tony Parker à cinq reprises (record à 55 unités) et Rodrigue Beaubois (40 points).

France 37-10 Italie

Antipasti ? Bien (di)gérés

Lente au démarrage, l'équipe de France a tout de même corrigé l'Italie. Et, sans pour autant convaincre totalement, elle a obtenu un succès bonifié.

L'ÉQUIPE DU 7 FÉVRIER 2022

RENAUD BOUREL

Ce France-Italie, resucée formelle d'une bonne dizaine de ses modèles précédents, ne doit pas faire oublier que l'équipe de France a honnêtement baissé le rideau de cette première journée du Six Nations 2022. Avec 27 points d'écart sur l'addition finale, Alldritt et son gang signent même le plus large succès du quinze de France sur les Italiens à domicile dans le Tournoi et prennent la première place du classement.

Devant le spectacle offert au Stade de France, vous aviez le permis de bailler, parfois, de soupirer, souvent, mais jamais de sérieusement vous inquiéter. Il ne faisait aucun doute que les Français finiraient par sortir de leur torpeur de la première demi-heure et qu'ils n'allaient pas se laisser ensuquer pendant quatre-vingts minutes. D'ailleurs, le choix d'aller en touche, juste avant de rentrer au vestiaire (40e), plutôt que de prendre la pénalité et s'offrir un maigre matelas de quatre points, fut une marque de confiance en soi récompensée d'un essai merveilleux.

14

LE TRIPLÉ

Cela faisait quatorze ans qu'un Français n'avait pas inscrit un triplé dans le Tournoi.

Avant Gabin Villière, il fallait remonter au 9 février 2008 quand Vincent Clerc avait aplati trois fois contre l'Irlande (26-21)

Solliciter sa bonne étoile et s'en remettre aux éternelles fulgurences

Derrière la prise en touche de Woki, des courses parfaites, deux caresses sur un pas de Ntamack et Penaud, puis Jaminet, parfaitement lancé, pour décaler Villière et le but au bout (18-10). Car oui, on peut aussi se passer un ballon sous la pluie, sinon les Néo-Zélandais auraient été les premiers à renoncer à ce jeu.

Mais revenons à nos Dupont. Si tout ne fut pas aussi laborieux que les 30 mètres parcourus par le SUV miniature transportant le ballon du coup d'envoi, la partition gauloise diffusa une impression étrange de bout en bout. Une incapacité à trouver du liant, à imposer son propre tempo. Pourtant, outre le défaut d'intensité de l'entame, il fut difficile d'identifier des récurrences dans la partition des Bleus. Là où le tube « Dépossession » du premier Tournoi avait fait recette, sans installer les Français en tête des hit-parades 2020 et 2021, face à une Squadra sereine sur sa mêlée et dotée d'une défense mieux organisée que l'année passée, il fallut solliciter un peu sa bonne étoile et s'en remettre aux éternelles fulgurances pour s'en dépêtrer.

Pour commencer, sur cette interception de Jelonch (27e), laquelle permettait aux Français de reprendre le score (8-7). Ou sur cette touche rapidement jouée par Dupont (68e). Un point de fixation, un renversement, puis Moefana fixait deux défenseurs sur une passe après contact pour Penaud. L'ailier de Clermont jouait parfaitement avec son demi de mêlée le coup du « à moi, à toi, encore à moi » et pointait dans l'en-but pour le bonus (30-10). Ajoutez à cela le triplé de Villière, dont un exploit personnel, et vous devinerez aisément que la copie française ne fut pas, en réalité, bouleversante collectivement.

Gabin Villière s'est offert son sixième essai international en toute fin de rencontre.

À l'image d'Anthony Jelonch (au sol) et Grégory Alldritt (casqué), la France a su répondre au défi physique proposé par l'Irlande.

French barricade

Convaincus de leur force, féroces et déterminés, les Français ont tremblé mais se sont imposés à l'énergie face à une Irlande décontenancée.

L'ÉQUIPE DU 13 FÉVRIER 2022

RENAUD BOUREL

Dans un stade que l'on ne peut plus trouver tiède, le XV de France s'est encore payé l'Irlande (30-24). À chacun des problèmes que pouvaient poser les Irlandais, les Bleus trouvaient une réponse dans l'un des petits tiroirs prévus à cet effet. C'est sans doute ce qui restera le plus marquant dans la performance proposée : le niveau de préparation athlétique et stratégique de cette équipe de France a construit sa farouche confiance en elle. Il lui permet d'anticiper, agir, réagir, rebondir et surtout... tenir. De Baille à Jaminet, en passant par le banc et l'arrière-banc, tous savaient ce qu'allait tenter de leur faire la formation d'Andy Farrell. Et ils ont joué en conséquence, d'abord en mettant l'engagement nécessaire pour rendre inoffensive la machine à broyer,

puis en construisant leur match patiemment, boulottant tous les points qui se présentaient.

Dès la première minute, Dupont allumait une mèche en jouant vite une touche. Déjà gonflé. Puis Moefana, centre mi-tronc, mi-liane, fixait trois défenseurs en lâchant une passe de basketteur pour Villière. Deux temps de jeu plus tard, le capitaine des Bleus renversait vers le grand large. Vitesse, prise d'initiative, timing, du velours jusqu'à ce que Ntamack s'infiltre dans un micro-intervalle et redonne intérieur, à l'aveugle, pour trouver, par miracle, devinez qui ? Dupont, bien sûr, lequel inscrivait le premier essai du match (7-0, 2e). À l'école, on appelle cela de l'insolence. En rugby ? Du talent, et c'est souvent à lui que sourit la chance.

Le talent, c'est beau comme un ballon volé par François Cros (68e) sur une touche « 50 : 22 » trouvée par Beirne, à huit mètres de l'en-but de Français qui avaient concédé un essai sur maul un quart d'heure plus tôt.

Un pack solide mais quelques errements défensifs

D'ailleurs, prenez la performance d'ensemble des deuxième et troisième lignes, qui ont passé quatre-vingts minutes à désherber sans se soucier de savoir si les trèfles avaient trois, quatre feuilles ou des enfants qui les attendaient à la maison. Le pack français, par sa faculté à circuler en défense, à être plus prompt sur les points de rencontre, à récupérer ballons et pénalités, a écœuré son adversaire. Il a tordu ses certitudes jusqu'à le faire grincer, commettre des fautes comme rarement (11 pénalités concédées).

Et même quand l'Irlande s'est rebectée, au début du deuxième acte (22-21 à la 50e), un nouveau coup de collier des gros faisait échapper le ballon d'un ruck celte à 20 mètres de sa ligne, pour offrir à Cyril Baille l'essai qui filait une bouffée d'oxygène définitive (27-21) à ses partenaires. Alors ce n'était pas, non plus, le bon jour pour arrêter de se ronger les ongles. Autour de l'heure de jeu, les Bleus ne touchaient plus un ballon. Furlong et ses potes aux dents longues grignotaient goulûment leur retard. Par trois fois, les Français ont perdu la munition après avoir marqué, voire concédé des points, dont un essai gag d'Hansen (7e), s'additionnant à une faiblesse assez globale dans le jeu aérien. Il y a le paradoxe, aussi, d'une défense qui a concédé trois essais, 24 points au total, et qui ne récompense finalement pas totalement le niveau d'engagement général, ou encore la maestria d'une génération de joueurs capables de marquer dans n'importe quelle situation.

Antoine Dupont a cueilli les Irlandais d'entrée en marquant un essai dès la 2e minute de jeu.

RUGBY Tournoi des Six Nations 3e journée

Écosse 17-36 France

Jonathan Danty a permis aux Bleus de prendre de l'air dès le retour des vestiaires.

Écœurants à souhait

Vaguement malmenés au cours de la première période, les Bleus ont écrasé l'Écosse chez elle en marquant six essais.

L'ÉQUIPE DU 27 FÉVRIER 2022

RENAUD BOUREL

Une chose ne varie plus, à propos de ces garçons : il apparaît, à chacune de leur sortie, cette même stature habitée d'une confiance surnaturelle. Elle se double d'un esprit de liberté qui les rend désormais irrésistibles, que vous soyez face à eux ou derrière, à les soutenir. C'est tout l'art de la séduction et un élément clé de leur insolente domination. Parce qu'ils subjuguent, l'amour qui leur est porté les rend plus forts. C'est devenu palpable, presque émouvant, à l'image d'un Murrayfield que les supporters français ne voulaient pas quitter, de cette Marseillaise spontanée, pendant le tour d'honneur, alors que la plupart des Écossais étaient déjà calés dans leur tramway retour.

Les rucks, cimetières des ambitions adverses

Ce XV de France a pris à la gorge son rival sur tous les aspects qui devaient nourrir son jeu. D'abord par des montées défensives agressives, cliniques, une réactivité instinctive sur les turnovers. Mais surtout par son efficacité létale dans les rucks. Les mêlées ouvertes, comme on les appelait du temps où les Français y récoltaient plus de cartons que de munitions, sont devenues le cimetière des ambitions des autres, quand elles ne fournissent pas, carrément, poignées et clous pour leur cercueil.

Car, outre cet engagement acharné et incessant sur les phases de combat pur, la réussite de Dupont et sa bande sur les ballons de récupération confine au génie. Dès la 8e minute, le demi de mêlée faisait payer une faute de goût au pied de Russell : relance plein champ de ses 22 mètres, percée, point de fixation éclair, et, après deux passes dans le tempo, Willemse inscrivait le premier essai. On pourrait presque parler d'une dentelle signature, quand ces joueurs-là font s'entremêler culot monstre, pouvoir d'accélération et agilité démoniaque. Vous trouverez d'ailleurs des ferments de succès similaires dans les réalisations de Moefana (13e), Danty (42e) ou Penaud (60e), quatre chefs-d'œuvre parmi les six inscrits au fil d'une si douce après-midi. Bien sûr, ils eurent leur traditionnelle panne de courant. Cette fois au milieu de la première période plutôt qu'en retour de mi-temps.

La faculté à ne pas perdre le canevas de leur stratégie

Au festival de la boulette, chacun voulait faire la plus grosse : ballon arraché dans les mains d'Alldritt, chistera pour l'arbitre de couloir de Marchand, touche dérobée entre les pinces de Woki... Nous stopperons là un inventaire qui n'a finalement pas grande importance vu le score final (36-17). Mais cette séquence permit aux hommes de Gregor Townsend de recoller (10-12, 29e) et d'imaginer que le bras de fer pourrait s'étirer un peu. Une illusion évanouie sur un en-avant de Stuart Hogg après une relance de Van Der Merwe (38e) qui, pour tentative de plagiat du jeu adverse, fut puni, quasiment dans la foulée, d'un joli numéro de soliste de Fickou (40+2e). Un break cruel (19-10).

Ce qu'il est intéressant de souligner, à la suite de ce temps faible, c'est l'impression que ces Bleus renouaient avec les démons de leur défaite en 2020. Mais justement, ils ont une faculté à ne pas perdre le canevas de leur stratégie de départ, malgré quelques gestes d'agacement et pénalités dispensables. La preuve, encore, que cette équipe a énormément progressé en rugby et self-control.

Même en s'accrochant aux shorts bleus, les Écossais ont encaissé six essais face à la France.

Sans briller offensivement, les coéquipiers de Gaël Fickou ont assuré l'essentiel à Cardiff.

L'ÉQUIPE DU 12 MARS 2022

RENAUD BOUREL

Étouffant tout flamme

Dans la fureur du Millennium, les Bleus, en apnée d'un bout à l'autre de la rencontre, sont allés chercher une nouvelle victoire sans encaisser d'essai.

Eh bien vous savez quoi ? Ces matches-là aussi font plaisir. Parce qu'il faut aussi savoir souffrir pour faire un beau vainqueur et, au Millennium, c'est en général écrit sur le bail que signent les visiteurs à l'entrée.

Tout avait pourtant commencé selon les critères désormais contractuels. Quelques minutes d'observation, une pénalité pour bien entrer dans la partie (3e, 0-3) et voilà les Bleus installés dans un fauteuil de sénateur. Les Gallois, eux, ont d'abord paru observateurs de cet adversaire pour craquer les premiers sur un nouvel essai de haut vol (9e). Jaminet, qui devait avoir des acouphènes depuis son voyage mitigé à Édimbourg, allumait une première mèche depuis son camp. Bien relayée par Villière, l'action avançait de 20 mètres et rebondissait dans le grand côté sur un rythme infernal, des Rouges sur les talons, en asphyxie. Puis, sur un nouveau renversement, la french touch : Moefana, venu de son aile opposée, Fickou et Jaminet, encore lui, se passaient la balle dans un timing parfait. Un atelier d'école de rugby face à une rangée de boudins, jusqu'à la passe décisive de l'arrière catalan pour Jelonch. Le troisième-ligne n'avait plus qu'à aplatir sans résistance.

Jonathan Danty (à g.) et Paul Willemse lors d'une prise à deux sur Liam Williams.

Ce succès n'est pas l'enfant des fulgurances. Il est animal

Car la suite ne fut pas tout à fait de la même tenue. Parce que Biggar avait chaussé ses tatanes longue portée quand les Bleus arrêtaient de jouer. Le bras de fer s'équilibrait, les locaux grignotaient leur retard sur le dos d'une indiscipline française loin d'être scandaleuse, mais suffisante, toutefois, pour se faire rejoindre (9-10). Sur ce premier acte, malgré une possession supérieure, le salut tricolore passait encore et toujours par ce premier rideau en titane. Sur ses temps forts, l'attaque galloise, elle, choisissait curieusement de se séparer de ses munitions, souvent précocement, offrant un répit salutaire à Dupont et sa bande.

Pourtant, chacun savait, côté France, qu'au retour des vestiaires, les hommes de Wayne Pivac reviendraient avec la même fraîcheur, une capacité à encore monter le volume et jusqu'au bout, plus quelques idées chinées dans les doutes entrevus dans les yeux des Bleus pendant la première moitié du match.

De quoi transformer la seconde période en un long calvaire, moins spectaculaire que sa version 2020 (23-27) et pourtant tout aussi suffocante. Les Français furent privés d'air, de ballons et de ces tout petits bouts de liberté qui d'ordinaire nourrissent leurs inspirations géniales. Alors ils s'en remirent à ces autres vertus. Ce nouveau succès, à Cardiff, vient d'ailleurs. Il n'est pas l'enfant des fulgurances et des flamboyances qui fabriquent les images romantiques de ce jeu. Il est hormonal, animal, né d'une hargne indécente en défense et d'un sens du sacrifice au-dessus de la norme, à l'image de cette pénalité grattée par Alldritt (65e), à quelques mètres de son en-but, juste avant que le numéro huit ne cède sa place à Cretin. L'absence de Romain Taofifenua, covidé, et de la possibilité de faire un banc à six avants a sans doute beaucoup pesé, mais ils ont tenu et, compte tenu de la trajectoire prise par la rencontre, ce n'est pas un mince exploit.

RUGBY Tournoi des Six Nations 5e et dernière journée

France 25-13 Angleterre

L'ère des mutants

L'équipe de France a remporté le 10e Grand Chelem de son histoire, devant l'Angleterre, dans une authentique démonstration de puissance.

L'ÉQUIPE DU 20 MARS 2022
RENAUD BOUREL

L'espace d'un moment, trop court mais tellement intense, les tracas, les fracas voisins se sont un peu estompés. Juste un instant, le temps de respirer, de savourer. Une parenthèse d'allégresse dans cette époque dingue, une communion hystérique entre un public et vingt-trois garçons qui venaient d'offrir à la France le dixième Grand Chelem de son histoire (après 1968, 1977, 1981, 1987, 1997, 1998, 2002, 2004, 2010). Le chiffre est symbolique, bien sûr. Sa conception appartient à un métal différent des précédents.

La première période tricolore fut d'une fureur sublime, animée de cette conviction que ce qui lui était promis depuis le début de ce Tournoi ne lui échapperait pas. Dans le jeu direct, Julien Marchand, Anthony Jelonch et consorts dominaient chaque impact, plaçant la défense adverse en permanence sur ses talons bancals et à portée de sanctions.

17

Le nombre d'essais marqués par les Bleus pour remporter ce 10e Grand Chelem.

Des Bleus concentrés sur leur mission, attendant l'ouverture

Les Bleus, fidèles à tout ce qu'ils ont étalé en neuf semaines, restaient concentrés sur leur mission, attendant patiemment une ouverture. La première brèche est apparue au quart d'heure de jeu, sur une action où le pack tricolore conjuguait puissance, agilité et changement de rythme avec la même souplesse. Gabin Villière endormait la défense adverse d'une petite feinte de passe au cœur du trafic, donnait après contact pour Cameron Woki qui retrouvait de l'avancée.

Derrière, nouveau coup de boule de devinez qui ? Villière, évidemment, pour une libération rapide vers Romain Ntamack. L'ouvreur bleu, du bout de ses doigts de couturière, décalait Gaël Fickou à 20 mètres de là, dans le couloir droit, après rebond, pour le premier essai de la soirée.

Juste avant de regagner le vestiaire, François Cros pénétrait une nouvelle fois l'en-but anglais derrière un mouvement d'une maestria dont on ne se lassera jamais et deux jolis gestes techniques de Cyril Baille puis Dupont (18-6).

L'art du ruck défensif a insufflé l'air qui manquait en début de seconde période

Les Anglais ont eu beau revenir autrement lunés sur la pelouse en seconde période, ils n'allaient franchement rien bouleverser. Ils portaient plus le ballon, arrêtaient de systématiquement s'en débarrasser, offraient de la variété dans leurs courses et posaient enfin des problèmes. Steward finissait même par marquer (48e, 18-13) pour se payer un espoir de courte durée, mais le flegme était en face. Là encore, c'est l'art indélicat du ruck défensif qui insufflait à Dupont et ses partenaires l'air qui venait à manquer à ce moment précis, notamment quand Fickou (55e), par un coffrage d'école sur Sam Underhill, récupérait une énième pénalité, du genre qui vous cisaille les jambes et le moral. Les hommes d'Eddie Jones jouaient mieux, enchaînaient quelques séquences, sans trouver de solution pérenne, contrariés physiquement, harcelés, renvoyés dans leur camp brutalement.

Et puis, Grégory Alldritt a ramassé un ballon (61e) derrière un gros travail de Romain Taofifenua. Dans le contact, le numéro huit retrouvait son capitaine à l'intérieur, lequel filait marquer quasiment aux pieds des barres (25-13), échappant à trois défenseurs. *« Dupont président ! »*, hurlait une partie du stade.

Les Anglais peuvent bien passer tous leurs hivers en bras de chemise, ce coup de froid-là était insurmontable. En face, ils avaient des mutants injouables qui diffusaient ce sentiment que leur règne pourrait s'éterniser.

Premiers partout !

Défense au sol, longueur au pied, attaques laser : le XV de France s'est nourri de ces trois forces essentielles pour dominer le Tournoi de bout en bout.

L'ÉQUIPE DU 20 MARS 2022

FRÉDÉRIC BERNÈS

C'est une action qui n'est pas choisie au hasard. Nous sommes autour de la 26e minute contre l'Angleterre et Melvyn Jaminet est battu dans les airs par Freddie Steward. Cette chandelle dans les 22 mètres français pourrait devenir dangereuse. Mais le râteau va se retourner dans la figure des Anglais. Derrière le ruck, Maro Itoje semble ne pas savoir quoi faire. Antoine Dupont le rattrape par le colback tandis qu'un autre membre de la *« Gers connection »* (Anthony Jelonch) gratte une pénalité. Une de plus, histoire d'enfoncer dans la tête de tout le monde que la défense française n'est pas là pour rigoler.

Plaquages et grattages à la pelle

« Ils sont surtout très bons sur les zones de contest. Les Anglais ont été bien pénalisés, c'est ce qui a fait la différence en première période. Ils sont tellement efficaces sur les turnovers. On sait que c'est la force des Français depuis l'arrivée de Shaun Edwards (entraîneur adjoint)*, ça se confirme »*, disait Vincent Etcheto, ancien entraîneur de l'UBB. La défense des Français est devenue une plaie pour le monde entier. *« Vous avez vu le travail au sol de Danty et Villière ? Remarquable »*, appréciait Yannick Nyanga, vainqueur du Tournoi en 2006. *« Partout les premiers, partout »*, a l'habitude d'exhorter Fabien Galthié dans ses causeries. C'est ce que fit Gaël Fickou pour grattouiller un ballon important à la 55e minute. Au sol, en défense, l'évidence a sauté aux yeux dans ce Tournoi où seule l'Italie aura réussi à mener au score face aux Bleus.

Dupont et Jaminet en aiguilleurs du ciel

Premiers, les Bleus le sont aussi dans le jeu au pied, et plus exactement dans sa longueur. La démonstration accomplie par Antoine Dupont contre le XV de la Rose vaut bien son essai libérateur (61e). *« Sur les sorties de camp, il soulage toute l'équipe qui n'a pas beaucoup d'efforts à faire pour se donner de l'air »*, analysait Nyanga. Depuis trois ans, nous avons beaucoup discuté du jeu de dépossession cher à Galthié. Pendant ce Tournoi, cette forme de jeu a atteint une efficacité éclatante. Sur l'ensemble, l'équipe de France a gagné à coups de pompes plus d'un kilomètre de plus que les autres équipes. Dupont prend sa part, Ntamack la sienne, sans oublier Jaminet, *« le plus long jeu au pied de France »* (dixit Laurent Labit, l'entraîneur de l'attaque). L'arrière de l'USAP joue un rôle important dans cette stratégie qui consiste à repousser l'adversaire, pour le fatiguer et organiser un rideau intraitable.

Des contre-attaques comme des flèches empoisonnées

Ce Tournoi aura aussi couronné un autre savoir-faire : les contre-attaques. Des flèches empoisonnées, fatales en quelques secondes. La moitié des essais inscrits par les Bleus proviennent de ces offensives. Contre les Anglais encore, pendant les cinquante premières minutes, la leçon de percussion se passait de commentaire. *« Physiquement, dans le punch, cette équipe est dominante. Et à côté de ça, on est froids dans notre propre zone de danger, où on se met rarement à la faute »*, résume l'ex-international Rémi Talès. *« Avec peu de possessions, on franchit beaucoup et on fait très mal »*, appuie Etcheto. Ce mal qui fait tant de bien au rugby français.

Dupont tombe dans les bras de Cyril Baille.

Un hommage à la mémoire d'Aramburu

À l'aube, le matin de la rencontre, l'Argentin Federico Martin Aramburu, passé par Biarritz, Perpignan et Dax, avait été tué par balles à Paris. Le joueur était accompagné d'un ancien coéquipier (Shaun Hegarty). Ensemble, ils ont eu une altercation avec Loïk Le Priol et Romain Bouvier, deux ex-militants du GUD (Groupe Union Défense, un groupuscule d'extrême droite). Le premier d'entre eux a été mis en examen pour « assassinat et détention d'armes ». L'ancien rugbyman aurait reçu deux tirs d'arme à feu. Un hommage à sa mémoire a été rendu avant le coup d'envoi de France-Angleterre.

DES JEUX GLACIAUX

Seuls 181 jours se sont écoulés depuis la cérémonie de clôture des Jeux de Tokyo et déjà une nouvelle édition s'ouvre, toujours en Asie, à Pékin. Le contexte sanitaire n'est plus au huis clos total adopté au Japon, mais la cérémonie d'ouverture se déroule devant un public clairsemé, exclusivement composé de Chinois.

Les 3000 figurants, orchestrés par le cinéaste Zhang Yimou, déjà maître de cérémonie pour les Jeux de 2008, ont donné une allure intimiste, poétique, à la cérémonie. Les délégations, dont celle de la France, menée par Tessa Worley et Kevin Rolland, ont ensuite défilé dans une ambiance fraîche, à l'exception de celle de la Chine.

Car ces Jeux, ouverts dans un climat de polémiques autour des droits de l'homme et des incertitudes sanitaires, sont loin de soulever un grand enthousiasme, notamment parmi les sportifs présents en Chine.

Sous les yeux de Xi Jinping et Vladimir Poutine, la flamme s'est allumée dans la nuit pékinoise grâce à deux sportifs, la fondeuse d'origine ouïghoure Dinigeer Yilamujiang et le combinard Zhao Jiawen. Le sport reprendra finalement le dessus, sublimé par l'état de grâce de Quentin Fillon Maillet en biathlon, des Suisses en ski alpin ou encore des Néerlandais en patinage de vitesse. Le tout par une température souvent glaciale avec un mercure frôlant les - 20°C.

Fillon Maillet : « Il y a six mois, je n'y aurais pas cru »

Le Français, ambitieux avant Pékin, revient sur ses deuxièmes Jeux Olympiques d'hiver, synonymes de succès avec cinq médailles remportées.

L'ÉQUIPE DU 20 FÉVRIER 2022

MARC VENTOUILLAC ET JEAN-DENIS COQUARD

Pour l'interview, on lui a demandé d'apporter ses cinq médailles (or de l'individuel et de la poursuite ; argent du sprint et des relais hommes et mixte), de les porter ou de les étaler devant lui. Avec ce bilan, le biathlète a plus que répondu aux attentes et a conclu sa quinzaine comme porte-drapeau lors de la cérémonie de clôture. Désormais, QFM peut se laisser bercer par le bonheur de ses Jeux si réussis.

« Votre razzia a dépassé les espérances. Étiez-vous stressé au départ des courses ?

Non. Dès les premiers entraînements, j'ai été agréablement surpris par le site. Je me sentais bien au village, mes jambes me permettaient de voler, au tir ça se passait bien, j'étais en confiance. Après deux courses, j'avais atteint mes objectifs : un titre individuel et une médaille avec le relais. Et il restait quatre courses… C'était aussi une façon de montrer quelque chose aux personnes qui n'ont pas cru en moi, qui m'ont pris pour un prétentieux.

Si on avait dit il y a six mois que vous gagneriez la Coupe du monde, deux médailles d'or et trois d'argent aux Jeux, personne n'y aurait cru…

Je vous rassure, je n'y aurais pas cru non plus. D'un autre côté, j'aurais aimé que quelqu'un me dise à Pyeongchang (aux Jeux 2018, aucune médaille, loin du podium) : *"Écoute, t'inquiète pas, tu vas avoir des récompenses, ta revanche par rapport à ces Jeux complètement ratés."* Mais il n'y avait personne pour me rassurer.

> "Être comparé à Martin (Fourcade), c'est incontournable, mais je n'ai pas envie de faire la compétition avec lui"

Sur ces Jeux, trois athlètes sont nettement au-dessus du lot : Marta Olsbu Roeiseland, Johannes Boe et vous. Comment l'expliquez-vous ?

On a l'habitude de voir des Jeux où les têtes d'affiche ne sont pas forcément récompensées. Or là, les podiums ont bien traduit la hiérarchie mondiale. On savait qu'il allait faire froid, donc je me suis équipé de gants chauffants il y a deux ans. Je n'avais pas envie d'arriver en me disant : *"Oh merde, il fait froid, il y a du vent, je n'ai pas de solution."* Je voulais arriver aux Jeux en me disant : *"Je prends les devants."*

Quel moment restera le plus fort ?

Les instants les plus fous sont les moments de partage, à l'arrivée, quand on voit les techniciens qui nous sautent dessus. Ce qui me fait encore plus plaisir, c'est donner des émotions à mes proches. Quand j'ai ma copine, mes parents au téléphone qui ont les larmes aux yeux, c'est important. Je fais du biathlon depuis quinze ans. Chaque année, j'essaie de pousser le curseur. L'investissement est énorme, le sacrifice de mes copains, de ma famille, de ma copine – surtout elle –, d'une vie de famille normale, d'une adolescence normale.

Est-ce une performance plus forte que celles de Martin Fourcade en 2014 et 2018 (3 médailles à chaque fois) ?

En nombre de médailles, c'est mieux, mais je ne pense pas avoir été meilleur que Martin et j'ignore si c'est comparable. J'ai beaucoup pensé à lui car je me suis bagarré pour le dossard jaune, je suis arrivé en favori aux Jeux et je les ai réussis tout comme lui. Être comparé à Martin, c'est incontournable, mais je n'ai pas envie de faire la compétition avec lui.

Songez-vous déjà à l'après ?

Ça m'inquiète un petit peu car j'ai mis la barre tellement haut que ce sera difficile de faire mieux. J'essaie chaque fois d'être meilleur ; du coup, je ne sais pas ce que je vais me donner comme objectif… »

Déjà vainqueur de l'individuel, « QFM » s'offre un deuxième titre en solitaire sur la poursuite.

Poursuite hommes

Or d'atteinte

Vainqueur de la poursuite après l'individuel, Quentin Fillon Maillet a triomphé durant ces Jeux. Déterminé et volontaire, il a pourtant pris le temps d'une progression linéaire.

L'ÉQUIPE DU 14 FÉVRIER 2022

MARC VENTOUILLAC

En doudoune bleu-blanc-rouge, l'équipe de France était rassemblée pour célébrer son roi Quentin Fillon Maillet. Sur une neige lente et un pas de tir venté, qui joua de mauvais tours au malheureux Johannes Boe, le Franc-Comtois s'est montré une fois de plus impérial, sans faute malgré les bourrasques, pour décrocher en solitaire la victoire dans la poursuite devant Tarjei Boe. Sa quatrième médaille en quatre courses, son deuxième titre après celui de l'individuel.

> "Un entraîneur m'a même dit qu'on ne ferait rien de lui !"
> LAURENT FILLON MAILLET, SON PÈRE

À l'entame de la saison, personne n'aurait misé un yuan sur une telle réussite. Fillon Maillet était un des meilleurs mondiaux, mais de là à écraser la discipline comme il le fait actuellement, c'était inconcevable. Il a tout d'un coup changé de dimension. Rien ne prédestinait le Jurassien à briller à ce niveau. *« Il n'avait pas de grosses qualités au départ. Il était dans les profondeurs du classement en ski de fond. Un entraîneur m'a même dit un jour qu'on ne ferait rien de lui ! »* raconte Laurent, son père. Mais s'accrocher, c'est ce que le nouveau champion olympique a toujours fait. En équipe de France, il doit être le seul à ne pas être passé par un sport-études, même s'il a émergé vers 15-16 ans. *« Quand je suis devenu champion de France cadets, je me suis dit : "C'est trop bien, je veux en faire mon métier." »*

En 2011, il n'est pas sélectionné pour les Mondiaux juniors. Deux ans plus tard, il fait ses débuts en équipe de France et les premiers résultats arrivent assez vite. Il décroche son premier podium en janvier 2015, lors de la mass start de Ruhpolding (Allemagne) et devient un candidat régulier au podium en Coupe du monde, avant de franchir une ligne en vainqueur pour la première fois en 2019. Et c'est à 29 ans que Fillon Maillet a atteint les sommets. Et une sérénité de bon aloi. Il y a une phrase que le Français répète sans cesse désormais : *« Je n'ai plus peur de gagner. Plus peur de jouer, plus peur d'être sur ce dernier tir et d'avoir de gros enjeux. »* Ça s'est vu.

Podium Poursuite	
1. Q. Fillon Maillet	39'07"5
2. T. Boe (NOR)	à 28"6
3. E. Latypov (RUS)	à 35"3

Sa razzia à Pékin
Or : Individuel, poursuite
Argent : Sprint, relais H, relais mixte

Quentin Fillon Maillet est devenu l'athlète français le plus médaillé sur une édition des JO d'hiver avec cinq breloques.

Individuel hommes

Son or est venu

Passé à côté de ses Jeux il y a quatre ans, Quentin Fillon Maillet a préparé minutieusement cette édition et décroché, sur l'individuel, la première médaille d'or française à Pékin.

L'ÉQUIPE DU 9 FÉVRIER 2022

MARC VENTOUILLAC

Dans l'aire d'arrivée, après avoir passé de longues secondes à récupérer, Quentin Fillon Maillet devait encore espérer que personne n'oserait venir troubler son bonheur. Les cadors étaient déjà arrivés ou avaient fait des fautes derrière lui. Mais il fallait surveiller le Biélorusse Anton Smolski et le Russe Alexander Loginov. Ce dernier se planta au tir, quant à Smolski, même avec un 20 sur 20, il était trop lent sur les skis pour espérer rivaliser avec le Français et était déjà heureux de subtiliser la deuxième place à Johannes Boe. À cet instant, QFM était champion olympique. Premier titre planétaire en solo. Une victoire obtenue sur les skis plus qu'au tir (18 sur 20). Le succès assuré, commencèrent alors les félicitations, notamment celles de deux hommes qu'il admire : Martin Fourcade et Ole Einar Bjoerndalen. Les deux plus grands biathlètes de l'histoire.

« Ce titre, c'est juste dingue, déclarait le Franc-Comtois (29 ans) à la demi-douzaine de journalistes qui l'attendaient dans un froid montant. *Avec deux fautes, je ne pensais pas pouvoir jouer la victoire. Il restait encore du monde derrière moi. J'ai donné le meilleur sur toute la course et c'est la victoire avec un temps de ski exceptionnel* (le meilleur des 92 engagés). *Le petit garçon qui rêvait d'or a réalisé son rêve. C'est une petite revanche par rapport à Pyeongchang.»* En Corée du Sud, il était passé à côté de sa quinzaine, avec une 29e place sur la mass start comme meilleur résultat. Dans un contexte particulier. *« Deux de mes proches* (sa compagne et le père de celle-ci) *avaient eu de gros problèmes de santé et j'étais plus préoccupé par cela que par tout autre chose. Je m'étais posé la question de participer aux Jeux. Ma copine m'avait dit: "Fais tes courses, fais-moi rêver devant ma télé." Mais le biathlon est passé au deuxième plan. La compétition a été catastrophique et je suis rentré avant la fin. »*

Podium Individuel	
1. Q. Fillon Maillet	48'47''4
2. A. Smolski (BLR)	à 14''8
3. J. Boe (NOR)	à 31''1

Une meilleure organisation

Une olympiade plus tard, ce souvenir reste vivace. *« Je pense à tous mes proches et notamment à ma copine, à mon beau-père qui est parti. Avant mon départ, elle m'a dit : "Essaie de gagner pour moi, pour mon papa." C'est chose faite. J'en suis très fier. »* Il a mis tous les atouts de son côté et optimisé son organisation. Depuis quatre ans, il a renforcé sa cellule, a embauché un attaché de presse, fait des efforts sur la nutrition et travaille avec un préparateur mental. À l'intersaison, il a passé deux jours avec le GIGN et ses amis proches du Jura ont constaté que lors des soirées, il partait bien plus tôt... *« Il essaye toujours d'optimiser tout*, confirme son coéquipier Simon Desthieux. *Il vit le biathlon 100 % de son temps, on a l'impression qu'il n'y a que ça qui compte. C'est pour ça qu'il est aussi bon partout. » « C'est la victoire du travail. Ce n'était peut-être pas le plus doué, mais son caractère fait qu'il ne lâche rien, qu'il y croit toujours »*, analyse son coach Vincent Vittoz. Sa philosophie, QFM la résume en une phrase : *« Que puis-je aller chercher pour être un meilleur biathlète ?»*

Quentin Fillon Maillet, suivi de près par Fabien Claude, lors de l'individuel.

L'or bien ciblé

Justine Braisaz-Bouchet a bouleversé le scénario de la course lors du troisième tir, le premier debout de la mass start. Figées par un vent violent, Tiril Eckhoff et Marte Olsbu Roeiseland ont craqué.

Justine Braisaz-Bouchet peut savourer, drapeau en main : elle est seulement la seconde Française à décrocher un titre olympique en biathlon après Florence Baverel-Robert en 2006.

L'ÉQUIPE DU 19 FÉVRIER 2022

SOPHIE DORGAN (AVEC M.V)

C'est le plan séquence d'une carrière. Il a duré moins de deux minutes mais a bouleversé le destin olympique de Justine Braisaz-Bouchet. La Française a chamboulé l'ordre établi, comme dans un film improvisé, lors du premier tir debout. Cet instant a signé la bascule d'une mass start promise jusqu'à la mi-course au duo norvégien, Tiril Eckhoff et Marte Olsbu Roeiseland.

La Savoyarde l'a vécu en accéléré. En 30 secondes, elle a planté ses cinq balles dans la cible et, en 56, elle a quitté le pas de tir en tête. Les Norvégiennes, elles, sont restées plantées et ont étiré les secondes. Prises dans des rafales de 7 m/s, elles se sont figées dans un froid avoisinant les -14 degrés. On observait Eckhoff faire un mouvement d'assouplissement, s'impatienter et désépauler sa carabine. *« Il y avait tellement de vent ! Tiril et moi étions là toutes les deux et on s'entendait respirer. Il faisait hyper froid*, raconte Roeiseland, qui a passé 1'29'' sur ce troisième tir. *On attendait en se disant que ça allait peut-être se calmer un peu, mais ça soufflait tellement que je ne savais pas quoi faire et j'ai décidé de tirer. »* Eckhoff patiente encore, elle restera 1'43'' dans la zone, une éternité.

Une forme de lâcher prise

En reine du biathlon *(voir page 29)*, Roeiseland a lâché la première balle. Eckhoff a suivi et les deux ont écopé de deux tours de pénalité. Juste derrière, leur entraîneur de tir, Siegfried Mazet, n'a pu que constater les dégâts : *« Il y avait beaucoup plus de vent, elles ne pouvaient pas tirer pendant les trente premières secondes, elles ont attendu. Attendre, c'est terrible au tir parce que tu te refroidis, tu commences à avoir les jambes qui tremblent. Ce troisième tir a permis aux autres de revenir dans la course. C'est frustrant car elles avaient fait un super travail en faisant 0 et 0 chacune sur le couché. »*

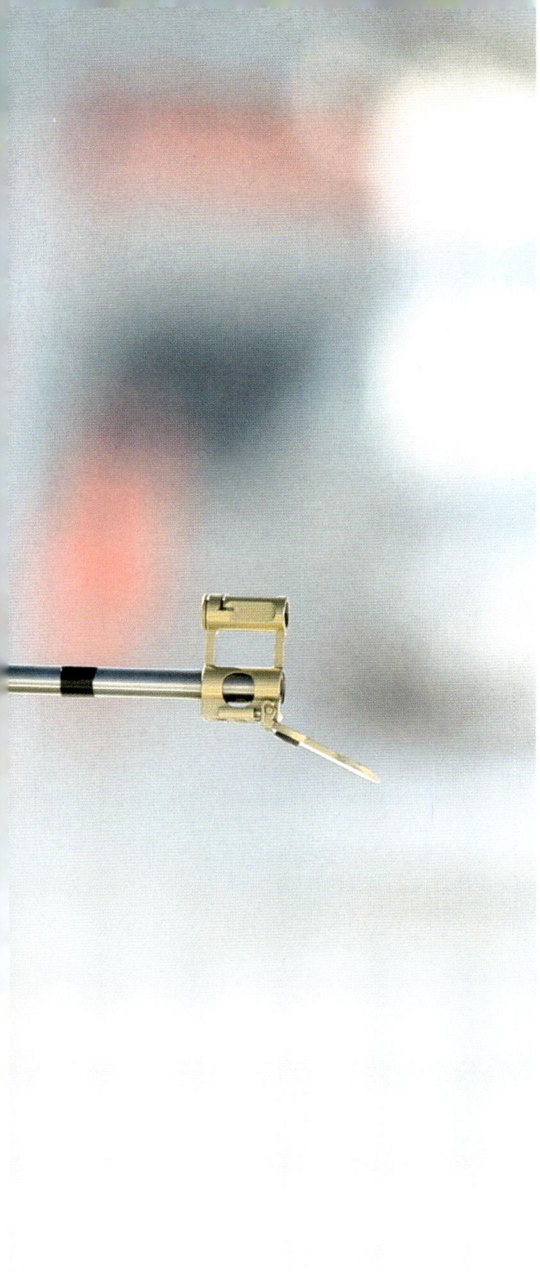

Individuel femmes

Chevalier-Bouchet ressort l'argenterie

Déjà deuxième avec le relais mixte deux jours avant, la Française a de nouveau répondu présente dans l'individuel.

L'ÉQUIPE DU 8 FÉVRIER 2022

MARC VENTOUILLAC

Durant toute l'épreuve, aucun cri d'enthousiasme ne sortait quand une athlète blanchissait sa cible ni de râle de déception quand elle la ratait. Plus que du public, la joie venait de la piste enneigée. À la fois émue et rayonnante, Anaïs Chevalier-Bouchet, déjà vice-championne olympique du relais mixte, venait d'accrocher une nouvelle médaille d'argent à son palmarès pour ses troisièmes JO. Dans un stade où le vent soufflait pour une fois de manière régulière, elle n'avait manqué qu'une seule cible.

La biathlète a, un temps, rêvé de l'or, elle qui sortait à la première place après son deuxième couché. Alors à 15/15 au tir, il restait encore le dernier debout. Denise Herrmann repassait devant après le dernier tir. Avec une rapidité incroyable, l'Allemande réussit un cinq sur cinq. Mais elle avait raté un tir sur le couché qui précédait. L'espoir demeurait pour la Française. Malheureusement, Chevalier-Bouchet échouait avec un quatre sur cinq dans le dernier tir qui lui valut une minute de pénalité et un retard de neuf secondes seulement sur Denise Herrmann lorsqu'elle franchissait la ligne.

« C'est une athlète qui répond présente dans les grands rendez-vous, explique son entraîneur, Frédéric Jean. *Elle connaît son corps, elle sait quand il y en a trop et aussi quand il faut en rajouter. »* Analyse totalement partagée par l'intéressée : *« Je sais exactement comment je réagis à tout l'entraînement que je fais. C'est l'expérience qui parle. » « C'est sa troisième expérience olympique ; ce qu'elle a vécu par le passé lui a servi »*, reprend l'entraîneur.

Anaïs Chevalier-Bouchet est aussi une athlète qui n'hésite pas à avancer des idées sur sa préparation. *« Ça toujours été une bonne shooteuse*, affirme Jean-Paul Giachino, entraîneur du tir, *mais elle est arrivée au printemps en proposant de tirer un petit peu plus vite. Elle n'a pas besoin qu'on lui amène les choses. Je l'ai accompagnée là-dedans »* Autre exemple : en janvier, elle a demandé à faire l'impasse sur l'individuel d'Antersela (Italie). Elle pensait qu'elle en avait besoin pour ne pas se cramer et se préparer. Les faits lui ont donné raison : *« Le staff m'a fait confiance et la meilleure façon de les remercier, c'est cette médaille. »*

Podium Individuel	
1. D. Herrmann (ALL)	44'12''7
2. A. Chevalier-Bouchet	à 9''4
3. M. Roeiseland (NOR)	à 15''3

Anaïs Chevalier-Bouchet est monté sur son premier podium individuel aux Jeux.

Podium Mass start	
1. J. Braisaz-Bouchet,	40'18''
2. T. Eckhoff (NOR)	à 15''3
3. M. Roeiseland (NOR)	à 34''9

Arrivée septième dans des conditions moins ventées (des rafales à 3-4 m/s), la Française n'a pas tergiversé. Elle qui se triture souvent les méninges a *« posé le cerveau »*. Bien sur les skis, *« un sentiment qu'[elle] n'a pas connu pendant tous les Jeux »*, elle s'est libérée l'esprit et a enquillé. *« C'étaient des tirs sans hésitation, j'ai laissé faire les automatismes, ce pourquoi j'ai travaillé. »* Une forme de lâcher prise. Une petite fenêtre s'est ouverte avec le vent et elle s'y est engouffrée. *« Elle est arrivé à un moment où c'était un peu plus calme, elle y est allée, elle a osé. C'est ce que je lui ai dit, il faut qu'elle ose »*, analyse Jean-Paul Giachino, l'entraîneur du tir de l'équipe de France féminine. Le matin de la course, Braisaz-Bouchet s'était simplement dit qu'elle ne courait pas pour une médaille. Une médaille d'or après avoir terminé sixième avec ses coéquipières lors du relais femmes. Elle n'avait rien à perdre. Elle a tout gagné. En moins d'une minute et après des milliers d'heures d'entraînement.

SKI DE FOND - RELAIS HOMMES

Le rebond magnifique

Les Bleus sont passés par tous les états, avant de décrocher le bronze en relais.

Janvier filait à toute vitesse et les quatre hommes du relais (Richard Jouve, Hugo Lapalus, Clément Parisse et Maurice Manificat) se laissaient porter par un dernier rassemblement paradisiaque, aux Saisies (Savoie). Mais Maurice « Momo » Manificat, avec son collier déjà bien garni (3 médailles aux JO avant Pékin) vivait son pire début de saison. Pubalgie en entrée, problème respiratoire en plat et douleur à une côte, après une chute, en dessert. Sur ces Jeux, Manificat était aux abonnés absents en skiathlon (23e à plus de 5 minutes) et Jouve, médaillable en sprint, ne voyait même pas la finale. Instants de gros doutes. Le coach Alexandre Rousselet avait même *« clairement demandé à Manificat s'il était aux Jeux pour collectionner les pin's ou pour faire des médailles. Ça l'a un peu piqué »*. Et, pour conserver ce bronze acquis aux Bleus depuis Sotchi (2014), il fallait un énorme sursaut. Il fut spectaculaire. Et, malgré une glisse en berne, « Momo », quatrième relayeur, fit sauter le sprinter suédois, dernier adversaire pour la médaille. *« Elle a une saveur différente*, savourait ce dernier. *On rebondit, c'était important. On était au tréfonds et on ne pouvait que remonter. »* Les Bleus auraient même pu secouer les Norvégiens. Mais la France reste bien la troisième nation du fond, série en cours.

Podium Relais hommes	
1. A.O.R.	1 h 54' 50'' 7
2. Norvège	à 1'07''2
3. France	à 1'16''4

Pour la troisième édition de suite, le relais français (Jouve, Lapalus, Parisse, Manificat de gauche à droite) se pare de bronze aux JO.

Avec cinq pioches et un tour de pénalité, Anaïs Chevalier-Bouchet termine le premier relais au 8e rang.

Le relais mixte souffle le show

Deuxièmes derrière la Norvège dans le relais mixte, les Bleus sont passés par toutes les émotions sur le pas de tir.

L'ÉQUIPE DU 6 FÉVRIER 2022

MARC VENTOUILLAC

« Yeah ! Yeah ! Yeah !... » Combien de fois Johannes Boe a-t-il poussé ce cri après avoir franchi la ligne du relais mixte ? Trois fois paraît loin de la réalité tant le Norvégien était surexcité après avoir conclu victorieusement au sprint, devant Quentin Fillon Maillet et le Russe Eduard Latypov. Ses coéquipiers Marte Olsbu Roeiseland, Tiril Eckhoff et Tarjei Boe, eux, étaient épuisés, à terre. Petite pointe de déception pour Fillon Maillet, vite effacée par les sourires d'Anaïs Chevalier-Bouchet, de Julia Simon et d'Émilien Jacquelin dans l'aire d'arrivée.

Le biathlon était attendu et le relais mixte a apporté à la France sa première médaille dans ces Jeux. Première Norvège, deuxième France, troisième Russie, quatrième Suède. Rien à dire sur le classement mais le scénario sans queue ni tête de l'épreuve suscitait deux types d'analyse des rebondissements qui ont ponctué la course. Celle de Johannes Boe, ravi du spectacle offert : *« C'était une course fantastique. Je pense que ce relais, avec ces remises en cause incessantes, a constitué une bonne publicité pour le biathlon. Nombre de gens ont dû se dire que c'était un sport passionnant. »*

Un tir à l'instinct

Et puis, il y avait la colère froide de Stéphane Bouthiaux. Le directeur du biathlon français ne cachait pas sa rage face au vent : *« Vous avez vu les revirements de situation ? Ce ne sont définitivement pas des conditions de biathlon. On préfère aller chercher des médailles quand les conditions sont stables et que les chances sont les mêmes pour tout le monde. On a été très bons et on a bénéficié de circonstances favorables. Si vous avez suivi la course, vous avez vu qu'on était à 1'25'' après le premier relais. Les bonnes conditions sur les relais suivants nous ont permis de revenir devant. »*

Jean-Paul Giachino, l'entraîneur de tir des Bleues et le coach, Frédéric Jean, avaient choisi de ne pas trop prendre la tête aux filles avec le tir. La consigne était d'y aller à l'instinct. Ce qu'a réalisé Julia Simon sur son tir debout stratosphérique. *« Je n'ai pas réfléchi »*, dit-elle. Au final, 28''4 passées sur le tapis pour un sans-faute au debout, alors que Tiril Eckhoff y restait 1'24'' pour effectuer deux tours de pénalité. *« Quand c'est fort au couché, on peut toujours s'en sortir,* reprend Giachino. *Mais debout, c'est plus aléatoire. Il y a le vent, l'essoufflement, le stress de la compétition. »*

Ce n'est peut-être pas un hasard si la seule nation qui s'est entraînée plusieurs mois sur le parcours (la Chine) est l'une des deux, avec la Suède, à n'avoir pas effectué de tour de pénalité. Julia Simon expliquait que, finalement, ce n'était pas si compliqué que cela. *« Je ne pense pas que c'était une loterie, honnêtement. Il fallait être présent. »* Les Français l'ont été.

La médaille d'argent du relais mixte sera la première de la délégation française à Pékin.

Podium Relais mixte

1. Norvège (Roeiseland, Eckhoff, T. et J. Boe)..... 1 h 6'45''6
2. **France** (A. Chevalier-Bouchet, J. Simon, E. Jacquelin, Q. Fillon Maillet)........ à 0''9
3. AOR (Nigmatoulina, Reztsova, Loginov, Latypov...... à 1''5

RELAIS HOMMES

Hommes d'argent

Fabien Claude, Émilien Jacquelin, Simon Desthieux et Quentin Fillon Maillet ont décroché une médaille qui fuyait les Bleus depuis seize ans.

Premier relais : la Norvège dans les cordes
Lanceur des Bleus, Fabien Claude lâche deux balles sur son couché, alors que les grosses nations font le plein. Le Français reste solide sur les skis pour boucher le trou, avant un tir debout parfait. Ressorti dans les temps du Russe Khalili et du Biélorusse Labastau, il lâche des secondes dans la dernière boucle, alors que la Norvège et Laegreid sont dans les cordes (1 tour, 3 pioches).
Classement : 1. Russie, 19'40''9 (1 pioche) ;
2. Biélorussie, à 0''9 (3 pioches) ;
3. France, à 7''8 (2 pioches).

Deuxième relais : les Russes creusent
Toujours impressionnant au tir couché, Alexandr Loginov accentue l'avance des Russes malgré deux pioches au debout. Derrière lui, Émilien Jacquelin fait le job avec un très beau debout et permet aux Bleus de se détacher en 2e position. Tarjei Boe ajoute deux pioches au compte des Norvégiens, qui restent à la traîne.
Classement : 1. Russie, 39'13''7 (3 p.) ; **2. France,** à 36''2 (3 p.) ; **3.** Biélorussie, à 1'12''0 (5 p.).

Quentin Fillon Maillet (de face) remporte sur le relais sa 5e médaille à Pékin.

Troisième relais : l'envol de Johannes
Auteur d'un tir parfait, Maksim Tsvetkov (0 pioche) semble propulser la Russie vers le titre. Derrière, Simon Desthieux passe du temps sur le pas de tir (3 pioches) et voit revenir l'Allemagne, mais surtout la Norvège de Joahnnes Boe. Malgré une pioche, il vole sur la piste et reprend une minute à la tête de course.
Classement : 1. Russie, 59'29''2 (3 p.) ;
2. France, à 41''3 (6 p.) ;
3. Norvège, à 43''0 (1 tour, 7p.).

Quatrième relais : Latypov craque
Lancé dans les meilleures conditions, Eduard Latypov arrive sur son tir debout dans un fauteuil (1' d'avance). Mais il caviarde ses quatre premières balles et termine avec deux tours de pénalité. Derrière, le Norvégien Christiansen fait un sans-faute pour récupérer un titre inespéré, alors que Fillon Maillet, deux pioches pour finir, remporte sa cinquième médaille personnelle.
Classement final : 1. Norvège, 1h19'50''2 (1 tour, 7 p.) ; **2. France,** à 27''4 (9 p.) ;
3. Russie, à 45''3 (2 tours, 6 p.).

Podium Relais hommes

1. Norvège (S. Laegreid, T. et J. Boe, V. Christiansen)........ 1 h 19'50''2
2. **France** (F. Claude, É. Jacquelin, S. Desthieux, Q. Fillon Maillet)........ à 27''4
3. AOR (S. Khalili, A. Loginov, M. Tsvetkov, E. Latypov)........ à 45''3

Instants norvégiens

Quatorze médailles dont six titres : la Norvège a écrasé le biathlon. Tirée par ses deux locomotives Johannes Boe et Marte Olsbu Roeiseland, cinq médailles chacun.

L'ÉQUIPE DU 19 FÉVRIER 2022

ROMAIN DONNEUX (AVEC M. V.)

Le soleil avait percé une première fois au Grand-Bornand. Sur un site éphémère, que Johannes Boe affectionne tant (7 victoires en 11 courses individuelles), il avait retrouvé le goût du succès qui le fuyait depuis le début de saison 2021-2022.

Cette fin du mois de décembre 2021 ouvrait donc une nouvelle page, mais Siegfried Mazet, le coach des Norvégiens, attendait une confirmation de son champion pour être sûr qu'il était revenu à son meilleur niveau, après une préparation perturbée par un virus et un léger manque d'investissement. Problème, Boe se plantait à Oberhof, début janvier, remettant le doute au centre de la cible. *« On s'est disputés*, livrait Mazet. *Le début de saison a été chaotique avec ses problèmes de tirs couchés, le fait qu'il s'entraîne en dents de scie. À Oberhof, il aurait dû montrer autre chose, il a fait ses pires courses. C'est là qu'on s'est disputés. Un soir, je lui ai dit : "Si tu veux passer à travers ton hiver, continue comme ça." Il a bossé, est rentré une semaine et s'est remis en question. »*

Alors que ses coéquipiers s'installaient en camp d'entraînement, Johannes Boe (28 ans) emportait femme, enfant, parents, beaux-parents chez lui à Sjusjoen pour un stage familial. *« J'ai passé une semaine optimale »*, lâchera-t-il à son retour, à Antholz. En Italie, la forme sur les skis est de nouveau bonne et la deuxième place sur la mass start fait le reste. *« Il est parti d'Antholz plein de confiance »*, glisse Mazet. Avec l'or sur le mixte en ouverture, suivi du bronze sur l'individuel, à Pékin, le Norvégien indiquait qu'il était prêt, jusqu'à ce sprint qui aurait pu se courir cent fois en le désignant toujours comme vainqueur. Boe a répondu présent aux moments qui comptaient vraiment, et ces Jeux l'ont fait monter encore plus haut (8 médailles aux JO en tout). *« En fait, j'étais vraiment fatigué les deux derniers jours après le relais*, glissait-il, *il ne fallait pas penser aux vacances et se concentrer sur la course pour décrocher ces cinq médailles. Mes dernières années en tant que biathlète ont été fantastiques, mais ce sont les Jeux qui comptent. »*

Ils ont trusté les médailles...
1. Norvège, 14
2. France, 7
3. Suède et Russie, 4
5. Allemagne, 2
6. Biélorussie et Italie, 1

... et les titres
1. Norvège, 6
2. France, 3
3. Suède et Allemagne, 1

Même bilan pour Marte Olsbu Roeiseland. Difficile d'imaginer, quand on la voit enchaîner les podiums, qu'elle n'a connu sa première victoire qu'en décembre 2018, à 28 ans, à Nove Mesto (République tchèque). En 2020, sa première razzia aux Mondiaux (7 médailles dont 5 titres), l'avait révélée mais elle avait pourtant déjà montré le bout de son nez aux Jeux précédents, décrochant l'argent sur le sprint et le relais mixte.

> **“Pour être honnête, mon objectif était de gagner une médaille d'or. Là, je ne sais pas comment c'est arrivé ”**
> MARTE OLSBU ROEISELAND

Cinq médailles dont trois titres (relais mixte, sprint et poursuite), un record sur des JO d'hiver, comme Boe et Fillon Maillet. Sans la défaillance d'Eckhoff au tir sur le relais femmes, la sixième était même sûrement en poche. *« J'ai cinq médailles, c'est plus que ce dont je rêvais. Pour être honnête, mon objectif était de gagner une médaille d'or. Là, je ne sais pas comment c'est arrivé »*, déclarait-elle. On en a une petite idée. Deuxième de la Coupe du monde en 2021, après une bataille âpre avec sa compatriote Tiril Eckhoff, Roeiseland attaquait fort la saison avec neuf podiums, dont six victoires.

Il est vrai que, quand on la voit sur la piste, on n'a pas l'impression qu'il peut lui arriver grand-chose. Pourtant, la Norvégienne avouait avoir ses moments de doute. Mais son travail avec Britt Tajet-Foxell, la préparatrice mentale de l'équipe, lui a permis de tout stabiliser : *« Mon travail avec la préparatrice mentale m'aide à être concentrée sur le présent. C'est le plus important en biathlon : être présent et faire de son mieux »*, expliquait-elle. Une présence bien remarquée à Zhangjiakou, qui s'est poursuivie jusqu'à la fin de saison et son premier gros globe.

Marte Olsbu Roeiseland totalise sept médailles aux JO (dont trois titres) en deux participations.

Avec cinq médailles d'or, Johannes Boe est devenu le deuxième biathlète le plus titré aux JO (avec Martin Fourcade) derrière la légende Bjoerndalen (8 titres).

Le slalom d'une vie

À 24 ans, Clément Noël est devenu champion olympique à l'issue d'une journée parfaitement maîtrisée, dans une saison qui l'était moins.

L'ÉQUIPE DU 17 FÉVRIER 2022

**BÉATRICE AVIGNON
ET STÉPHANE KOHLER**

C'était un jour parfait, où tout s'enchaîne idéalement, du petit matin au milieu de l'après-midi, sous un soleil magnifique. Où *La Marseillaise* retentit dans le ciel de Yanqing pour saluer l'avènement d'un slalomeur à part. Surdoué, déjà capable de grandes choses en Coupe du monde, mais encore irrégulier avec son style à risques. Clément Noël, 24 ans, Vosgien de Val-d'Isère, a confirmé sur la plus grande scène, celle des JO, qu'il était bien capable d'être à l'heure quand il le fallait. Sixième de la première manche à 38 centièmes de l'Autrichien Johannes Strolz – un résultat qui le plaçait dans une position d'attente –, il fut étincelant dans la partie finale de la deuxième manche. Conscient d'avoir placé le curseur très haut, Noël laissa exploser sa joie dans l'aire d'arrivée. La médaille était presque certaine, le métal pouvait encore être discuté.

> **"Dans une discipline comme la nôtre, être présent le jour J, c'est très dur. L'avoir fait est une grande fierté"**
> CLÉMENT NOËL

Le quatrième des JO de Pyeongchang vit le reflet doré l'éblouir lorsque le chrono afficha 61 centièmes de marge sur Strolz. Premier champion olympique français de ski alpin depuis Antoine Dénériaz en 2006, premier médaillé d'or en slalom depuis Jean-Pierre Vidal en 2002, Noël était l'un des favoris logiques de la matinée chinoise, mais au même titre qu'une bonne demi-douzaine d'athlètes : *« C'est difficile de réaliser et il va me falloir un peu de temps pour remettre les pieds sur terre. Dans une discipline comme la nôtre, être présent le jour J, c'est très dur. L'avoir fait est une grande fierté. »* Une démonstration en décembre à Val-d'Isère semblait l'avoir idéalement lancé, mais son échec sur l'avant-dernière porte de la deuxième manche à Madonna di Campiglio, juste avant les fêtes, avait déréglé la machine. En janvier, il oscilla entre le moyen et le médiocre. Au point de ne pas aborder les Jeux en pleine confiance ?

« J'avais peur qu'il doute un peu, reconnaissait Frédéric Perrin, responsable des techniciens français. *On essayait de lui enlever ce doute en étant hyper détachés, hyper cools avec lui. Il a enchaîné des choses pas simples en janvier, mais j'étais confiant. Et, dès que je l'ai revu skier ici à l'entraînement, je l'ai trouvé facile, fun avec la neige. C'est ce qu'il aime. »* Après le slalom de Schladming fin janvier, Noël avait coupé quelques jours avec le ski. *« Une semaine à la maison, de la prépa physique et aussi un peu de repos,* énumère-t-il. *Ça m'a fait beaucoup de bien. Avant les JO, il faut se vider la tête, puis prendre cette compétition comme une parenthèse et donner le maximum. »*

« Quand ça se passe moins bien, j'ai tendance à me poser des questions moi-même et à ne pas demander de l'aide aux coaches, mais ils ont été top. Ils ont trouvé les mots pour me remettre dans la bonne direction parce qu'ils me connaissent, précise-t-il. *Alors, voir les coaches, les autres athlètes et mon technicien plus heureux que jamais ici, c'est hyper émouvant, hyper touchant. C'est aussi grâce à eux que j'ai gagné cette médaille d'or. »* Le *« meilleur slalomeur du monde »*, d'après le Suisse Daniel Yule, a aussi été le meilleur à Yanqing. Le slalom d'une vie, en attendant d'autres exploits.

Podium Slalom hommes	
1. C. Noël	1'44"09 ;
2. J. Strolz (AUT)	à 0"61
3. S. Foss-Solevaag (NOR)	à 0"70.

> **"J'ai bien sûr suivi la course, au milieu de la nuit. Après sa première manche, j'étais très optimiste. Il est capable de trouver des accélérations foudroyantes"**
> JEAN-CLAUDE KILLY, CHAMPION OLYMPIQUE DU SLALOM EN 1968

Comme ses prédécesseurs français, Jean-Claude Killy et Jean-Pierre Vidal, Clément Noël a décroché l'or olympique en slalom à l'âge de 24 ans.

géant hommes

Faivre est toujours là

Médaillé de bronze en géant, un an après ses titres mondiaux en géant et parallèle, le Français, 30 ans, est plus qu'un athlète des grands rendez-vous.

Mathieu Faivre savoure, à 30 ans, sa première médaille olympique.

L'ÉQUIPE DU 14 FÉVRIER 2022

BÉATRICE AVIGNON

Podium Géant hommes	
1. M. Odermatt (SUI)	2'09''35
2. Z. Kranjec (SLV)	à 0''19
3. M. Faivre	**à 1''34**

Mathieu Faivre n'est pas homme à laisser transparaître ses émotions. Les positives, du moins. Pourtant, il a *« failli verser* (sa) *petite larme »* lorsqu'il a compris qu'il était médaillé olympique. *« Depuis le début de la semaine, je n'ai pas passé que des bonnes nuits »*, explique-t-il. Le Niçois d'origine n'avait pas réussi à accrocher un podium (7e place) alors qu'il pouvait le viser après la première manche en 2018, à Pyeongchang. Sa réaction à fleur de peau (il avait déclaré, à propos du résultat collectif des Bleus en géant : *« C'est vraiment le dernier de mes soucis. Je suis là pour ma pomme, pour faire ma course. »*) lui avait valu un retour en France prématuré.

Pourtant, cette médaille de bronze n'a pas un goût de revanche. Faivre : *« J'ai énormément appris de cet événement, et peut-être qu'aujourd'hui j'en suis là, avec cette médaille et deux titres de champion du monde, parce qu'il y a eu ça. »*

Le bouillant géantiste n'est pas tout à fait devenu un maître zen. *« Il est toujours sanguin, c'est ce qui fait sa force, et je n'ai pas envie qu'il change par rapport à ça*, assure Frédéric Perrin, responsable des techniciens français. *Mais il réussit vite à prendre du recul et à se remobiliser. »* Avec dix podiums en Coupe du monde, dont deux victoires, en douze ans sur le circuit, le géantiste ne figurait pas parmi les favoris. Avant les JO, comme avant de devenir champion du monde, il n'est pas monté une seule fois sur le podium en Coupe du monde de géant.

Des titres mondiaux bien digérés

Depuis sa première apparition en Coupe du monde, à 18 ans, le skieur d'Isola 2000 a d'abord dû se faire une place, alors qu'Alexis Pinturault concentrait déjà attention et espoirs. Deuxième du classement de géant en 2017, il voit son ascension stoppée par le changement de rayon des skis de géant, qui lui demande un temps d'adaptation. Le travail, mental et technique, a fini par payer, et l'installer parmi les sept meilleurs mondiaux en géant pour la troisième année de suite. Confiance retrouvée, Faivre a vite digéré ses deux titres mondiaux et n'a plus rien changé avant d'aborder la saison olympique. Pour Perrin, *« il arrive à gérer toutes les situations, tous les types de neige. Il est devenu assez complet, c'est ce qui lui manquait un peu quand il était jeune »*.

1

UNE SEULE SKIEUSE FRANÇAISE, parmi les huit engagées, a réussi à se classer parmi les dix premières d'une épreuve. Il s'agit de Laura Gauché, 8e du combiné et 10e de la descente.

Pinturault : « Il n'y a pas eu de miracle »

Reparti de Pékin bredouille, Alexis Pinturault, gros globe de cristal en 2021, a analysé sa saison ratée et ses Jeux. Il a eu du mal à digérer sa victoire en Coupe du monde et la fatigue qui en a résulté : *« Il n'y a pas eu de miracle. J'ai attaqué la saison fatigué. De course en course, je me suis senti nerveusement épuisé, sans pouvoir recharger les batteries (...). L'erreur que j'ai faite, c'est de ne pas avoir pris de recul et mesuré l'impact de ce gros globe (...). J'avais envie de croire dans l'envie que j'avais en arrivant. Mais l'esprit ne peut se mentir quand l'énergie n'est plus là (...). Ce sont des semaines, voire des mois, dont j'ai besoin pour récupérer. Ce n'est que quand je retrouverai cette flamme et cette énergie que tout se réalignera. »* **B. A.**

Pinturault, des Jeux dans l'ombre

slalom : 16e
géant : 5e
super-G : 11e
combiné : abandon

Johan Clarey a mis fin à une disette de seize années sans podium pour les Français en descente.

Clarey, le temps vaut de l'argent

Plus vieux médaillé olympique en ski alpin, le descendeur de 41 ans, deuxième, a vécu une consécration aussi tardive que méritée.

L'ÉQUIPE DU 8 FÉVRIER 2022

STÉPHANE KOHLER

Impossible de ne pas y penser. Après avoir reçu les félicitations de tout le staff français, mais aussi des équipes étrangères, pour sa deuxième place à 10 centièmes de Beat Feuz, Johan Clarey passe de micro en micro. Quand le Tignard s'arrête à la station presse écrite, il évoque « David », et ses yeux s'embuent, sa voix devient moins assurée.

David Poisson, descendeur de l'équipe de France. Disparu un jour de novembre 2017 lors d'un accident à l'entraînement sur une piste canadienne, il escorte encore au quotidien le groupe vitesse tricolore, qui lui rend souvent hommage quand le chrono sourit, à Kitzbühel, Val Gardena ou bien Yanqing. *« David avait un tel charisme, il avait tout, en fait*, rappelle depuis la France Adrien Théaux. *On ne l'oubliera jamais, on en parle si souvent entre nous. »*

Podium descente hommes	
1. B. Feuz (SUI)	1'42''69
2. J. Clarey	**à 0''10**
3. M. Mayer (AUT)	à 0''16

Cette médaille d'argent, qui fait de Clarey, à 41 ans, le skieur alpin le plus âgé à monter sur un podium, doit beaucoup à sa persévérance, mais aussi à son entourage. *« Je pense à ma famille et à ma femme*, rappelle celui qui n'a jamais gagné en Coupe du monde, mais a plusieurs fois frôlé la victoire de prestige, notamment à Kitzbühel, où il a terminé deux fois deuxième. *C'est grâce à eux, à leur soutien, que je suis là. Sinon, je n'aurais jamais continué au-delà de 35 ans. »*

Le doyen est proche des plus jeunes

Les blessures (épaule droite en 2002, genou droit en 2004, une vertèbre en 2005, poignet droit en 2008, les deux genoux en 2009, dos opéré en 2013) et les déceptions ont longtemps escorté la trajectoire du Savoyard, bloc de gentillesse et de courtoisie. Son corps ne le laisse vraiment tranquille que depuis quelques hivers. Vice-champion du monde de super-G en 2019, il a obtenu ses meilleurs résultats plus proches de la quarantaine que de la trentaine. Alors, malgré une volonté de fer et un goût toujours prononcé pour la préparation physique à l'intersaison, il y a des matins où la machine a grincé. *« J'étais crevé en me levant, les entraînements de la semaine m'ont fatigué*, rappelle-t-il. *Je commence à "toncher"* (souffrir) *au niveau de la récupération. Mais à cinq minutes du départ, ça allait très bien, j'étais super concentré, et j'ai réussi à mettre tout ce qu'il fallait. Je me suis dit : "Mec, ce sont tes derniers Jeux, attaque la piste." »*

Avec une paire de skis encore jamais utilisée cette saison, Clarey a réussi un modèle de descente, alliant engagement et justesse technique. *« On est trop contents pour notre papy*, souriait Matthieu Bailet (25 ans), 27e de la descente. *Il s'est vraiment envoyé et a gardé sa lucidité jusqu'en bas. Depuis que je suis dans ce groupe, il a toujours été le plus vieux et moi le plus jeune. Moi, je le pousse et lui il me tire. J'apprends beaucoup à ses côtés. »* Même constat chez Maxence Muzaton, 11e : *« C'est un puits de savoir, il est inspirant, il ne fait pas de vagues, ce n'est pas quelqu'un de très expressif, mais il a beaucoup de choses à nous apporter. »*

« C'est un mec en or, apprécie Blaise Giezendanner, 26e. *Il apporte de la sérénité et de l'exemplarité. "Yo" n'a pas eu une carrière très facile, et ce qui lui arrive maintenant est incroyable. En 2016, après une Coupe du monde en Corée du Sud, il m'a dit qu'il voulait arrêter. Et là, six ans plus tard, il est vice-champion olympique ! »*

Le Tignard peinait aussi à s'enthousiasmer pour les JO de Pékin, une destination qui ne l'excitait guère, pas plus que le profil annoncé peu sélectif de la piste. *« Mais on est restés calmes*, précise Xavier Fournier, le responsable du groupe vitesse. *"Yo" avait coché deux rendez-vous cet hiver : Kitzbühel et les JO. »* Le plan a donc parfaitement fonctionné.

big air femmes

Argent au Gu amer

Malgré un concours quasi parfait sur le tremplin chinois, Tess Ledeux doit se contenter de la médaille d'argent.

Incroyable finale du big air. Alors que l'or semblait acquis à la Française Tess Ledeux, la Chinoise Eileen Gu a retourné la finale olympique dans un dernier run dingue.

L'ÉQUIPE DU 9 FÉVRIER 2022

DORINE BESSON

Personne ne s'y attendait. Surtout pas elle. Tess Ledeux sèche encore quelques larmes de joie. Quelques minutes plus tôt, la championne du monde 2019 de la discipline a plaqué parfaitement ses deux figures préparées depuis si longtemps. Elle exulte, se tient la tête à deux mains. Ces deux figures si techniques, sur le papier, lui offrent l'or olympique sur un plateau. Car personne n'a jamais fait mieux, en compétition comme à l'entraînement. *« Clairement, je pense que tout le monde pensait à ce moment-là que Tess allait gagner »*, glissera ensuite la Canadienne Megan Oldham, au pied du podium.

Pour une skieuse de 20 ans seulement, parfois malmenée par ses émotions, chamboulée en 2021 par le décès de son père mais forte de son doublé inédit big air/slopestyle aux X Games trois semaines avant ces JO, elle a géré jusqu'ici de main de maître cet aspect mental si décisif. Les supporters bleus se préparent déjà à chanter *la Marseillaise* pour la première fois de ces JO et à fêter la première médaille olympique de Ledeux, qui empile depuis 2018 les titres dans cette nouvelle discipline des JO (or mondial, trois victoires aux X Games).

> **"J'espère qu'elle sait qu'elle a joué un rôle important dans ce succès"**
> LA CHINOISE EILEEN GU AU SUJET DE TESS LEDEUX

Mais Eileen Gu, pur produit du freestyle américain, qui a choisi de représenter la Chine, le pays de sa mère, aux JO et s'appuie sur les moyens XXL de l'équipe nationale, affiche son ambition de marquer l'histoire de son sport, en quête de triplé (big air, slopestyle et halfpipe). La star locale dévale, lâche un ultime uppercut : double cork 1620, comme Ledeux, une figure que Gu assure n'avoir jamais préparée à l'entraînement. Vraiment ? Possible. Elle est bien devenue la première à plaquer un 1440, soit un demi-tour de moins. La finale prend une tournure particulière car jamais deux skieuses n'avaient réussi un double cork 1620 coup sur coup.

Dans ce sport freestyle, pour marquer les juges, il faut jouer évidemment avec la créativité et la nouveauté. Mais ce coup-ci, personne ne l'a vu venir. En haut, le visage de Ledeux s'est figé. Elle vient de perdre la tête de la compétition, grâce à un saut qu'elle a été la première (et un temps la seule) à maîtriser. *« C'est ce que je lui ai dit après coup : je ne l'aurais pas fait si elle n'avait pas poussé le sport à ce niveau... Je lui en suis reconnaissante. J'espère qu'elle sait qu'elle a joué un rôle important dans ce succès »*, osera Gu. Là-haut, Ledeux patiente. Quatre petites minutes pour se remobiliser, aller chercher le titre, c'est trop peu. Il ne manque pas grand-chose mais sa réception scelle le duel. Avant même de déchausser, Ledeux a compris. Son large sourire est devenu masque de douleur. Il manquera 0,75 point pour l'or.

Podium Big Air femmes	
1. E. Gu (CHN)	188.25 pts
2. T. Ledeux	**187.5**
3. M. Gremaud (SUI)	182.5

snowboardcross femmes

Argent de maîtrise

Huit ans après son bronze surprise à Sotchi, Chloé Trespeuch est devenue vice-championne olympique. La plaie de son échec en 2018 se referme.

Chloé Trespeuch lève les bras au moment de glaner sa seconde médaille olympique.

L'ÉQUIPE DU 10 FÉVRIER 2022

DORINE BESSON

Les larmes de joie coulaient sur le visage de Chloé Trespeuch pendant que la nouvelle championne olympique américaine, Lindsey Jacobellis, s'effondrait dans la neige, hagarde. La Française voulait tellement cette nouvelle médaille olympique, huit ans après le bronze, à Sotchi, pour ses 19 ans. *« J'étais trop jeune, j'ai des trous de mémoire. Donc oui, c'est plus fort »*, assura-t-elle ensuite, les yeux rougis.

La journée avait démarré avec de la tension. Des entraînements *« de merde »*, selon les mots de son coach Kevin Strucl, un huitième temps sans éclat en qualifications. Et puis, la grinta a opéré. À chaque run jusqu'en finale, Trespeuch est montée en puissance quand d'autres favorites ont sombré, à l'image de son ancienne coéquipière Charlotte Bankes, sortie dès les quarts. L'été dernier pourtant, son cerveau était en ébullition. Sixième seulement de la Coupe du monde, elle sortait de sa pire saison depuis 2014, se posant mille questions. *« Je ne trouvais pas trop de solutions en moi. J'avais vraiment l'impression que j'avais du mauvais stress. C'est la première fois que je ressentais ça. »* Elle décide alors de changer ses habitudes, passe plus de temps à discuter avec son coach mental. Semi-marathon à Lyon avec sa sœur, sorties en escalade, trail avec son copain à Chamonix et alpinisme avec la traversée du Pelvoux : grâce à ces escapades, la recette prend. Trespeuch enquille cinq podiums en sept manches et les voyants sont au vert pour aborder sereinement ses troisièmes JO parmi les favorites. Comme en 2018. Mais la route de cette médaille pékinoise est passée par un échec à Pyeongchang, lors des derniers Jeux. Sa chute sur la ligne d'arrivée en finale en Corée du Sud (5e d'une finale à 6), *« une claque »*, reste douloureuse. Désormais, la plaie se referme avec cet argent.

Podium Snowboardcross femmes

1. L. Jacobellis (USA) **2. C. Trespeuch** 3. M. Odine (CAN)

La Suisse toute-puissante

Cinq médailles d'or pour cinq athlètes différents en dix courses : aucun pays n'avait fait aussi bien dans l'histoire des Jeux Olympiques.

L'ÉQUIPE DU 20 FÉVRIER 2022

STÉPHANE KOHLER (AVEC B.A.)

Après chaque victoire suisse en Coupe du monde de ski, et plus encore lors de ces JO, le même cri jaillit de la bouche de quelques confrères helvétiques volontiers taquins : « *Mais donnez-nous des adversaires !* » Nos voisins avaient de quoi bomber le torse. La razzia suisse (9 médailles) avait commencé quelques jours plus tôt avec le succès de Beat Feuz en descente, imité ensuite par Corinne Suter (descente), Lara Gut-Behrami (super-G) et Michelle Gisin, qui a conservé son titre en combiné.

Cinq champions différents d'un même pays en ski alpin lors d'une même olympiade, c'est tout simplement inédit. « *On avait eu déjà beaucoup de médailles l'an passé aux Mondiaux de Cortina d'Ampezzo* (9, dont 3 ors), rappelle Gut-Behrami, *et on confirme en Chine. Quand tu commences à avoir ce rythme, à répéter les victoires, ça devient plus consistant.* » Dans les Dolomites, les femmes avaient remporté les trois titres (descente pour Suter, géant et super-G pour Gut-Behrami), tandis que l'équipe masculine devait se contenter de trois médailles de bronze (Feuz en descente, Meillard en combiné et parallèle).

> **"On s'entraîne très fort, en se poussant mutuellement à la limite"**
>
> CORINNE SUTER, CHAMPIONNE OLYMPIQUE DE DESCENTE

Comment expliquer pareils butins ? Déjà en rappelant qu'il y a eu très peu de surprises en quinze jours et que les cinq titres empochés par les athlètes à la croix blanche sur drapeau rouge répondent à une absolue logique sportive. Ensuite, malgré quelques crispations lors de la sélection pour la descente femmes (Michelle Gisin n'a pas été retenue), l'émulation joue à plein dans les différents groupes (vitesse et technique), comme le rappelait il y a quelques semaines Corinne Suter. « *Il y a un très bon état d'esprit entre nous et on s'entraîne très fort, en nous poussant mutuellement à la limite*, notait la Schwytzoise. *Si quelqu'un va plus vite que moi, j'essaie de faire encore mieux, et ces petites batailles font qu'on forme une équipe très performante.* » Même observation chez Loïc Meillard, cinquième du slalom : « *Il n'y a pas de secret, si ce n'est qu'on bosse dur, et que l'on progresse les uns auprès des autres.* » Et puis, il y a aussi ce qui ne s'explique pas. Le talent et la volonté de fer de Lara Gut-Behrami pour revenir au plus haut niveau après sa blessure à un genou en 2017, le toucher de neige sublime de Beat Feuz au sommet de son art depuis plusieurs saisons en descente ou le potentiel aux limites inconnues de Marco Odermatt sont autant de trajectoires différentes qui se croisent au meilleur moment, pour empiler les succès sur les pistes chinoises.

Pays majeur de la discipline depuis de longues années, bénéficiant d'une multitude de stations et valorisant le ski de haut niveau comme nulle part ailleurs hormis en Autriche, la Suisse peut compter sur un système pyramidal de détection puis de formation très au point, du petit ski-club aux différents cantons puis aux centres régionaux mis en place par la Fédération helvétique. Mais elle aussi a connu des hauts et des bas aux JO, puisqu'entre 1992 et 2006, seule Vreni Schneider a été sacrée (slalom en 1994).

En revanche, l'équipe actuelle, où Odermatt (24 ans) a onze ans de moins que Feuz, voit fleurir les comparaisons avec la formidable armada des Mondiaux à domicile de Crans-Montana en 1987 (8 titres sur 10). Confirmation de cette quinzaine exceptionnelle aux Mondiaux de Courchevel-Méribel en 2023 ? Peu en réussite en Chine en vitesse (7e en descente et abandon en super-G), Marco Odermatt pourrait raisonnablement y viser trois titres à lui tout seul.

La razzia suisse

Slalom : Femmes : W. Holdener **(bronze)**
Géant : Femmes : L. Gut-Behrami **(bronze)**
Hommes : M. Odermatt **(or),**
Super-G : Femmes : L. Gut-Behrami **(or),**
M. Gisin **(bronze)**
Descente : Femmes : C. Suter **(or)**
Hommes : B. Feuz **(or)**
Combiné : Femmes : M. Gisin **(or),**
W. Holdener **(argent)**

La même posture, les bras levés : Corinne Suter (à g.), Beat Feuz, Michelle Gisin (au centre) et Marco Odermatt (à dr.) ont tous remporté l'or à Pékin. Une razzia inédite à laquelle il faut ajouter le titre de Lara Gut-Behrami sur le super-G.

Mikaela Shiffrin tête baissée à l'arrivée de la descente olympique, une épreuve qu'elle termine à la 18e place, loin du podium.

Un jour (blanc) sans fin

Sortie du slalom du combiné lors de sa dernière apparition, l'Américaine Mikaela Shiffrin a, pour la première fois de sa carrière, terminé un grand événement sans médaille individuelle. À peine un top 10.

L'ÉQUIPE DU 18 FÉVRIER 2022

BÉATRICE AVIGNON

De l'Ice River de Yanqing, Mikaela Shiffrin ne retiendra aucun bon souvenir. En trois courses sur la piste des épreuves techniques (géant, slalom et slalom du combiné), l'Américaine n'a pas une fois passé la ligne d'arrivée. À peine a-t-elle pris quelques portes. *« À peu près neuf »*, a-t-on entendu du côté des journalistes américains, qui tiennent la comptabilité. Les troisièmes Jeux Olympiques de la star du ski alpin, qui n'avait jamais quitté un grand événement sans titre, auront été un vrai cauchemar jusqu'au bout.

« Bon, c'est toujours la même question, répondait-elle en éclatant de rire, lorsqu'on lui demandait ce qui s'était passé. *J'ai senti une bonne accélération après les premières portes, et je pense que dans ma carrière, j'ai eu ce feeling 47 fois* (son nombre de victoires en slalom en Coupe du monde, un record). *Ce mélange d'intensité, de concentration, avec une bonne sensation sur mes skis. Ça a toujours marché. »*

> **"Je me sentais relâchée et détendue, comme si je connaissais mon plan. Mais ça n'a toujours pas marché. C'est comme ça "**
> MIKAELA SHIFFRIN

Elle a entendu les entraîneurs évoquer la présence d'un trou là où son ski a glissé, entraînant sa chute. *« Mais beaucoup de filles ont réussi à passer*, évacuait-elle aussitôt. *J'avais peut-être trop de vitesse pour le gérer. Ou je n'ai pas bougé assez vite. C'est un ensemble de choses. »* Cinquième de la descente sous le ciel bleu, sur des skis prêtés par la vice-championne olympique italienne Sofia Goggia, à 56 centièmes de l'Autrichienne Christine Scheyer, la championne du monde en titre du combiné était idéalement placée pour décrocher enfin la médaille qui se refusait à elle depuis le début de ces Jeux. Mais ce fut encore un jour blanc pour Shiffrin, à l'image du temps qui avait brutalement viré à la neige entre les deux manches.

« Bref, je n'ai encore pas fini une course, résumait la médaillée d'argent du combiné à Pyeongchang. *60 % des DNF* (did not finish, signalant une manche non terminée) *de toute ma carrière sont arrivés sur ces Jeux. Il y a toujours de la pression, mais je me sentais relâchée et détendue, comme si je connaissais mon plan. Mais ça n'a toujours pas marché. C'est comme ça. »*

60 %, c'est exagéré, la réalité étant plus proche de 16 % (3 courses écourtées à Pékin sur 19 dans sa carrière). Mais si l'on se penche sur ses statistiques, on réalise à quel point le fait de ne pas finir une course peut la perturber : elle avait jusqu'ici bouclé 100 % de ses manches lors des grands événements, et 93 % des courses de Coupe du monde. Si l'on compte tous ses départs depuis 2011, y compris les échecs de Pékin, elle a terminé 92 % de ses courses. Après les pleurs qui ont suivi son échec au slalom, Shiffrin (26 ans) a viré fataliste. Difficile de faire autrement, quand aucune explication ne ressort pour comprendre ces échecs répétés dans les disciplines qu'elle domine depuis bientôt dix ans (pour le slalom), sans avoir pu produire de coup d'éclat dans les autres (9e du super-G, 18e de la descente).

Les mauvais chiffres de Shiffrin

Slalom : abandon (1re manche)
Géant : abandon (1re manche)
Super-G : 9e
Descente : 18e
Combiné : abandon (5e de la descente)

La tête ? Si l'on en croit ses publications sur les réseaux sociaux, la skieuse du Colorado file le parfait amour avec le Norvégien Aleksander Aamodt Kilde, médaillé de bronze en super-G et d'argent du combiné. Reste l'absence de son père Jeff, décédé en février 2020, qui, appareil photo à la main, avait l'habitude d'immortaliser chaque instant des précédents JO de sa fille.

Mais si la championne a avoué que son paternel lui manquait, sa mère et coach, Eileen, a assuré qu'elle n'aurait pas pris le départ des courses de vitesse si elle ne s'était pas sentie assez bien. En 2018, avant Pyeongchang, Shiffrin avouait une peur irrationnelle, qui s'invitait dans ses rêves : se lever un matin en ayant oublié comment skier. On finirait presque par se demander, quatre ans plus tard, si ce jour n'a pas fini par arriver.

PÉKIN 2022 LES AUTRES TEMPS FORTS

ALEXANDER BOLSHUNOV

AOR (ATHLÈTES OLYMPIQUES DE RUSSIE)

25 ans, médaille d'or, ski de fond, 50 km

Sur une épreuve réduite à 28,4 km en raison d'un vent glacial, Alexander Bolshunov a ponctué ses Jeux en décrochant un troisième titre à Pékin (après le skiathlon et le relais 4 x 10 km), sa cinquième médaille en autant d'épreuves.

THERESE JOHAUG

NORVÈGE

33 ans, médaille d'or, 10 km classique

Désormais retraitée, Therese Johaug a conclu en beauté son aventure olympique. En plus du 10 km classique (à l'image), la Norvégienne s'est offert l'or sur le 30 km et la poursuite. Elle totalise quatre titres aux JO.

IRENE SCHOUTEN

PAYS-BAS

29 ans, médaille d'or, patinage de vitesse

12 médailles sur 42 possibles. Aux Pays-Bas, le patinage de vitesse est une affaire sérieuse. Irene Schouten a parfaitement incarné cette domination avec trois titres sur le 3 000 m, le 5 000 m et la mass start, en plus du bronze en poursuite par équipes.

EILEEN GU

CHINE

18 ans, médaille d'or, ski freestyle halfpipe

Renversante. Après l'or acquis en big air, Gu double la mise en halfpipe. Avec l'argent en slopestyle, elle devient même la plus jeune triple médaillée de l'histoire des JO (18 ans et 159 jours).

KAMILA VALIEVA

AOR

15 ans, 4e, patinage artistique

Autorisée à concourir malgré un contrôle positif avant les JO, sacrée par équipes et première après le programme court en individuel, la jeune adolescente tombe deux fois lors du programme libre. Elle finit en larmes, au pied du podium.

NATHAN CHEN

ÉTATS-UNIS

22 ans, médaille d'or, patinage artistique

Il était attendu, il n'a pas déçu. Triple champion du monde en titre, Chen a assumé son statut d'ultra favori avec, en prime, cinq quadruples sauts lors de son programme libre.

ANNA SHCHERBAKOVA

AOR

17 ans, médaille d'or, patinage artistique

Profitant des déboires de Valieva, Shcherbakova a ravi l'or olympique. Championne du monde en 2021, elle réussit un quasi sans faute et deux quadruples flips pour décrocher le Graal.

Enfin !

Quatre ans après l'argent amer de Pyeongchang, Gabriella Papadakis et Guillaume Cizeron ont vécu le moment le plus intense de leur carrière en décrochant l'or olympique.

L'ÉQUIPE DU 15 FÉVRIER 2022

CLÉMENTINE BLONDET

Il s'est retenu de hurler. Lui, le calme et sensible Guillaume Cizeron a finalement laissé les larmes venir pendant que Gabriella Papadakis, celle avec qui il partage la glace depuis dix-sept ans, n'arrêtait plus de sourire. Toutes ces années à créer, danser, mais aussi transpirer, à la patinoire de Clermont-Ferrand où Catherine Papadakis, la mère de Gabriella, les avait associés gamins à leur centre d'entraînement montréalais, les a menés jusqu'à l'or olympique. *«Avec Gabriella et Guillaume, on a toujours un second degré, qui permet de mettre une distance même quand ça ne se passe pas bien*, décrivait leur coach Romain Haguenauer. *C'est bien aussi de le voir un peu lâcher les émotions.»*

> **"C'est comme être dans une machine à laver d'émotions (...) Il y a beaucoup de regards avec nos coaches, de regards entre nous. Ce sont des microsecondes qui voulaient dire vraiment beaucoup"**
>
> GUILLAUME CIZERON

Lui-même tentait de les masquer mais avait l'œil bien brillant au moment de féliciter ceux qu'il entraîne depuis dix ans. Sur cette *Élégie* de Gabriel Fauré choisie pour leur programme libre, les quadruples champions du monde avaient été impeccables techniquement. Plusieurs fois durant ces quatre minutes, des applaudissements s'étaient élevés de la tribune des sportifs, et pas seulement de la part des quelques dizaines de Français présents. À l'annonce des scores (226,98 pts au total, nouveau record du monde) et du petit 1 qui confirmait l'évidence, Gabriella Papadakis et Guillaume Cizeron, qui les attendaient comme toujours main dans la main, pouvaient définitivement s'abandonner, baisser quelques instants le masque pour sourire, s'enlacer et serrer le poing.

Les étreintes se succédaient, avec leurs entraîneurs Marie-France Dubreuil, Patrice Lauzon et Romain Haguenauer, puis leurs partenaires d'entraînement Madison Hubbell et Zachary Donohue, médaillés de bronze, et Madison Chock et Ewan Bates, médaillés en chocolat. *«C'est comme être dans une machine à laver d'émotions*, décrivait Cizeron. *Il y a tellement de petits instants que j'essaie d'ancrer dans ma mémoire. Il y a beaucoup de regards avec nos coaches, de regards entre nous. Ce sont des microsecondes qui voulaient dire vraiment beaucoup.»* L'émotion aurait-elle été la même si, quatre ans plus tôt, l'or olympique ne s'était pas refusé à eux ? À Pyeongchang, au lendemain de cette danse courte où la robe de Gabriella Papadakis s'était dégrafée, le couple avait puisé au plus profond de lui-même pour offrir un libre magistral sur la *Sonate au Clair de lune*. Les sanglots de la danseuse à la fin du programme n'étaient pas des larmes de joie.

En quatre ans, les enfants prodiges sont devenus pleinement des adultes (26 ans pour Papadakis, 27 ans pour Cizeron), les artistes avant tout des obsédés de la gagne. Rien n'a pu les faire dérailler. Ni l'envie de vomir de Cizeron, ou de s'évanouir de Papadakis avant la danse rythmique. Ni le Covid, ni les problèmes de visa de Papadakis, coincée dix-huit mois au Canada, qui ont entraîné leur forfait aux Mondiaux 2021, ni la défaite des Championnats d'Europe 2020. Les quadruples champions du monde ne pouvaient pas être privés plus longtemps du titre suprême. Les voilà officiellement les plus grands patineurs français de ces quatre-vingt-dix dernières années, vingt ans après le sacre de Marina Anissina et Gwendal Peizerat, qu'ils se souviennent avoir vécu devant leur télé.

Au terme d'un programme libre plein de grâce, Gabriella Papadakis et Guillaume Cizeron ont décroché l'or olympique.

Podium Danse sur glace	
1. G. Papadakis / G. Cizeron	226,98 pts
2. V. Sinitsina / N. Katsalapov (AOR)	220,51 pts
3. M. Hubbell / Z. Donohue (USA)	218,02 pts

Leur palmarès

Champions du monde : 2015, 2016, 2018, 2019, 2022.

Champions d'Europe : de 2015 à 2019.

Champions olympiques 2022 (2e en 2018)

«C'est devenu une obsession»

Guillaume Cizeron et Gabriella Papadakis racontent leur détermination à gagner le seul titre qui leur manquait.

L'ÉQUIPE DU 15 FÉVRIER 2022

CLÉMENTINE BLONDET

Après avoir vécu le plus grand moment de leur vie, et en grignotant quelques frites, Gabriella Papadakis et Guillaume Cizeron ont pris le temps de revenir sur leur quête de l'or suprême.

«Vous sembliez un peu détachés lors de vos premiers titres mondiaux et européens. Mais pour l'or olympique, ça ne s'est pas du tout passé de la même manière...

Gabriella Papadakis : Toutes les médailles et les titres qu'on avait eus avant, on les avait obtenus avant de les vouloir vraiment. C'était toujours arrivé comme une surprise. Là, c'est la seule médaille qu'on avait voulue et qu'on n'avait pas eue il y a quatre ans. C'est pour ça que ça nous a donné cette rage.

Guillaume Cizeron : Quand on était plus jeunes, on avait devant nous le temps d'avoir les médailles qu'on voulait. Ces Jeux, à Pékin, c'était maintenant ou jamais parce qu'on n'est pas sûrs d'être là dans quatre ans.

Votre envie de gagner est-elle finalement née de vos médailles d'argent aux Championnats du monde 2017 et aux JO 2018 ?

G.P. : Ce qui nous pousse à vouloir gagner aussi, c'est la peur de perdre. Intellectuellement, je sais qu'on n'est pas définis par nos défaites mais bon, émotionnellement, c'est quand même le cas. Il y a quatre ans, ça avait été assez éprouvant.

G.C. : Pendant quatre ans, tout le monde a bien retourné le couteau dans la plaie. C'était important de tourner une page.

Qu'a représenté pour vous cette quête d'or olympique pendant quatre ans ?

G.C. : C'est devenu une obsession quotidienne. À la fin, c'était vraiment difficile de penser à autre chose que ça. On a atteint un certain degré de psychopathie ! Tu ne peux pas tout contrôler. On l'avait appris il y a quatre ans. On est devenus vraiment très forts mentalement, c'est un muscle qu'on a beaucoup travaillé.

Pendant quatre ans, vous vous êtes levés le matin pour être champions olympiques encore plus que pour créer de beaux programmes ?

G.C. : À certains moments, oui, c'est ce titre qui nous a fait nous lever le matin. On a fait beaucoup de sacrifices pour mettre toutes les chances de notre côté. Mais maintenant qu'on est champions olympiques, on ne se lève plus. Champion olympique... C'est la première fois que je le dis !

G.P. : Le terme champion olympique, on le portera à vie. Mais ça va prendre un petit moment de s'y habituer !

PÉKIN 2022 PARALYMPIQUES

ARTHUR BAUCHET

SKI ALPIN

21 ans, médailles d'or (descente, slalom, super-combiné), médaille de bronze (géant)

Palmarès aux Paralympiques : 3 or, 4 argent, 1 bronze

MAXIME MONTAGGIONI

SNOWBOARD

32 ans, médaille d'or (banked slalom)

Palmarès : 1 or

MARIE BOCHET

SKI ALPIN

28 ans, médaille d'argent (super-G)

Palmarès : 8 or, 1 argent

BENJAMIN DAVIET

SKI DE FOND / BIATHLON

32 ans, médailles d'or (KO sprint en ski de fond, 12,5 km en biathlon), médailles d'argent (relais open 4 x 2,5 km hommes, 12,5 km style libre)

Palmarès : 5 or, 4 argent, 1 bronze

DE L'OR EN BARRES

Quatrième du classement des médailles, comme à Pyeongchang en 2018, l'équipe de France paralympique a surfé sur un nombre de titres conséquent (7) malgré un total de podiums en baisse (12 contre 20 en 2018).

CÉCILE HERNANDEZ
SNOWBOARD

- 47 ans, médaille d'or (snowboardcross)
- Palmarès : 1 or, 2 argent, 1 bronze

ANTHONY CHALENÇON
SKI DE FOND

- 31 ans, médaille de bronze (relais open 4 x 2,5 km hommes).
- Palmarès : 1 or, 2 bronze

HYACINTHE DELEPLACE / VALENTIN GIRAUD MOINE
SKI ALPIN

- 32 et 30 ans, médaille de bronze (descente, catégorie déficient visuel)
- Palmarès : 1 bronze

6 FÉVRIER

TENNIS **AFFAIRE PENG SHUAI.** La joueuse de tennis chinoise Peng Shuai a accordé une interview exclusive à « L'Équipe » pendant les Jeux d'hiver. Début novembre 2021, elle avait accusé un ancien dirigeant chinois d'agression sexuelle avant de disparaître pendant deux semaines. La communauté internationale s'inquiétait.

17 FÉVRIER

ATHLÉTISME **MEETING DE LIÉVIN.** Jakob, le cadet de la fratrie Ingebrigtsen, prend la pose suite à son record du monde du 1 500 m en salle (3'30''60). À l'issue des sept tours et demi, le Norvégien de 21 ans a battu l'Éthiopien Samuel Tefera, précédent détenteur de la meilleure marque planétaire avec 3'31''04.

26 FÉVRIER

FOOTBALL **PREMIER LEAGUE.** Huit mois après son arrêt cardiaque à l'Euro 2021, Christian Eriksen est de retour sur un terrain de football. À l'occasion de la 27e journée de Premier League entre Brentford – son nouveau club – et Newcastle, le milieu danois est entré en jeu à la 52e minute, ovationné par les supporters des deux équipes.

5 FÉVRIER

JUDO **TOURNOI DE PARIS.** La joie d'Amandine Buchard se lit sur son visage : la Française de 26 ans s'est imposée lors du Grand Slam de Paris en - 52 kg face à la Kosovare Distria Krasniqi, championne olympique des - 48 kg à Rio en 2016. La vice-championne olympique de Tokyo signe à Bercy la seule victoire tricolore dans la capitale.

14 FÉVRIER

FOOT US SUPER BOWL. Les Rams de Los Angeles ont remporté, contre les Bengals de Cincinnati le deuxième Super Bowl de leur histoire. Les Californiens couraient encore après le score (16-20) avant de l'emporter 23-20 grâce à un touchdown de Cooper Kupp sur une passe du vétéran Matthew Stafford, à 1'25'' de la fin de la partie.

27 FÉVRIER

ATHLÉTISME CHAMPIONNATS DE FRANCE. Thibaut Collet s'est envolé (5,81 m) pour aller s'offrir son premier titre national à la perche. Le Grenoblois de 22 ans a battu son record personnel de 9 cm et réalisé « le plus beau concours de (sa) vie » pour tromper les favoris, à commencer par Renaud Lavillenie, seulement 6e (5,66 m).

Malgré son trio d'attaque de rêve (Mbappé, Neymar, Messi), le PSG sort la tête basse de la Ligue des champions à Madrid.

Encore un naufrage

Alors que la qualification en quarts de finale lui semblait promise, le Paris-SG a sombré dans la dernière demi-heure du match retour à Madrid.

L'ÉQUIPE DU 10 MARS 2022

DAMIEN DEGORRE

C'est un naufrage. Au stade Santiago-Bernabeu, le PSG de Messi, Neymar, Mbappé et Donnarumma s'est effondré mentalement en l'espace de trente minutes, comme le PSG de Cavani, Thiago Silva, Matuidi ou Rabiot s'était écroulé en quatre-vingt-dix au Camp Nou, cinq ans plus tôt, au même stade de la compétition, quand la qualification semblait leur tendre les bras à chaque fois. Le scénario de 2022 est-il pire que celui de la remontada catalane (4-0, 1-6) ? Il paraissait, en tout cas, nettement moins prévisible.

À Barcelone, en 2017, le PSG s'était effrité dès le coup d'envoi de la rencontre face à un adversaire qui affichait quelques qualités, quand même, et avait pu compter sur un arbitrage favorable. À Madrid, Paris s'est liquéfié dans les trente dernières minutes d'un huitième de finale qu'il maîtrisait alors de la tête et des jambes, celles de Mbappé, notamment, qui avait logiquement ouvert le score (39e). De fait, sur ses deux confrontations face au Real, Paris a dominé pendant deux heures et demie et, à la mi-temps du match retour, les Madrilènes paraissaient avoir renoncé à toute ambition.

Pourtant, il n'y avait aucune raison de paniquer

Puis, Donnarumma a commis une boulette, dont Benzema s'est régalé pour égaliser (61e). Mais, à ce moment précis, le PSG était encore qualifié pour les quarts de finale de la Ligue des champions et il n'y avait vraiment aucune raison de paniquer. Aucune raison ? Non, pas pour Paris. C'était comme si le ciel madrilène venait de lui tomber sur la tête. Comme si tous les efforts consentis depuis le coup d'envoi du match aller avaient volé en éclat et que l'issue de la soirée devenait inéluctable. Dans ces cas-là, il aurait été précieux qu'un ou deux cadres rameutent les troupes, redonnent la ligne à suivre, rassurent par un tempérament conquérant. Mais où étaient les leaders ?

En 2022, Marquinhos sera passé une fois à côté d'un match, celui qu'il ne fallait pas manquer. Et Verratti, si impressionnant au cours de la première heure, ne parvenait plus à sortir rapidement le ballon. Les deux autres buts madrilènes, finalement, devenaient inévitables. Ce n'était plus qu'une question de temps.

Ils sont survenus en deux minutes, à chaque fois signés Benzema (76e, 78e). La rage de conquérant de l'avant-centre français du Real tranchait avec les mines déconfites de Parisiens paralysés, hypnotisés, résignés à leur sort. Le Paris-SG ne s'est pas incliné contre le Real Madrid, il a été terrassé par Karim Benzema. Mauricio Pochettino ne sera pas parvenu à contenir l'influence du capitaine madrilène et ses changements, en fin de match, n'ont rien impulsé.

Pourtant, lorsqu'il avait remplacé Paredes, qui avait reçu un avertissement dès la 7e minute, par Gueye, l'entraîneur argentin avait le droit d'attendre un minimum d'impact du milieu sénégalais. Pourquoi, sur le deuxième but madrilène, ne coupe-t-il pas la remontée de Modric par tous les moyens possibles – tout comme Neymar d'ailleurs – même ceux qui leur auraient valu un avertissement ?

Et que penser de l'entrée de Di Maria dans les dix dernières minutes ? Alors, bien sûr, il y a l'erreur originelle de Donnarumma, et on peut bien sûr s'interroger sur la pertinence de l'avoir titularisé à la place de Navas, mais il y a aussi tout ce qui n'a pas suivi derrière. À l'arrivée, Paris a perdu énormément : une qualification et beaucoup de crédibilité.

413

AVEC CE TOTAL, Karim Benzema devient, le 14 mars, après un doublé contre Majorque, le meilleur buteur français de l'histoire (clubs et sélections confondus).

Trois fois trois

En l'espace de quatre jours, début mars, les trois plus grands attaquants du moment, Robert Lewandowski, Karim Benzema et Cristiano Ronaldo, ont, chacun à leur tour, inscrit un triplé.

BENZEMA ASSOMME PARIS

MERCREDI 9 MARS

Real Madrid – Paris-SG (3-1), huitièmes de finale retour de Ligue des champions

Battus à l'aller au Parc des Princes (0-1), les Merengue vont se qualifier grâce à un homme : Karim Benzema. Ce soir-là, il dépasse Alfredo Di Stefano dans le classement des meilleurs buteurs de l'histoire du Real Madrid avec 309 buts. Pourtant, Kylian Mbappé ouvre le score en première période. Les Madrilènes doivent remonter deux buts pour se donner de l'espoir. L'attaquant français montre la voie à la 61e en allant presser Donnarumma qui perd ses moyens. Vinicius récupère et passe à Benzema : 1-1. Un quart d'heure plus tard, c'est Modric qui trouve son buteur dans la surface : 2-1 et égalisation dans la série. Deux minutes s'écoulent, puis Vinicius accélère, Marquinhos dégage plein axe sur l'avant-centre des Bleus. En dix-sept minutes, ce dernier aura mis fin aux espoirs du PSG : 3-1.

LEWANDOWSKI PUNIT SALZBOURG

MARDI 8 MARS

Bayern Munich – RB Salzbourg (7-1), huitièmes de finale retour de Ligue des champions

Accrochés en Autriche à l'aller (1-1), les Bavarois vont s'appuyer sur leur serial buteur Robert Lewandowski pour terrasser Salzbourg. Après seulement vingt-trois minutes, le Polonais avait déjà inscrit son « hat-trick », dont les deux premiers buts sur des penalties qu'il a lui-même provoqués. Son troisième est plus chanceux : lancé par Thomas Müller dans la profondeur, il profite de la sortie du gardien qui lui tire sur le tibia. Le ballon est contré par l'attaquant et atterrit sur le poteau. Grâce au rebond, Lewandowski le pousse dans le but vide. Depuis 1992, en Ligue des champions, c'est le triplé le plus rapidement inscrit après le coup d'envoi. En toute fin de match (86e), Lewandowski délivrera ensuite une passe décisive grâce à une talonnade pour Leroy Sané.

CR7 DEVIENT CR807

SAMEDI 12 MARS

Manchester United – Tottenham (3-2), 29e journée de Premier League

Alors qu'il avait fêté son trente-septième anniversaire un mois auparavant, Cristiano Ronaldo a marqué trois buts contre les Spurs. Il a ainsi dépassé, avec 807 buts selon les statistiques de la FIFA, le record du nombre de réalisations dans toute une carrière, tenu jusqu'ici par l'Austro-tchèque Josef Bican (806). Dès la 12e minute, le Portugais expédie une frappe des vingt-cinq mètres dans la lucarne du but londonien. Deux minutes après le penalty de Kane (1-1), Sancho sert parfaitement l'ancien attaquant de la Juve et MU reprend l'avantage (38e). Après un nouveau retour au score des Spurs (72e), le buteur se mue à nouveau en sauveur (81e). Sur un corner mancunien, grâce à sa détente, il assène un coup de tête dans la lucarne adverse.

FOOTBALL Ligue des champions 8es de finale (aller : 0-2)

Lille 1-2 Chelsea

Éphémère joueur lillois de janvier à juin, Hatem Ben Arfa dispute le ballon à N'Golo Kanté dans le rond central.

La loi du plus fort

Bousculé en première période mais serein et en pleine réussite, Chelsea s'est implacablement imposé à Lille (2-1). Dès les huitièmes de finale, la France n'a plus de représentant.

L'ÉQUIPE DU 17 MARS 2022

JOËL DOMENIGHETTI

Le champion de France 2021 aura été vaillant dans un stade Pierre-Mauroy des grands soirs, festif, coloré et bruyant. Il a secoué le champion d'Europe en titre pendant une bonne partie d'une première période collectivement aboutie.

Ses compétences étaient reconnues : pressing haut, intensité. Et ce supplément d'âme d'une équipe à l'envie décuplée et la conviction certaine. Celle-ci a même rêvé, sept minutes après son ouverture du score sur un penalty en force de Burak Yilmaz (1-0, 38e), avec intervention du VAR pour une faute de main de Jorginho. C'était l'une des très rares opportunités lilloises ? Quand les Nordistes sont aussi connectés, leur ADN les autorise à être ultra efficaces.

Mais le souffle est retombé tout juste avant la pause, au terme d'une très belle action collective londonienne. La passe laser de Jorginho a transpercé verticalement le flanc gauche de la défense nordiste à destination de Pulisic. Malgré la couverture de Botman, l'attaquant a trompé Jardim d'une frappe croisée chirurgicale dans le petit filet (1-1, 45e +3). Fin du suspense, après le 2-0 des Anglais à l'aller. Les Dogues y ont cru avec leur 4-4-2 oppressant transformé en 4-3-3 par l'animation défensive à la récupération du ballon, Yilmaz coulissant attaquant sur le flanc droit et Bamba troisième milieu. Chelsea a été freiné dans ses sorties de balle. Son infériorité numérique en pointe a diminué le danger.

4

LE NOMBRE DE DÉFAITES DU LOSC CONTRE CHELSEA

en autant de confrontations, en encaissant à chaque fois deux buts. En 2019, Lille s'était incliné deux fois 1-2. Cette saison 0-2 et, donc, 1-2 à nouveau.

Puis la sortie de Christensen, remplacé poste pour poste par Chalobah (33e), enfin, a fragilisé sa robustesse quelques minutes. Le défenseur central droit a subi un petit pont du très remuant David avant de recevoir un avertissement (34e). Lille se rapprochait de la surface anglaise. Mais jamais les Blues n'ont paniqué. Après la pause, Thomas Tuchel a vite rectifié le tir avec un passage plus équilibré au 3-4-3. Avant que les Dogues, au taquet sur le plan athlétique, ne tombent comme des mouches. Les efforts de Çelik pour contenir Alonso ont réveillé chez lui une douleur en haut de la cuisse droite. Weah l'a remplacé (58e). Botman était un roc dans l'axe, mais son fessier a lui aussi lâché sur une accélération défensive. Onana est venu prendre sa place dans l'axe de la défense.

Une tête de Xeka sur le poteau, tournant du match

Même la réussite a abandonné des Nordistes combatifs jusqu'en fin de rencontre. Parce que la tête de Xeka, sur un centre impeccable de Yilmaz, est venue s'écraser sur le poteau de Mendy (63e). Comme un petit tournant du match. C'en était trop pour une formation qui avait donné 110 % de ses forces. Avec autant d'absences, l'accumulation de faits de jeu, la marche était trop haute.

Le deuxième but anglais vint sur une deuxième frappe cadrée. Azpilicueta devançait Onana au deuxième poteau, poussant le ballon du genou droit sur un centre de Mount (1-2, 71e). Les Lillois n'auront pas à rougir de leur match. Encore moins de leur résistance jusqu'à cet arrêt de Jardim en face-à-face devant Alonso (90e+2). Ils ont laissé beaucoup de gomme. Les applaudissements du public, qui ont salué cet investissement, ne trompent pas. Mais même avec un environnement des plus hostiles, la loi du plus fort était implacable.

Burak Yilmaz.

Le roi soleil

Comme en 2021, l'implacable Primoz Roglic s'est offert l'étape reine de Paris-Nice au sommet du Turini. Mais cette fois, il a réussi à remporter la course.

L'ÉQUIPE DU 13 MARS 2022

GAÉTAN SCHERRER

De timides flocons de neige se mirent à saupoudrer le sommet du Turini, au moment où Primoz Roglic esquissa son habituel télémark sur le podium protocolaire : à ses côtés, son fils Lev, deux ans, décida de l'imiter avec un peu plus d'entrain en accompagnant son geste d'un puissant rugissement qui fit se tordre les spectateurs de la scène, dont Grischa Niermann.

Le directeur sportif de la Jumbo-Visma dut reprendre son souffle avant de continuer à dérouler le fil d'une *«journée parfaite»* pour son équipe, de la chasse de l'échappée matinale qu'elle n'eut pas à gérer jusqu'à la montée finale où son leader, supérieur, montra beaucoup de sang-froid sans pour autant chercher à creuser significativement son avance. *«Non seulement il est très fort mais, en plus, il court juste,* souffla Niermann. *Pendant la dernière ascension, on ne recevait quasiment aucune information à la radio dans la voiture, on n'avait pas de télé, pas de connexion Internet, pas la moindre idée de ce qui se passait devant nous. Pourtant, Primoz a fait exactement ce qu'il fallait.»*

La dernière fois que la Course au soleil avait emprunté le col, Turini avait rimé avec Colombie : Daniel Martinez s'était imposé devant son compatriote Miguel Angel Lopez et Egan Bernal s'était paré de jaune en grillant la priorité à Nairo Quintana. Cette fois, ni Martinez (2e), ni Quintana (4e), ne réussirent à empêcher Roglic.

Adam Yates (8e) tenta bien de lancer les hostilités à neuf kilomètres du sommet, mais le maillot jaune le reprit avec une aisance confondante. Et si son jumeau, Simon (3e), se montra plus malicieux, le Britannique, principale menace de Roglic dans la course au maillot jaune – sur le dos du Slovène depuis la 5e étape –, finit surtout par montrer toute son impuissance. Primoz Roglic a pu compter sur son coéquipier Rohan Dennis, *«un sacré moteur»* qui le tracta dans toute la première partie du Turini.

> **"Même si je n'y ai pas toujours eu beaucoup de réussite, je n'ai jamais estimé que j'étais maudit en France. On me le rappelait souvent, mais ce n'est pas quelque chose qui me tracassait plus que cela... Dans ma tête, je suis aussi heureux que si c'était ma première victoire"**
>
> PRIMOZ ROGLIC

Primoz Roglic, victorieux au col de Turini (à g.), fête son premier succès sur Paris-Nice avec son fils Lev.

Pas de chutes cette année

Le coureur préférait, après l'arrivée, se satisfaire de sa forme ascendante après *«un début de course difficile en termes de sensations»*. Volontiers blagueur face à la presse, c'est avec autodérision que le triple vainqueur sortant de la Vuelta avait répondu à la question d'un confrère, le vendredi 11 mars, sur sa supposée malédiction dès qu'il pointait le bout de son guidon en France. *«C'est simple,* s'était marré Roglic, *maintenant j'imagine juste que je suis en Espagne...»*

L'an passé à ce stade de la course, il se trouvait dans un fauteuil encore plus confortable et il avait fini par s'en éjecter tout seul, en tombant deux fois dans la même descente. Cette année, dans la dernière étape, malgré ses cinq difficultés dont le col d'Èze par un versant inédit (6 km d'ascension dont un à 13,5 % de moyenne) et des conditions difficiles, le Slovène, loin d'être impérial, a tout de même réussi, cette fois, à maîtriser la course. Et à inscrire son nom au palmarès.

Classement général

1. P. Roglic (SLV)	29 h 19'15''
2. S. Yates (GBR)	à 0'29''
3. D. Martinez (COL)	à 2'37''
4. A. Yates (GBR)	à 3'29''
5. N. Quintana (COL)	à 3'43''
...	
9. G. Martin	à 5'48''
10. A. Paret-Peintre	à 6'32''

Revêtu du dossard jaune, QFM a pris les devants dans le premier tour de la mass start mais a dû se contenter de la 2e place.

Le globe pour QFM

Deuxième de la mass start d'Otepää, Quentin Fillon Maillet a décroché son premier globe de cristal. Le patron est français.

L'ÉQUIPE DU 13 MARS 2022

ROMAIN DONNEUX

Comment se sent-on quand les rêves qu'on s'était dessinés apparaissent, bien réels ? Est-ce de la joie, un sentiment de travail bien fait, ou un vide ? Quentin Fillon Maillet a la vie devant lui pour trouver la réponse. Au départ de la mass start, déjà, un supporter « mathématicien » lui avait crié que *« dans une heure, il avait le globe »*. *« Il n'avait pas calculé, il avait juste envie de se faire plaisir »*, expliquait après coup Antonin Guigonnat, partenaire d'échauffement. Fillon Maillet en savait assez pour ne pas stresser, *« le globe étant quasiment acquis »*. Il est vrai qu'il n'y avait pas vraiment de suspense. Assurer avec une 23e place, comme le lui soufflait peu avant le départ un Fabien Claude taquin ? Pas pour lui ! Le garçon avait envie de gagner, encore et toujours.

« L'objectif était le petit globe de la mass start et de continuer sur cette belle lancée, livrait-il une heure après sa course, assis sur un banc, les yeux tournés vers la piste à travers la baie vitrée. *J'ai abordé cette journée comme les autres. C'est se mettre des bâtons dans les roues d'arriver avec trop de confiance, ce n'est jamais bon. Il faut avoir le bon niveau de stress, d'excitation, d'envie. J'ai essayé de rester dans ma course. »*

Avec huit épreuves dans la besace et cinq médailles olympiques (dont deux en or), il avait déjà amplement prouvé ces derniers temps qu'il savait faire. Mais la confiance reste une jolie équilibriste, qui passe son temps à se balader sur un fil. Heureusement, en cet hiver, le Français marchait sur une poutre bien large.

> **"Dans le passé, c'était tellement dur de gagner juste une Coupe du monde..."**
> QUENTIN FILLON MAILLET

Pourtant, Émilien Jacquelin allumait un petit feu en début de course, bien suivi par un 15/15 au tir alors que QFM en perdait une sur son troisième tir. Mais ce dernier revenait et se lançait derrière Vetle Christiansen, empêcheur de tourner en rond du jour. Mais même le Superman en combinaison bleue ne réussit pas à le reprendre dans la dernière boucle. On le voyait déjà, Fillon Maillet, débarquer dossard jaune plein phare avec la victoire, le gros globe et tutti quanti. Il faut croire que lui aussi, puisque ses premiers mots étaient presque ceux d'un battu. Alors qu'il succédait tout simplement à Patrice Bailly-Salins, Raphaël Poirée et Martin Fourcade dans la pêche au gros !

« Un globe de cristal, c'est quelque chose de tellement dur à avoir, qui se fait sur la rigueur à long terme, que lorsque ça arrive, c'est une joie intérieure, rappelle Vincent Vittoz, coach des Bleus. *Et c'est probablement plus fort que le flamboyant d'une ligne d'arrivée, qui est très exaltant mais qui s'essouffle. »* Derrière le masque, les yeux du nouveau détenteur du globe trahissaient doucement ce bien-être.

« J'aurai plus d'émotions quand j'appellerai mes proches ou quand je serai tout seul dans mon lit, avouait-il. *Il y a quatre ou cinq ans, le général me paraissait si loin... Dans le passé, c'était tellement dur de gagner juste une Coupe du monde, qu'il était impensable de gagner le globe. Les choses ont évolué. C'est pour ça que les émotions ne sont pas décuplées, c'est presque la suite logique. »* Limpide comme du cristal.

COUPE DU MONDE
SPRINT FEMMES
Simon finit fort

Rentrée de Pékin avec un argent du relais mixte un peu léger à son goût, Julia Simon est repartie de l'avant pour monter tout en haut du podium, à Otepää (Estonie), après avoir accumulé les deuxièmes places cette année (4 au total). En tête tout au long du sprint avec une belle forme sur les skis, elle a blanchi son couché, avant de se présenter sur le debout avec une belle marge. Le tir parfait lui assurait la victoire, une faute la renvoyait dans la bataille, alors que les cadors Roeiseland, les sœurs Oeberg et Eckhoff avaient laissé des plumes en route. Sereine, Simon faisait tomber les quatre premières, avant de manquer la dernière. Il fallait alors sortir les bras pour se maintenir à flot, le chrono de l'Allemande Voigt et son sans-faute apparaissant comme la limite de flottaison. Solide sur ce parcours très « up and down », la Française s'imposait avec dix secondes de marge : *« Je tournais autour, donc ça fait très plaisir de gagner, surtout en sprint. Je suis rentrée déçue des JO mais ça n'a pas été difficile d'aller chercher la motivation. Je voulais cette première victoire de la saison. La Coupe du monde, c'est aussi très bien. »*

BIATHLON

Coupe du monde mass start femmes

Un petit globe pour Braisaz

Victorieuse de la mass start d'Oslo, ultime épreuve de la saison, la championne olympique s'est adjugé le petit globe de la discipline.

L'ÉQUIPE DU 21 MARS 2022

MARC VENTOUILLAC

Justine Braisaz-Bouchet remporte son premier petit globe de cristal.

Le bilan des Bleus

1 gros globe : Quentin Fillon Maillet

3 petits globes : Quentin Fillon Maillet (sprint et poursuite), Justine Braisaz-Bouchet (mass start)

14 victoires : Quentin Fillon Maillet (8), Justine Braisaz (2), relais femmes (2), Julia Simon et Émilien Jacquelin (1).

42 podiums : Quentin Fillon Maillet (13), Émilien Jacquelin (6), Julia Simon (5), relais femmes (4), Anaïs Chevalier-Bouchet, Justine Braisaz-Bouchet et relais hommes (3), Anaïs Bescond et relais mixte (2), Simon Desthieux (1).

Justine Braisaz-Bouchet est toujours là où on ne l'attend pas. Aux Jeux, personne n'aurait parié sur son succès dans la mass start et c'est elle qui était allée chercher le titre. À Oslo, c'était à peu près la même chose pour le petit globe de la mass start, que l'on pensait promis à l'Italienne Dorothea Wierer ou à la Suédoise Elvira Oeberg. Mais l'exploit était quand même dans un coin de la tête de la Savoyarde. *« Ça faisait une semaine que j'y pensais*, dit-elle. *J'avais fait mes calculs pour m'amuser. Un tel scénario, c'était clairement un rêve. »* Son début de course n'avait pas été exceptionnel : une faute sur chacun des couchés, mais les autres ne faisaient guère mieux.

« En arrivant sur le pas de tir (le dernier), *j'ai écouté le tir d'Hauser, j'ai entendu qu'elle en manquait une*, raconte Braisaz. *Quand j'ai mis l'œil dans la visée de ma carabine, je me suis concentrée sur mon tir et suis allée chercher toutes les palettes. Puis j'ai vu que toutes les autres avaient au moins un tour de pénalité, j'ai compris que je partirais en tête et j'ai commencé à stresser. »* Pas de quoi. Justine Braisaz-Bouchet est une des plus rapides du circuit et Hauser n'avait aucune chance de lui reprendre les cinq secondes qu'elle comptait après son tour de pénalité. Braisaz a savouré son dernier tour, comme sur le site olympique de Zhangjiakou, un mois avant. *« J'étais plutôt contente d'avoir gagné, et j'ai croisé le staff. Lionel* (Laurent, l'attaché de presse des Bleus) *m'a dit : "Ça joue pour le globe." J'étais surtout focalisée sur le retour des Françaises et d'Anaïs Bescond* (qui disputait sa dernière course, à 34 ans). » Il fallait qu'Elvira Oeberg finisse au mieux quatrième. Elle termina cinquième, sautée sur la ligne par sa compatriote Linn Persson qui, pour un dixième, la privait du trophée !

SKI DE FOND Coupe du monde sprint classique hommes

Le roi Jouve

Fondeur dans l'âme devenu sprinteur, le Français a remporté le premier petit globe de l'histoire du ski de fond tricolore.

L'ÉQUIPE DU 12 MARS 2022

ROMAIN DONNEUX

Le « Black Jack » de Briançon, bar PMU comme il en existe partout, a enfin vécu son extase. La fête était initialement prévue le 8 février, jour du sprint des Jeux de Pékin, mais ce n'était pas le bon moment, le petit gars du coin étant passé à la trappe en demies. Mais cette fois, Christian Fine a ressorti les bouteilles.

Le premier entraîneur du Français était déjà tendu à l'heure des quarts de finale. À Falun (Suède), son « Rich » ne l'avait pas aidé à se détendre. En dernière position à l'entame de la dernière ligne droite, Jouve (27 ans) finissait comme une balle. *« Il a fait quelque chose d'impossible »*, lâchera quelques heures après le sacre son entraîneur actuel, Cyril Burdet. Celui qui a façonné « le Monstre », comme il est souvent décrit, ses dispositions physiques dépassant largement les standards.

Comme tous ceux nés en montagne, Jouve commence l'alpin à 7 ans avant de découvrir le fond *« pour suivre les copains »* et copier ses trois grandes sœurs. Il bascule totalement en classe de cinquième. *« Il ne savait pas du tout skier en classique*, se souvient Fine. *Il courait sur les skis, mais avait déjà une caisse d'enfer. Je me souviendrai toujours de ses premières compétitions où il avait un vieux fuseau* (pantalon de sport) *d'époque et il ne faisait pas du tout le pas du classique, il ne glissait pas. Il était doué, mais il ne se servait pas des skis. »* Oui, mais le gamin a faim de victoires et après des débuts fracassants en Coupe du monde en 2015 – un podium au bout de trois courses –, des frustrations apparaissent fin 2017, les résultats ne répondant pas à ses attentes.

> **"Fin 2017, il était à deux doigts d'arrêter"**
>
> CHRISTIAN FINE, SON PREMIER ENTRAÎNEUR

« Cyril (Burdet) *m'avait appelé*, se rappelle Fine. *Richard n'allait pas bien. Je lui ai dit de venir boire un verre au Black Jack. Je ne l'avais jamais vu comme ça, il tremblait. Le soir, on l'a pris, on lui a payé un gueuleton. J'ai pris une semaine de congés et on est montés au Gondrans, un chalet militaire à 2 400 m d'altitude. On l'a monté tous les jours, avec mon pote Xavier Nicolas. Il s'est régalé, a retrouvé l'envie et la confiance. Il avait été à deux doigts d'arrêter. »*

En plus du globe, Richard Jouve a signé deux victoires sur le circuit (Falun et Drammen).

Les mots de Burdet n'ont pas dû non plus être faciles au soir du 8 février. Premier des autres derrière Johannes Klæbo depuis le début de saison, Jouve pouvait croire à une médaille. Et cela s'est joué à un pied en demi-finales, l'obligeant à suivre la finale sans skis aux pieds.

Ce n'est pas pour rien qu'après cette victoire de Falun, le Français a remonté la ligne d'arrivée pour retrouver son mentor, qui l'a fait devenir ce sprinteur féroce. Dans l'accolade, Burdet lâchait un : *« Tu le mérites. »* Arrivé avec des qualités d'endurance, Jouve a foncé dans le sprint, avec musculation et séances qui déboîtent la tronche, devenant un prétendant au podium tous les week-ends.

Le champion avait tout mis pour les anneaux cette saison, partant de chez lui pour Méribel, affûtant encore plus sa monture (2 kg de moins que son poids de forme) et qui a été, finalement, récompensé par du cristal. Évidemment, l'offrande ne serait jamais venue si Klæbo, déjà assuré du gros globe, n'avait pas séché la fin de saison. Mais le fond français a trop souvent souffert pour ne pas accepter le cadeau les bras ouverts.

Noël pose sa patte

Le Vosgien a survolé les piquets à Val-d'Isère. Avec ce neuvième succès, il devient le deuxième slalomeur français le plus prolifique de l'histoire en Coupe du monde.

L'ÉQUIPE DU 13 DÉCEMBRE 2021

BÉATRICE AVIGNON

Les «Clé-ment Noël» chantés sur l'air de *Highway to Hell* ont longtemps résonné dans les têtes à Val-d'Isère. Le Vosgien a mis le feu à une face de Bellevarde retombée dans l'ombre pour le passage des derniers slalomeurs. Vainqueur de la première manche avec douze centièmes d'avance sur l'Italien Alex Vinatzer et dix-sept sur le Norvégien Sebastian Foss-Solevaag, le Français refermait le portillon avec *«une pression de ouf»*, selon Frédéric Perrin, le responsable des techniciens français.

Il était le seul Bleu qualifié pour la seconde manche, après l'échec d'Alexis Pinturault (39e de la première à 2''90) et la disqualification tardive de Victor Muffat-Jeandet pour avoir enfourché. Devant sa famille, ses amis et un public qui avait tant manqué la saison dernière, le skieur de 24 ans, arrivé à Val-d'Isère à 15 ans pour y peaufiner sa formation, n'a pas tremblé.

Il s'est même payé le luxe de remporter aussi la seconde manche, ce qu'il n'avait réalisé qu'une seule fois lors de ses huit premières victoires, le 19 janvier 2020 à Wengen. *«Quand il part en deuxième manche, on ne s'en rend pas compte mais il fait nuit sur la piste*, explique Perrin. *Aller gagner la deuxième manche, c'est exceptionnel. Je suis fier de lui et de tous les gens qui travaillent autour de lui.»* Le slalom était dans la poche de Noël et ses poursuivants ont pris un vent : le Suédois Kristoffer Jakobsen pointait à 1''40, le Croate Filip Zubcic à 1''85. Si les sorties de l'Autrichien Manuel Feller et du Suisse Tanguy Nef, l'erreur du Norvégien Sebastian Foss-Solevaag et la chute à la dernière porte d'Alex Vinatzer, alors qu'il dominait son sujet, lui ont ouvert un boulevard en deuxième manche, Noël a montré qu'il était bien le plus fort.

Plus de victoires en Coupe du monde que Grange

Comme d'habitude, il ne fut pas question de calcul : *«Je savais juste que Vinatzer était sorti, parce que j'ai entendu ses coaches, un peu verts, au départ. Mais ça ne devait pas influencer ma manière de skier. Il fallait que j'envoie, que je sois solide. J'ai eu pas mal d'infos sur les endroits où il fallait faire attention. Je connaissais le tracé par cœur, je me le suis fait au moins cent fois dans la tête.»*

Pour l'emporter, il fallait comprendre la piste avaline. *«C'était facile, mais ça paraissait difficile*, confirme Noël. *Sachant que c'était la première de la saison, certains ont peut-être eu du mal à se lâcher, à skier libéré.»*

Le Français a donc dévalé la pente sans compter, quasiment les yeux fermés. Il raconte : *«En deuxième manche, je ne me souviens pas de tout. À un moment, je ne savais même plus où j'en étais. Je me souvenais qu'il y avait neuf portes avant la dernière banane, mais je ne savais pas du tout où j'en étais. Je me suis dit : "Tu as appris ça par cœur pour ne pas te souvenir quand tu y es !" Mais, finalement, ça s'est bien passé.»*

Après une saison décevante, terminée à la deuxième place du classement du slalom pour la troisième fois d'affilée (avec 5 podiums dont 2 victoires), et des Mondiaux ratés (21e de sa discipline), Noël a frappé fort dès le départ. Et posé sa patte sur le palmarès du slalom français en Coupe du monde, en dépassant les huit victoires de Jean-Baptiste Grange pour rejoindre Patrick Russel (9 victoires entre 1968 et 1971), à quatre longueurs du record de Jean-Noël Augert (13). *«Ça confirme ce que beaucoup de gens disent de lui, il a un énorme talent*, constate Perrin. *En plus, il a l'intelligence, il l'a prouvé et on peut dire que ce gamin est déjà un grand champion.»*

Après deux victoires à Chamonix en 2020 et 2021, Clément Noël s'impose pour la troisième fois en slalom sur le sol français.

Au rendez-vous de la Streif

Johan Clarey (2e) et Blaise Giezendanner (3e) ont signé une superbe performance dans la descente de Kitzbühel, remportée par le Norvégien Kilde.

L'ÉQUIPE DU 22 JANVIER 2022

STÉPHANE KOHLER

Clarey (à g.) partage pour la seconde fois le podium avec un Français à Kitzbühel après 2017.

Après plusieurs semaines sans résultat probant et un week-end bien sombre à Wengen pour les descendeurs français, qui aurait pu prévoir ce qui s'est passé lors de cette descente légèrement raccourcie sur la Streif de Kitzbühel ? Derrière l'impressionnant Aleksander Aamodt Kilde, Johan Clarey et Blaise Giezendanner ont fait sensation, entourant le Norvégien sur le podium. « *Deux gars sur la boîte, c'était attendu* », ironisait Xavier Fournier, l'entraîneur principal du groupe vitesse. Peut-être par Clarey qui, à 41 ans, repousse encore l'âge pour être sur un podium, habitué des honneurs ici, avec déjà une deuxième place l'an passé et une troisième en 2017.

> **“C'est impressionnant de voir comment Clarey connaît le tracé et fait jouer son expérience ”**
> MARCEL HIRSCHER

Beaucoup moins par Giezendanner, 30 ans, en difficulté depuis plusieurs saisons, parti avec le dossard 43 et qui a profité d'une meilleure visibilité lors de son passage pour rivaliser avec les meilleurs. Le skieur de Chamonix, quatrième du super-G des JO en 2018, n'avait jamais fait mieux que huitième en Coupe du monde (2016). En voyant leur camarade affoler le chrono et rejoindre Clarey au tableau d'honneur, les skieurs français crièrent de joie dans l'aire d'arrivée, rejoints par le staff pour la photo souvenir.

Devant un petit millier de spectateurs, l'ambiance de la course n'a pourtant rien eu d'inoubliable, mais le clan bleu s'en moque. « *Quand "Yo" fait un podium ici, souvent un autre gars monte dessus*, faisait remarquer Maxence Muzaton (18e). *Blaise nous a fait une manche sortie de nulle part. C'est bien, ça prouve que quand tu t'envoies sans te poser de questions, tu peux faire de grandes choses. C'est génial pour le groupe.* »

Très stressé avant le départ, Clarey a retrouvé ses esprits. « *Après Wengen* (14e et 18e), *j'étais cramé*, rappelle le Tignard. *J'ai eu trois jours de repos complet, en essayant de dormir, de ne pas skier, de récupérer. Après, je fais tout au mental. Je fais de bonnes nuits mais je suis à la limite d'être hyper crevé le matin. J'ai réussi à faire une course maîtrisée, à part cette entrée de dévers qui me coûte cher. La descente était un peu plus facile que d'habitude, c'était beaucoup plus lent et pas très régulier, avec un peu de vent.* »

Sorti en cours de descente, Matthieu Bailet était enthousiaste en évoquant la performance de son coéquipier : « *Johan maîtrise tant cette piste. Il ne se balance pas avec insouciance, c'est hyper stratégique, il freine à deux ou trois endroits, il se fait confiance et montre qu'il a une relation spéciale avec la Streif.* » Même respect chez Marcel Hirscher, ouvreur de luxe : « *Je l'ai bien observé toute la semaine à l'entraînement et c'est impressionnant de voir comment il connaît le tracé et fait jouer son expérience dans chaque secteur.* »

Le bilan des Bleus

1 victoire : Clément Noël (slalom)

7 podiums : Clément Noël (2), Alexis Pinturault (3), Johan Clarey et Blaise Giezendanner (1).

Coupe du monde finales

Le grand Suisse

Large vainqueur du gros globe, Marco Odermatt semble parti pour marquer durablement son sport.

L'ÉQUIPE DU 17 MARS 2022

STÉPHANE KOHLER (AVEC B. A.)

Avec 1 639 points, Odermatt réalise le 5e plus gros total sur une saison en Coupe du monde.

À Courchevel, le suspense – très relatif – s'est vite éclipsé. En prenant la 2e place de la dernière descente de la saison, Marco Odermatt a scellé sa victoire au général. Avec 359 points d'avance et trois courses encore à disputer, le Suisse (24 ans) ne pouvait être rejoint par son dauphin norvégien Aleksander Aamodt Kilde.

Pour Odermatt, sacré champion olympique de géant en février, ce premier gros globe est tout sauf une surprise. Deuxième l'an passé derrière Alexis Pinturault, le prodige de Nidwald est en constante progression. Rarement blessé (ménisque fin 2019), ultra-polyvalent, parfaitement à l'aise dans le collectif suisse et souvent insensible à la pression, « Odi » semble parti pour marquer durablement son sport.

Vainqueur à six reprises cet hiver dont quatre fois en géant, deuxième en descente lors des trois grandes classiques (Bormio, Wengen, Kitzbühel), il fait l'unanimité techniquement et humainement. « *Ce gros globe est un magnifique sentiment. Il était dans l'air depuis quelques semaines même si c'était plus théorique que réaliste*, expliquait-il. *J'espère que c'est le début de quelque chose, pas la fin. Je suis jeune, j'ai encore des années devant moi.* » Quintuple champion du monde juniors en 2018, Odermatt est loin de ses limites. « *Il s'adapte à toutes les pistes en descente*, observe Johan Clarey. *Il a une qualité d'appuis fantastique, une puissance et une efficacité rares.* » Celui qui a grandi en admirant Didier Cuche est déjà au sommet en géant et en super-G, même si sa technique n'est pas académique.

Patrice Morisod, ex-entraîneur de vitesse en équipe de France et de Suisse, est lui aussi admiratif : « *Il a des qualités physiques hors normes, il allie force et explosivité en même temps. Techniquement, il révolutionne son sport. Dans les détails c'est merveilleux, mais en effet pas visuellement.* » Le verra-t-on un jour en slalom, seule discipline qu'il délaisse ? « *Avec la densité et l'hyper spécialisation des slalomeurs, ça semble difficile* », juge Luc Alphand. Même sans toucher aux quatre disciplines, l'avenir semble souriant.

Insatiable Worley

La Française a remporté à Méribel son deuxième globe de géant au terme d'un scénario haletant. La cerise sur un gâteau déjà copieux.

L'ÉQUIPE DU 21 MARS 2022

BÉATRICE AVIGNON

Un scénario complètement dingue, un public électrique, une fin magnifique. Tessa Worley avait beau en avoir rêvé, elle n'avait pas imaginé le film qui s'est joué sous le soleil de Méribel et l'a vu décrocher le deuxième globe de géant de sa carrière, après celui conquis en 2017. En voyant les larmes de ses coéquipières, de son technicien, la joie du staff, des anciennes Bleues (Barthet, Marmottan...) venues la soutenir, et son visage rayonnant au moment de brandir son trophée de cristal, on devinait les émotions décuplées. Worley savait le stress que cette dernière course de la saison engendrerait. Quatre skieuses pouvaient encore prétendre remporter ce classement : la Suédoise Sara Hector, 5 points devant la Française, l'Américaine Mikaela Shiffrin et la Slovaque Petra Vlhova, qui devait cependant compter sur la défaillance des trois autres. Sa première manche trop timide sur le bas du tracé (8e à 1"60) ajoutée à la démonstration de Shiffrin ne penchait pas en sa faveur. *« J'étais déçue car je sentais que ça m'échappait*, racontait Worley. *Qu'il fallait tout donner en deuxième. »*

Découper une seconde manche, la double championne du monde de géant (2013 et 2017) sait faire. *« Elle est restée calme et claire dans sa tête*, racontait Lionel Pellicier, responsable des techniciennes. *On lui a juste donné quelques consignes très simples. »* Sara Hector, blessée dans sa chute lors du dernier géant, chez elle à Are, était déjà hors course (14e). Restait Shiffrin. Worley, éjectée du podium par l'Italienne Federica Brignone, lauréate du jour devant sa compatriote Marta Bassino et Petra Vlhova, devait impérativement finir devant l'Américaine, qui allait refermer le portillon avec une grosse avance de 82 centièmes. *« On a vécu cette course avec de la tension jusqu'au bout*, admet Alberto Senigagliesi, responsable des équipes féminines. *Mais elle a fait la deuxième comme Tessa la première. »*

> **"Je ne pensais pas skier à un tel niveau toute la saison"**
> TESSA WORLEY

L'Américaine échouait à la 7e place. Clara Direz et Nastasia Noens se jetaient sur leur leader, en larmes. *« Ce sont des émotions... C'est dur d'être spectateur*, soufflait Direz, voix tremblante et yeux rougis. *Tessa est un repère toujours juste. Si on a besoin de conseils elle les donne, c'est un pilier. »* À l'heure d'évoquer la championne du jour, les éloges ont afflué.

« Tessa mérite énormément tout ça, c'est une grande championne », s'inclinait Senigagliesi. Sa réussite est-elle le fruit de l'expérience de ses 32 ans ? De toutes ces années au haut niveau ? Ou de sa position d'outsider dans une saison dominée par Sara Hector ? *« En 2017, je jouais les podiums du début à la fin, avec une saison hyper intense*, se souvient Worley. *Dès janvier je savais que je visais le globe, ç'avait été très stressant, j'avais moins savouré mes finales. Là, j'arrivais dans une position plus inattendue. C'est un globe inattendu ! Je ne pensais pas être capable de skier à un tel niveau toute la saison. »*

Tout sourire, Tessa Worley se pare de cristal pour la deuxième fois.

super-G femmes

Romane Miradoli a déjoué tous les pronostics pour enlever le super-G de Lenzerheide.

L'éclair Miradoli

À presque 28 ans, Romane Miradoli a remporté sa première course de Coupe du monde, devant Shiffrin et Gut-Behrami. Aucune Française ne s'était imposée depuis dix-huit ans en super-G.

L'ÉQUIPE DU 6 MARS 2022

STÉPHANE KOHLER

Malgré la présence de Roger Federer, qui enchaînait sourires et selfies, la vraie vedette du super-G de Lenzerheide (Suisse) était bien Romane Miradoli. À près de 28 ans, la Haut-Savoyarde a réussi ce qu'on lui promettait dès les juniors puis en Coupe d'Europe. Et ce jour est arrivé, tardivement, sous le soleil de la chic station des Grisons, sur un tracé très tournant, nécessitant engagement et prise de risques. La skieuse de Flaine n'en revenait pas elle-même, sur ce podium où l'accompagnaient la légende américaine Mikaela Shiffrin et la championne olympique Lara Gut-Behrami. Le premier de sa carrière. Dossard 8, Miradoli a su, mieux qu'elles, se jouer des pièges de la piste. *« Sur la première partie, ça tournait, ça tapait, avec peu de vitesse*, analyse-t-elle. *Puis, en deuxième partie, c'était plus lisse. Un tracé impressionnant et très exigeant avec beaucoup de pente, mais j'avais mon plan : il fallait oser. »*

Géante

2 globes de cristal (géant, 2017 et 2022)

16 victoires, 36 podiums (tous en géant) en Coupe du monde

4 fois championne du monde (géant, 2013 et 2017 ; par équipes, 2011 et 2017).

Le bilan des Bleues

1 petit globe : Tessa Worley (géant)

3 victoires : Tessa Worley (2), Romane Miradoli (1).

5 podiums : Tessa Worley (4), Romane Miradoli (1)

Car, avant ce jour de bonheur, il y eut d'autres périodes bien plus noires. Le décès de son compagnon en 2016 dans un accident de wingsuit, une lente reconstruction et des blessures. Solaire et travailleuse, Miradoli s'approcha souvent des meilleures, sans être récompensée. Elle est, aussi, passée par la case genou en vrac, quand le ligament croisé antérieur de son articulation gauche lâcha fin 2020.

« Je me suis retrouvée trois mois dans mon canapé à me demander ce que je faisais de ma vie », expliquait-elle en décembre lors de son retour. Cette victoire intervient dix-huit ans après le dernier succès d'une Française en super-G de Coupe du monde (Carole Montillet, en 2004) et dix-sept ans après le dernier en vitesse (Ingrid Jacquemod, en descente, en 2005). L'attente devenait pénible.

Insubmersible Shiffrin

Touchée par le Covid en décembre, minée par des Jeux Olympiques catastrophiques, l'Américaine s'est accrochée pour remporter son quatrième gros globe à Courchevel.

L'ÉQUIPE DU 18 MARS 2022

BÉATRICE AVIGNON

Ce sera sans doute la leçon de l'hiver alpin : on peut végéter au fond d'un gouffre pendant quinze jours en février, ne pas finir trois courses olympiques sur cinq, alimenter toutes les interrogations sur son état mental, et terminer la saison en beauté. Une démonstration offerte par Mikaela Shiffrin, qui a décroché à Courchevel, grâce à sa deuxième place dans le super-G final conjuguée à la 17e de Petra Vlhova, un quatrième gros globe de cristal, après ceux de 2017, 2018 et 2019. L'Américaine égale ainsi sa compatriote Lindsey Vonn (2008, 2009, 2010, 2012), et se rapproche d'Annemarie Moser-Pröll (6 victoires de 1971 à 1975 et en 1979).

« Des quatre, c'est le plus improbable, analyse Shiffrin, 27 ans. *D'une certaine manière, cela semblait impossible. Plusieurs fois au cours de la saison, je me suis dit que je n'allais pas courir les descentes... Je devais me reposer. »* Touchée par le Covid après une victoire et une deuxième place en géant à Courchevel fin décembre, au moment où elle prenait les commandes du classement général, elle s'est retrouvée hors circuit pendant une dizaine de jours.

> **"Toute ma saison a été émaillée de hauts et de bas, et les bas ont été très bas"**
>
> MIKAELA SHIFFRIN

L'Américaine a dû ensuite contenir la ruée de Petra Vlhova, détentrice du gros globe. Revenue à 15 points avant les Jeux de Pékin, la Slovaque l'a rejointe en tête à Crans-Montana. C'était le bon moment pour attaquer, tant la quinzaine olympique de Shiffrin avait été mauvaise *(voir page 35)*. Ses premiers Jeux sans médaille, ses larmes et les tonnes d'interrogations restées sans réponse auraient pu mettre fin à ses chances de terminer la saison au sommet.

Shiffrin signe une 2e place décisive sur le super-G de Courchevel, synonyme de gros globe.

« Toute ma saison a été émaillée de hauts et de bas, et les bas ont été très bas, reconnaît Shiffrin. *J'ai vécu certains des moments les plus difficiles de ma carrière et de ma vie. Et à chaque moment difficile, cela me rappelle les précédents et je tombe tellement bas que je veux juste rentrer chez moi. »* Arrivée à Courchevel avec 56 points d'avance sur Vlhova et une confiance regonflée par deux podiums en quatre courses (2e du super-G de Lenzerheide, 3e du géant d'Are), l'Américaine s'est permise de clore les débats dès les courses de vitesse, avec une victoire surprise en descente et sa deuxième place en super-G, entre la Norvégienne Mowinckel et la Suissesse Gisin.

Vlhova ne pouvait que s'incliner : *« Mikaela a réussi deux jours extraordinaires. Je suis contente pour elle, elle confirme qu'elle est la meilleure en ce moment. Après les Jeux, beaucoup de gens ont commencé à dire qu'elle n'était pas si forte, mais elle est revenue très performante, comme une vraie championne. Pour gagner une descente, il faut skier parfaitement. Elle l'a fait. »* Pour Tessa Worley, cette conclusion *« montre à quel point les Jeux sont un événement à part. On a tous envie d'y réussir, mais l'hiver n'est pas marqué que par ça. Mikaela a dû digérer et repartir au travail, elle a réagi super bien. Elle est de retour à la polyvalence et à la forme qu'on lui connaissait il y a quelques années. »* Une polyvalence certes, mais sans petits globes de cristal pour l'accompagner.

SKI FREESTYLE COUPE DU MONDE BOSSES FEMMES

Le beau rebond de Laffont

Le scénario parfait. Pour décrocher son cinquième globe de cristal après ceux de 2018 à 2021, Perrine Laffont devait s'imposer à Megève et la Japonaise Anri Kawamura, leader de la Coupe du monde, devait terminer au mieux troisième de cette épreuve de « single » (le format olympique). Dans la nuit haut-savoyarde, c'est exactement ce qui s'est passé. Pour un point au général, Perrine Laffont a remporté le petit globe de la spécialité et l'a fêté devant ses proches.

Après sa quatrième place aux JO, on se demandait si la triple championne du monde arriverait à digérer si vite la déception. Mais finalement, son tempérament de compétitrice a repris le dessus et elle a prouvé qu'elle savait rebondir après un échec. Sa quatrième victoire de la saison signe aussi son 25e succès, à 23 ans seulement. *« Il y a beaucoup d'émotion car c'était une course à stress.*

Je savais que ça allait se jouer à rien, sourit Laffont. *Et là, c'est toute la pression de la journée, de ces derniers mois qui ressort. » « Il faut avoir les tripes pour aller chercher cette victoire*, assure Ludovic Didier, coach des Bleus. *Ça n'effacera pas certaines choses de l'hiver mais qu'est-ce que ça fait du bien de revenir devant et de montrer qu'on est là ! »* La Marseillaise a donc résonné, pour tenter d'effacer le douloureux souvenir de Pékin. *« Les étoiles n'étaient pas alignées pour que j'aie une autre médaille*, retraçait-elle. *Je prouve que c'est moi la meilleure du monde, car il faut être régulière sur toute une saison pour gagner un globe. »*

« C'est monstrueux car ces quatre dernières années elle a réussi à tout survoler et, là, il y avait tellement de concurrence... Sur l'ensemble de la saison, elle reste la meilleure », souligne Benjamin Cavet, un autre « bosseur », 4e également à Pékin.

Renversant

Tadej Pogacar a retourné la table à 50 km de l'arrivée pour s'offrir un raid en solo vers Sienne.

L'ÉQUIPE DU 6 MARS 2022

ALEXANDRE ROOS

Sans les éraflures dans le dos et les égratignures au coude et au genou gauches, on aurait pu croire que Tadej Pogacar sortait du concours de bilboquet du collège, avec cette bobine d'ado qui ne prend pas plus de rides au fil des kilomètres qu'un personnage de BD au cours de ses aventures. Il filait dans une Sienne engourdie par les derniers frimas de l'hiver, dans le vacarme de l'hélicoptère de la RAI et, à 150 mètres de la ligne, il prit la précaution de jeter un rapide coup d'œil vers l'arrière, avant de négocier le dernier virage à droite et d'apercevoir la tour monumentale du Palazzo Pubblico.

Classement	
1. T. Pogacar (SLV)	4 h 47'49''
2. A. Valverde (ESP)	à 0'37''
3. K. Asgreen (DAN)	à 0'46''
4. A. Valter (HON)	à 1'07''
5. P. Bilbao (ESP)	à 1'09''
... 27. W. Barguil	à 4'5''
... 29. B. Cosnefroy	m.t.

Pour se rendre compte du combat qui venait d'être livré, mieux valait attendre Alejandro Valverde et ses jambes en croûte de terre ou Kasper Asgreen, dont les biceps flageolaient des secousses prcvoquées par les dalles de pierre. Pas exactement deux cadets, mais comme tous les autres, ils n'avaient rien pu faire quand Pogacar avait démarré sa folle cavalcade à 50 km du terme.

Le double vainqueur du Tour a conquis un nouveau territoire, celui des Strade Bianche. *« Seulement dix minutes après mon attaque, je me suis dit que ce n'était pas forcément une bonne idée, mais le trou se creusait, je devais y aller, il n'y avait pas de retour en arrière »*, commentait le leader d'UAE. Même l'énorme gadin à 100 km de l'arrivée, ne l'a pas arrêté.

Valverde en vieux roublard

Le Slovène est tombé dans les premières positions, le cuir râpé, le cintre plié à angle droit, mais dans le secteur empierré des Monte Sante Marie, il a d'abord testé ses rivaux dans une descente, pris quelques longueurs d'avance, puis dans la montée suivante, il leur a donné l'illusion qu'ils pourraient raccrocher et c'est là qu'il s'est envolé. C'est aussi le moment où Julian Alaphilippe, après son salto avant dans la chute collective *(voir ci-dessous)*, a plié les ailes. Le forcing de Quinn Simmons, de Simon Clarke ou des Movistar ne changeait rien, pas plus que la poursuite du très prometteur Carlos Rodriguez, le jeune Espagnol d'Ineos (21 ans), qui resta en chasse-patate pendant de longs kilomètres.

À la sortie du secteur, Pogacar avait construit une avance d'une minute en à peine huit kilomètres. Le vent qui soufflait de face dans certaines portions du retour vers Sienne allait-il lui couper les jambes ? Les autres allaient-ils pouvoir s'organiser pour le rattraper par le col ?

Ils n'aperçurent qu'une lueur dans l'antépénultième tronçon, quand un groupe avec Asgreen, Simmons, Tim Wellens, Jhonatan Narvaez et Attila Valter se dégagea et grignota une trentaine de secondes. Ce n'était qu'un mirage. Asgreen attaqua sur les routes blanches suivantes, mais il plafonna et ce vieux roublard de Valverde allait le cueillir un peu plus loin, en haut de l'ultime chemin de terre. Les accessits, c'est tout ce que Tadej Pogacar leur avait laissé.

Alaphilippe valdingue

Spectaculaire ! Le champion du monde Julian Alaphilippe a subi sa première chute de la saison sur le secteur numéro 5 de Lucignano d'Asso. Dans la partie initiale, le vent soufflait de face, mais dans la seconde, après un virage à gauche qui marquait le début du retour vers Sienne, le peloton fut cisaillé par des rafales qui venaient de sa droite et atteignaient les 50 km/h. C'est à ce moment-là que la chute s'est produite. Côté gauche de la route, le Français, en équilibre dans le bas-côté, dut freiner, déchausser sa cale droite et fut fauché par un coureur d'Alpecin tombé devant lui. Un véritable « soleil », après lequel le Français a pu remonter en selle.

Le Palazzo Pubblico de Sienne surplombe le podium de la classique des « routes blanches ».

Charles Leclerc a réalisé son premier « hat trick » en F1 sur la piste bahreïnie : pole position, victoire et meilleur tour en course.

La furia scuderia

Après deux années sans victoire, Ferrari a réussi le doublé, avec la victoire de Leclerc devant Sainz. Lewis Hamilton, en vieux briscard, complète le podium.

L'ÉQUIPE DU 21 MARS 2022

FRÉDÉRIC FERRET

Mattia Binotto ne peut pas encore s'honorer d'être le Michel-Ange de la culasse mais il peut s'enorgueillir d'être le Goffredo Mameli (le compositeur de l'hymne italien) des boulons. Le directeur de la Gestione Sportiva a su faire chanter ses troupes, au pied du podium. Même Charles Leclerc, pourtant Monégasque, entonnait le *Fratelli d'Italia* pour la plus grande joie de ce peuple rouge massé devant les pilotes de la Scuderia.

Le vainqueur de la première course de la saison, inconditionnel de l'Italie, savourait ce moment auprès des siens. Leclerc salua ses mécanos quasiment un à un, étreignit fortement Carlos Sainz, son équipier qui l'accompagnait sur le podium, et arrosa copieusement son patron. Cette ferveur ferrariste est toujours belle à vivre, surtout lorsqu'elle marque la renaissance d'une écurie à l'agonie durant plus de deux ans.

Cela faisait trente mois que le curé de Maranello n'avait pas fait sonner les cloches de l'église toute proche de l'usine et du siège de la Scuderia. La dernière victoire remontait à Singapour en 2019, déjà pour un doublé, mais Leclerc s'était alors fait mystifier par son équipier Vettel. Depuis, rien. Quelques podiums, mais rien de satisfaisant pour une équipe de ce niveau.

Une Ferrari imperturbable

Le plan de bataille de Binotto mis en place après que la FIA leur rogna les culasses en 2020 (et leur puissance moteur) a parfaitement fonctionné. *« Cette victoire prouve que nous n'avons pas bossé pour rien »*, résumait le vainqueur du jour, dans un large sourire. La F1-75 aux courbes si sensuelles s'est avérée aussi performante que ses deux pilotes l'avaient pressenti. Pour tenter de perturber la marche en avant de Leclerc, Verstappen fit, par deux fois, le coup de l'undercut (anticiper l'arrêt au stand pour refaire son retard). Sur sa première tentative, au 17e tour, cela faillit aboutir. Un freinage d'enfer en bout de ligne droite que Leclerc ne put contrer. Le mano a mano entre les deux pilotes dura deux tours et le pilote Ferrari dut s'employer pour que la première place redevienne sienne. Lors du second arrêt du Néerlandais, Ferrari avait senti le coup. Là aussi, la Scuderia s'est transformée. Elle n'a pas raté ses arrêts ni sa stratégie. *« Lors du premier arrêt, tout ne s'est pas parfaitement passé*, analysait très posément le vainqueur à l'arrivée. *On n'avait pas encore compris comment bien mettre les pneus en température. »*

Dès la seconde tentative, ils avaient compris. Et rectifié. Verstappen revint à nouveau dans les échappements du « copain » de karting. Cette fois, sans pouvoir l'inquiéter. Durant ces deux années de pénitence dans l'ombre, Leclerc a appris qu'il ne faut jamais rater une occasion. C'est ainsi qu'il a pu signer, malgré tout, trois podiums en 2020-2021. Max Verstappen repartait avec zéro point. *« La rouge est fichtrement rapide »*, analysait, en vieux sage, Lewis Hamilton. Le Monégasque prenait la tête du Championnat du monde pour la première fois.

Classement

1. C. Leclerc (MON, Ferrari) les 308,238 km en 1 h 37'33"584	
2. C. Sainz (ESP, Ferrari)	à 5"598
3. L. Hamilton (GBR, Mercedes)	à 9"675
4. G. Russell (GBR, Mercedes)	à 11"211
5. K. Magnussen (DAN, Haas)	à 14"754
6. V. Bottas (FIN, Alfa-Romeo)	à 16"119
7. E. Ocon (Alpine)	à 19"423

Abandons : M. Verstappen (HOL, Red Bull), S. Perez (MEX, Red Bull) et **P. Gasly** (Alpha-Tauri).

Monaco 102-80 Anadolu Efes

Monaco s'offre le champion

La Roca Team a battu l'Anadolu Efes, tenant du titre et favori à la victoire finale. Mike James et Alpha Diallo ont été parfaits pour enclencher un succès capital dans la course aux play-offs.

L'ÉQUIPE DU 12 MARS 2022

ARNAUD LECOMTE

Cette fois, Monaco a fini le travail. Souvent fébrile lorsque le stress alourdit les ballons de la gagne, en témoignent les défaites à domicile sur le fil face au Real Madrid (84-90 a.p.) ou Kaunas (82-83) avant cette rencontre, la Roca Team a cette fois terminé sous les confettis. Non pas que le triomphe sur le champion d'Europe (102-80), net et sans bavures, soit intervenu sur le tard. Shane Larkin et ses ouailles n'ont, en effet, jamais existé au pied du Rocher. Mais la victoire monégasque, si importante dans le sprint final vers le top 8, s'est assortie d'une belle cerise avec l'écart de l'aller (-21, 77-98), comblé et même surpassé (+22).

Grâce à deux offrandes venues du ciel, notamment ces trois lancers francs de Mike James (27 points, 7 fautes provoquées, 6 passes décisives) à sept secondes de la fin après une faute d'Elijah Bryant dans les bras du meneur US, qui feignait le tir et obtenait la réparation qu'il recherchait. Puis, sur le dernier ballon, un tir manqué par Vasilije Micic, le seul champion à son niveau (25 points, 8 passes décisives) qui venait d'enchaîner quelques drives succulents vers le panier. Ce tir était remis dans le cercle par Rodrigue Beaubois, mais après le gong selon le replay vidéo demandé par les arbitres. *« Si on m'avait dit qu'on remonterait le score de l'aller face au champion d'Europe, je ne l'aurais pas cru. On a joué notre meilleur match de la saison »*, souriait l'entraîneur Sasa Obradovic, ravi de constater la *« bonne alchimie, l'attitude et la progression de son équipe »*.

5e

LE CLASSEMENT DE MONACO
après cette rencontre (sur 18 équipes). Après 29 rencontres les Monégasques totalisaient 15 victoires pour 14 défaites.

Alpha Diallo a été impérial, en défense comme en attaque

C'était donc un peu l'Alpha et l'oméga dans cette soirée pour Monaco. L'ailier Alpha Diallo a complètement rendu silencieux le lutin Shane Larkin (0 point, 0 sur 5 aux tirs) en Euroligue, une première depuis novembre 2018. La faute à l'agressivité défensive du New-Yorkais d'origine guinéenne missionné d'entrée sur l'arrière américain, annoncé souffrant par son entraîneur Ergin Ataman. Avec ses 19 points (8 sur 12 aux tirs), ses rebonds (6) et son énergie contagieuse, la recrue venue l'été dernier d'un petit club grec, Lavrio, fut le parfait lieutenant de Mike James, appuyant sur la tête de l'adversaire après la pause pour maintenir l'écart à deux chiffres creusé en première mi-temps (49-38) et finissant par un contre sur Micic pour parachever le match à 31 d'évaluation. *« Alpha a détruit Larkin et même Micic à la fin. Il a utilisé ses qualités athlétiques, son physique, et a réalisé un travail énorme. Il vient d'une petite équipe mais il a fait des pas de géant depuis le début de la saison. C'est déjà un des meilleurs défenseurs de l'Euroligue »*, louait Obradovic au sujet d'un homme de l'ombre qui a apporté la lumière à son équipe et semble capable de faire basculer la première expérience d'Euroligue de Monaco en totale réussite.

Alpha Diallo (ci-dessus), 19 points, et Mike James (à g.), meilleur marqueur de la soirée (27 points), sont les grands artisans de la victoire monégasque face à la formation turque.

Paris-SG 34-28 Nantes

Paris écrase tout

En dominant Nantes, son dauphin, à domicile, le PSG s'est donné neuf points d'avance au classement. Une voie royale vers un neuvième titre. À dix journées de la fin du championnat.

Luc Steins, auteur de quatre buts contre Nantes, s'envole pour donner la victoire au PSG et prendre une option sur un nouveau titre national.

L'ÉQUIPE DU 14 MARS 2022

ANOUK CORGE (AVEC YA. H.)

Après avoir fait le job au Parc des Princes contre Bordeaux (3-0), Kylian Mbappé a traversé la porte de Saint-Cloud pour voir, au stade Pierre-de-Coubertin, les handballeurs du PSG laminer les Nantais, leurs dauphins, pourtant parmi les plus aptes à empêcher la machine parisienne de dérouler. À l'aller chez lui en décembre 2021, le H avait cédé de peu (29-30). L'addition a été plus lourde quelques mois plus tard, même si l'écart final ne reflète pas la résistance de l'hôte du jour. Mais, comme d'habitude, le PSG a enclenché le mode rouleau compresseur dans le money time : de 26-25 (49e) à 34-28 (60e). Même pas besoin d'envoyer le jeu à 7 contre 6 (sans gardien), comme à l'aller, la défense 1-5 a suffi pour occire Nantes. *« On sait qu'on a cela dans notre arsenal. Les équipes s'y cassent les dents »*, appréciait Luka Karabatic. *« On arrive à maintenir un vrai niveau sur tout un match. On a un groupe large et concerné, chaque joueur peut apporter quelque chose. C'est là qu'on fait la différence. On ne lâche jamais un ballon, aucune situation »*, poursuivait le capitaine.

« On peut avoir des regrets sur le match aller, mais on sentait bien que dès qu'ils accéléraient c'était trop difficile. Le PSG, cette année, c'est une force offensive incroyable », ne pouvait que constater Mickaël Robin (6 arrêts), venu après la pause au relais dans les buts nantais d'Emil Nielsen, guère inspiré (3 arrêts, le premier après dix minutes de jeu). *« Ils sont très forts au tir. Pour nous, gardiens, c'est très difficile, et ils ont d'excellents joueurs de duels comme (Luc) Steins, qui s'adapte chaque fois qu'on met en place des trucs tactiques. Ils nous ont surclassés en première période »*, ajoutait Robin. À l'aller, mais avec un Nielsen dans le bon tempo, Nantes menait à la mi-temps (13-12). Sur la deuxième confrontation, ce n'était pas le même scénario (19-15 pour le PSG). Offensivement, le club de la capitale était une machine : 36,65 buts de moyenne par match à ce moment de la saison ! Nantes, pourtant son dauphin dans ce secteur, était à près de cinq longueurs (31,75).

Défense de broyeurs

Le PSG n'est pas qu'une force de frappe offensive, c'est aussi un vérin défensif à hacher menu les plus valeureux. Il n'y avait qu'à voir la tête défoncée de Dragan Pechmalbec après à peine quinze minutes de jeu. Pourtant solide, le pivot de Nantes a usé sa carcasse dans la tenaille composée de Henrik Toft Hansen et Luka Karabatic. Intraitable broyeuse.

En claquant sa vingtième victoire en autant de journées de Championnat, le PSG comptait donc neuf longueurs d'avance, à dix journées du terme. *« On est sur la voie royale. On a fait quasiment tous les gros déplacements »*, résumait Karabatic. Sauf cataclysme, le sacre national se profilait après cette victoire sur Nantes. Comme les voisins du foot.

L'incroyable sans-faute parisien

30/30

Trente victoires en trente journées. Les Parisiens ont validé, moins de trois mois plus tard, face à Créteil, la première saison parfaite de l'histoire du Championnat de France masculin (Metz l'avait réussi en 2004-2005 chez les femmes, sur une saison à 22 journées).

6

Le club de la capitale a également remporté la Coupe de France, la sixième de son histoire. Les Parisiens sont désormais à sept longueurs de Montpellier.

8

Le sacre du PSG est le huitième de rang. Aucun club n'a fait mieux, Montpellier ayant remporté cinq titres de suite à deux reprises (de 2002 à 2006 puis de 2008 à 2012).

Les adieux de Guigou

Au-delà du titre parisien, cette saison aura aussi été marquée par la dernière de Michaël Guigou. L'ailier gauche nîmois a tiré un trait sur sa carrière, à 40 ans, après dix titres de champion de France, onze Coupes de France et deux Ligues des champions (2003, 2018) sous le maillot de Montpellier. Avec les Bleus il fait partie des triples médaillés d'or olympiques (2008, 2012, 2021) et des quadruples champions du monde (2009, 2011, 2015, 2017).

Samba-Mayela, la rage et les jambes

La hurdleuse de 21 ans a triomphé sur le 60 m haies avec un nouveau record de France (7''78), devenant la quatrième Française à remporter un titre mondial en salle.

L'ÉQUIPE DU 20 MARS 2022

ANNABELLE ROLNIN

Enfin, elle a laissé exploser sa joie. Un bonheur brut, si intense, qui l'a électrisée à peine la ligne franchie. Sept secondes et soixante-dix-huit centièmes pour devenir championne du monde. Quatre centièmes de mieux que le record de France (7''82) co-détenu par Monique Ewanje-Epée et Linda Ferga-Khodadin. L'émotion est montée tout de suite, roulant dans sa gorge, fusant en larmes, la pliant en deux sur la piste grenat de la capitale serbe. Cyréna Samba-Mayela venait avec fracas de se faire un nom sur la très disputée scène mondiale des haies.

La tendance avait émergé dès les séries. Engagée dans la première, à 9h50, la hurdleuse de 21 ans avait résisté à la Suissesse Ditaji Kambundji. Le scénario n'avait déjà plus rien à voir avec celui de l'Euro en salle de Torun, l'an passé, où elle avait quitté la compétition en séries. Le souvenir polonais était donc effacé d'entrée, et le chrono (7''91, le meilleur des séries) rendait la suite du feuilleton excitant, surtout que la Jamaïcaine Danielle Williams était hors course après avoir brisé net un obstacle.

Impression confirmée en demi-finale, remportée encore face à Kambundji (7''85). La Bahaméenne Devynne Charlton avait fait un peu mieux (7''81) et la finale s'annonçait savoureuse. Samba-Mayela est restée concentrée sur son job : gagner. La jeune femme est une ambitieuse depuis qu'elle a senti que ses jambes de feu étaient faites pour les haies, vers l'âge de 15 ans. Alors, comme depuis l'aube, elle a chanté, prié, kiffé.

> **"C'est une artiste, une rêveuse, et il a fallu trouver un match entre cette singularité et le pragmatisme que demande une carrière de haut niveau"**
>
> TEDDY TAMGHO, SON ENTRAÎNEUR

Et quand la Stark Arena a été plongée dans le noir pour la présentation des finalistes, Cyréna Samba-Mayela n'a pas tremblé. Les jambes ont fait le travail, de la sortie des blocks, ultra rapide (0''119 de temps de réaction), au passage de la ligne. Entre les deux, une maîtrise du sujet, et d'adversaires pas ridicules, puisque Charlton termine 2e en 7''81 et l'Américaine Gabriele Cunningham, 3e en 7''87. La Française, elle, ne sait pas ce qui s'est passé. *«Blackout»*, lance-t-elle dans un rire.

Oui, Samba-Mayela, introvertie, s'est enfin libérée. D'un poids qu'elle porte depuis des années et des attentes qu'elle suscite depuis ses débuts. À 16 ans, en 2017, elle battait le record de France cadettes du 60 m haies et devenait vice-championne du monde du 100 m haies. Entraînée ensuite par Ladji Doucouré pour sa première année juniors, elle portait le record de France à 12''99 l'année suivante. Après plusieurs blessures, elle rejoignait la Team T de Teddy Tamgho à la rentrée 2019. Encadrement sur mesure.

Son ascension a débuté avant le Covid avec un premier titre national seniors l'hiver 2020. À l'époque, l'ex-champion du monde du triple saut loue ses qualités, mais prévient : *«Qu'elle aille apprendre un peu avec les grandes. Si elle doit s'affirmer, qu'elle le fasse. Si elle a besoin de prendre une claque, qu'elle le fasse.»* Et des claques, elle en a pris. À Torun, donc, puis aux Europe Espoirs de Tallinn, en juillet 2021, où, favorite, elle est repartie avec l'argent. À Tokyo, aux Jeux, elle n'a jamais foulé la piste pour une lésion aux ischio-jambiers à l'entraînement. *«J'ai mis du temps à digérer, franchement*, confiait-elle, fin janvier. *Je n'ai pas voulu partir en vacances. Mais c'est comme ça qu'on devient plus forte.»*

Teddy Tamgho, son entraîneur, ou plutôt manager de son projet sportif, confirme le changement : *«Elle est très douée, mais quand elle est arrivée avec moi, c'était une enfant, elle avait besoin de se construire. C'est une artiste, une rêveuse, et il a fallu trouver un match entre cette singularité et le pragmatisme que demande une carrière de haut niveau (...).»* En tout cas, si les patronnes, notamment Kendra Harrison et Jasmine Camacho-Quinn n'étaient pas là, ce titre place la Française sur la carte très panaméricaine des haies. Et offre un nouvel élan à l'athlé féminin bleu.

Mondiaux Indoor 60 m haies hommes

PML, bête de compétition

Pascal Martinot-Lagarde s'est servi de son expérience pour décrocher, en 7''50, la médaille d'argent du 60 m haies derrière l'intouchable Grant Holloway (7''39).

Placée entre la Suissesse Kambundji (à g.) et la Vénézuélienne Mota (à dr.), Cyréna Samba-Mayela est parvenue à sortir la meilleure course de sa carrière pour s'offrir l'or.

3

RECORDS DU MONDE

Trois athlètes ont battu ou égalé leur meilleure marque mondiale : Armand Duplantis à la perche (6,20 m, contre ses propres 6,19 m), Grant Holloway sur 60 m haies (7''29 pour la deuxième fois) et Yulimar Rojas au triple saut (15,74 m contre 15,67 m, par elle-même)

Pascal Martinot-Lagarde savoure sa troisième médaille d'argent lors de Mondiaux en salle.

L'ÉQUIPE DU 21 MARS 2022

ANNABELLE ROLNIN

Ce n'est pas *la Marseillaise* qui a résonné dans la Stark Arena, mais on connaît bien cette petite musique, en sourdine. Celle d'un survêtement bleu-blanc-rouge qui s'invite en pleine lumière, sur le podium du 60 m haies. Encore une fois, c'est Pascal Martinot-Lagarde qui le portait. Le hurdleur de 30 ans a enrichi son palmarès d'une troisième médaille d'argent, la quatrième breloque dans des Mondiaux en salle.

Sa collection, il l'a débutée à Istanbul, il y a dix ans, où il avait arraché le bronze. À Sopot, en 2014, puis Portland, en 2016, il avait remporté l'argent. Seule exception, Birmingham, en 2018, où il avait terminé cinquième. En arrivant en Serbie, rarement le trentenaire n'avait abordé l'échéance aussi sereinement. Des blessures avaient gâché tant de campagnes au fil des ans. *« Tu veux un bon cocktail pour faire gagner Pascal Martinot-Lagarde ?* interrogeait-il ironiquement il y a quelques jours. *Tu lui mets une claque dans la gueule, tu lui donnes une blessure, une fracture, une bonne frustration, et quand il va revenir, ce sera un mort de faim. C'est comme ça que j'ai réussi à être finaliste des JO 2021* (5e du 110 m haies). *J'étais absent toute la saison, j'avais la haine. Quand j'ai pu mettre le pied au sol, j'avais encore mal mais je suis parti chercher un 13''16 en finale quand même. Je marche par action-réaction. »*

> **"Ça fait dix piges que je gagne des médailles. S'il faut continuer dix ans, (...) je suis en forme"**
> PASCAL MARTINOT-LAGARDE

Un fonctionnement énergivore et frustrant, arrivé à expiration à ce stade de sa carrière. Alors au moment de la reprise, l'automne dernier, « PML » a tout remis à plat. Terminées les séances au carton malgré les alertes, fini d'aggraver certaines blessures par impatience. Le hurdleur a radicalement changé de ligne de conduite. *« Je n'ai plus besoin autant qu'avant d'être dans le labeur, de travailler dur. Aujourd'hui, on va être dans le qualitatif et surtout dans la santé,* expliquait-il avant le début de saison. *S'il y a des séances que je ne sens pas, le moindre truc, on fait autre chose. Alors qu'avant, j'avais tendance à être un tueur, à l'entraînement et en compétition. Si j'avais mal, j'allais quand même au bout de la séance. »*

Le champion d'Europe 2018 du 110 m haies file désormais vers sa deuxième partie de carrière, qu'il espère longue. *« Je suis immortel !* rigolait-il après sa finale. *Ça fait dix piges que je gagne des médailles, s'il faut continuer dix ans, c'est mon coach qui ne va pas être content, mais moi je suis toujours en forme. »*

L'aiguillon du record de Holloway

Tout au long de la journée, il a puisé dans cette sérénité, combinée à sa longue expérience, pour bâtir sa performance finale. Sa série, le matin, lui a donné la petite pichenette dont il avait besoin. Gêné par le Japonais Ishikawa, qu'il a touché à deux reprises, il avait terminé 2e en 7''69. *« J'ai connu mieux comme série mais je ne vais pas tirer de conclusion »*, avait-il lâché, visage fermé.

Il est monté d'un cran en demies, l'après-midi (7''53). Pas vraiment le choix quand, à deux couloirs, Holloway égalait son record du monde en 7''29. *« Je lui dis merci, parce que c'est la pression qui me fait me mobiliser »*, salua-t-il. Avec 7''50, en finale, à onze centièmes de l'Américain (7''39), il est resté dans ses standards de l'hiver, mais ce n'est plus sur le plan chronométrique qu'il apprécie ses performances : *« Je suis passé à l'étape de ma carrière où je sais que les médailles sont le plus important. »*

SAUT À LA PERCHE

Toujours plus haut, Duplantis

Exalté par son record du monde enfin battu, d'un centimètre (6,19 m), il y a deux semaines dans la même enceinte, le perchiste Armand Duplantis avait promis qu'il irait plus haut en finale des Mondiaux en salle. Mais la marge sur son troisième essai, le 7 mars, n'était pas phénoménale. La barre avait tressauté sur les taquets avant de s'immobiliser. Qu'importe, le Suédois (22 ans) avait enfin débloqué le niveau supérieur sur lequel il butait depuis février 2020 (6,18 m à Glasgow), 17 concours et 50 tentatives, et tout ça lui a redonné des ailes.

Sur cette piste rapide, rebondissante, qui ne convient pas à tous les sauteurs, le champion olympique a réussi l'exploit de battre un record du monde à la fin d'un concours de trois heures et demie, sans compter l'échauffement.

Et contrairement au meeting du World Indoor Tour, la salle belgradoise était bondée et chauffée à blanc par l'incroyable concours de sa star, la sauteuse en longueur Ivana Vuleta, sacrée avec 7,06 m. Duplantis s'est amusé, a beaucoup dansé, une sorte d'esquisse de sirtaki. Et s'est nourri de cette énergie pour franchir 6,20 m, une nouvelle fois au dernier essai. La barre a bougé, témoin de la difficulté de la performance et du peu de latitude dont il dispose : *« Battre le record deux fois en deux semaines, je ne peux pas me plaindre. Parfois, il y a des choses que vous ne pouvez pas expliquer, ce ne sont que des sentiments et il semble que lorsque je suis à Belgrade, j'ai le sentiment que je vais aller haut et faire quelque chose de vraiment spécial. »* **A.R.**

VOLLEY-BALL Challenge Cup finale retour

Narbonne 3-1 Ankara

L'Arena de Narbonne a vu la vie en rose pour célébrer son titre européen.

L'ÉQUIPE DU 23 MARS 2022

SAMI SADIK

Coup d'essai, coup de maître

Au bout d'un golden set étouffant (21-19), Narbonne a renversé Ankara dans une Arena bouillante et s'est offert le premier titre européen de son histoire pour sa première participation.

«Ils sont fous ces Centurions !», aurait dit Obélix sous la plume de René Goscinny. Sur le parquet de l'Arena, la liesse a commencé. Le géant Rafael Araujo (2,07 m) soulève et enlace son président au milieu de la cohue. Jérémie Ribourel n'est pas le seul à faire son baptême de l'air : les 3 600 spectateurs de l'Arena sautent sur place comme des fêlés. Après 40 points d'un golden set irrespirable (21-19), Narbonne a réussi le miracle tant espéré. Les Centurions ont renversé Ankara (25-22, 22-25, 25-23, 25-19).

«Je crois que c'est la première fois que j'ai du mal à trouver les mots. Merci à tous», lâche l'entraîneur Guillermo Falasca, au bord des larmes. *«Je ne sais pas si j'ai le droit d'y croire tellement c'est improbable. On nous avait dit que c'était impossible alors on l'a fait. Je pense à tous les gens qui ont œuvré pour aider ce club»*, ajoute Jérémie Ribourel, ému, en regardant le public de l'Arena, la nouvelle maison de son club depuis janvier 2020.

D'une *Marseillaise* a capella avant le premier service du match à l'explosion de joie du dernier point, les Centurions ont découvert le plein potentiel de leur salle. La foule ne venait pas que de Narbonne. Poussés par leur public, les joueurs de Falasca ont vite fait passer un message au Halkbank Ankara : à Narbonne, ça n'allait pas être la même histoire qu'à l'aller (défaite 0-3 en Turquie).

> **"J'ai fait le match de ma vie. Je ne m'attendais pas à proposer ça, je me suis surpris moi-même. Ça va rester gravé là "**
>
> LE RÉCEPTIONNEUR-ATTAQUANT RÉMI BASSEREAU, AUTEUR DE 26 POINTS À 51 %

Le premier set est vite tombé dans la besace audoise (25-22), grâce à une défense de fer (17 contres au total). La muraille a fait une victime de luxe : le pointu Fernando Hernandez, parfaitement bloqué (9 points, 24 % en attaque) et envoyé sur le banc pendant le golden set.

Loin du Cubain, Rémi Bassereau, lui, a marché sur l'eau (26 points, à 51 % en attaque). *«Je pense que j'ai fait le match de ma vie. Je ne m'attendais pas à proposer ça, je me suis surpris moi-même. Ça va rester gravé là»*, ajoute le réceptionneur-attaquant (23 ans). Narbonne avait besoin de chacun de ses points après un deuxième set abandonné en raison d'une pelletée de fautes. Bassereau avait toujours un coup d'avance. Ankara n'a jamais trouvé la solution face à ses attaques croisées et puissantes. Quand trois joueurs sont venus au contre, le Narbonnais les a gratifiés d'une subtile bidouille (attaque lobée) pour faire la différence dans le quatrième set (11-6).

Mais une fois le retard de l'aller effacé, il restait un golden set. Cette fois, Ankara a répondu présent. Les Turcs ont obtenu la première balle de match, sur une décision arbitrale très litigieuse : sur une balle faute touchée du bout des doigts par le block narbonnais (13-14). Mais Narbonne a fini par reprendre le fil de sa partition. Martin Ramos a stoppé la dynamique turque avec un contre pour récupérer l'avantage, à 16-15. Inspiré, son compatriote argentin Nicolas Zerba l'a imité pour cueillir une dernière tentative turque au filet (21-19). *«On sauve trois balles de match, on tient et sur la fin on sert beaucoup mieux pour faire la différence. C'était le meilleur scénario»*, savoure Rémi Bassereau.

4

NARBONNE EST LE QUATRIÈME CLUB FRANÇAIS MASCULIN à remporter une Coupe d'Europe de volley après l'AS Cannes, Paris et Tours.

À la passe, Nicolas Uriarte prépare une nouvelle offensive audoise face à Ankara.

Italie 0-1 Macédoine du Nord

Encore au tapis

Pourtant championne d'Europe en 2021, l'Italie va rater sa deuxième Coupe du monde d'affilée. Elle a été battue chez elle par la modeste Macédoine du Nord.

L'ÉQUIPE DU 25 MARS 2022

MÉLISANDE GOMEZ

La soirée avait commencé dans l'enthousiasme de la foule et un joyeux vacarme ; elle s'est conclue dans un silence terrible. Il fallait se frotter les yeux et rentrer la tête dans les épaules devant cet improbable tableau d'affichage : 1-0 pour la Macédoine du Nord, qui venait d'ouvrir le score à la 92e minute d'un match à sens unique, au bout d'une frappe limpide que le malheureux Donnarumma ne pouvait pas toucher du bout de son gant. Lui qui a débuté sa carrière pro à 16 ans, devra attendre, au mieux, l'âge de 27 ans pour goûter au parfum d'un rendez-vous mondial.

C'était impensable, en juillet dernier, quand la Nazionale s'était posée sur le toit de l'Europe à Wembley. Déjà absente de la Coupe du monde 2018 après une défaite en barrages contre la Suède (0-1, 0-0), l'Italie, quatre ans plus tard, a récidivé.

Le désuet stade Renzo-Barbera de Palerme qui lui, au moins, aura eu la joie de vivre une Coupe du monde en 1990, avait pourtant tout fait pour forcer l'obstacle macédonien, il avait accueilli les joueurs dans les chants à la gloire des champions d'Europe, il avait entonné l'hymne au moins une fois par mi-temps, il avait enchaîné les *« ah ! »* et les *« oh ! »* à chaque frappe contrée des siens, mais il a fini par se résigner et laisser les quelques centaines de supporters rouge et jaune faire du bruit après le but, une douche glacée servie par Aleksandar Trajkovski, l'ancien de la maison, qui a joué quatre ans à Palerme et y a vu naître son fils.

Un manque d'efficacité criant

Les Italiens, comme foudroyés par le coup de sifflet final de Clément Turpin, se sont figés sur place, certains tombant au sol, d'autres le regard perdu dans le vide, et Jorginho, qui ne disputera peut-être jamais de Coupe du monde, ne pouvait contenir ses larmes. Il pensait sans doute à ce penalty manqué contre la Suisse à Rome, en novembre 2021 : s'il l'avait marqué, la Coupe du monde aurait été dans la poche, mais elle s'est envolée avec ce ballon et avec tous les autres ensuite, cette montagne de frappes repoussées par un mollet adverse. Quant à Chiellini, il ne finira pas sa carrière sur une bonne note, lui qui est entré juste avant le but. *« Nous sommes détruits*, a dit le capitaine. *Il va rester un grand vide, et j'espère que ce grand vide nous donnera la force de repartir. »*

La Nazionale a frappé trente-deux fois au but contre deux tirs macédoniens, les Italiens ont essayé d'un bout à l'autre en faisant le siège des trente mètres adverses, mais ils ont été rattrapés par la maladresse de leurs attaquants, un trio Berardi-Immobile-Insigne qui n'a jamais réussi le bon geste au bon moment. Roberto Mancini pouvait donc regretter ce manque d'efficacité criant mais, longtemps, la Macédoine a semblé trop limitée pour s'offrir l'exploit.

L'Italie sait tout de même que les occasions manquées finissent par se payer cher. Ils pensaient avoir acquis assez de confiance, ces dernières années, pour ne pas tomber dans le gouffre qui s'ouvrait devant eux, mais plus les minutes passaient et plus le piège semblait se refermer, comme la défense macédonienne à chaque tentative adverse. Ces dernières années, les joueurs de la Nazionale ont appris ceci : quand on touche le fond, on peut toujours se relever. Et retomber encore, malheureusement.

MATCHES AMICAUX

Eriksen, retour marquant

Neuf mois après son arrêt cardiaque à l'Euro face à la Finlande, Christian Eriksen a fait son grand retour avec le Danemark en amical contre les Pays-Bas (2-4), après avoir disputé trois matches de Premier League (avec Brentford) entre ces deux rencontres. Entré à la mi-temps,

il a marqué sur son deuxième ballon seulement. Un but célébré même par les Néerlandais ! S'en est suivi un autre amical, contre la Serbie cette fois (3-0), dans lequel Eriksen a retrouvé la pelouse de Copenhague, là même où il s'était effondré. L'ex-joueur de Tottenham a inscrit le dernier but danois. Son 38e en 111 sélections, avec la plus grande affluence pour un match amical de l'équipe nationale depuis 2005 (34 000 spectateurs). Cette fois encore, les fans adverses se sont montrés respectueux avec une banderole « Welcome home Eriksen ».

Lorenzo Pellegrini, à terre, absent à l'Euro, rêvait sûrement de Mondial au Qatar. Un rêve qui a pris fin sur la pelouse de Palerme.

14
MARS

TENNIS **MASTERS 1000 INDIAN WELLS.** Pour la deuxième fois de sa carrière après 2009, Gaël Monfils s'est offert le scalp d'un numéro 1 mondial au 3e tour du tournoi californien. Après Rafael Nadal il y a douze ans, Daniil Medvedev a chuté face au Français malgré le gain du premier set (4-6, 6-3, 6-1). Le Russe perd sa place au sommet du classement ATP.

5 MARS

TENNIS **COUPE DAVIS.** Confrontée à la modeste sélection d'Équateur, l'équipe de France a composté son ticket pour la phase finale de la Coupe Davis version Kosmos (4-0). Arthur Rinderknech et Adrian Mannarino en simple, puis la paire Mahut-Herbert en double, ont fait le job sans trembler pour se qualifier dans la belle ambiance de Pau.

25 MARS

FOOTBALL **AMICAL.** Sans Karim Benzema, blessé, ni Kylian Mbappé, resté sur le banc, l'équipe de France a poussivement disposé de la Côte d'Ivoire au Vélodrome (2-1). Les Bleus s'en sont remis au 47ᵉ but sous le maillot bleu d'Olivier Giroud, et à une tête victorieuse et tardive (90ᵉ+3) d'Aurélien Tchouaméni (en photo), pour s'imposer.

6 MARS

BASKET **BETCLIC ÉLITE.** Les Metropolitans 92, portés par leur meneur Will Cummings (à g., au duel avec Victor Wembanyama) et ses 29 points, ont pris le dessus sur l'Asvel (83-81), double champion de France en titre, à l'occasion de la 21ᵉ journée. Un succès en forme de passation de pouvoir en tête du Championnat de France.

19 MARS

CYCLISME **MILAN-SAN REMO.** Assis sur sa selle à tige téléscopique, le Slovène Matej Mohoric (Bahrain-Victorious) a réalisé un numéro d'équilibriste dans la descente du Poggio pour surprendre les favoris et s'imposer en solitaire sur la Via Roma. Le double vainqueur d'étape sur le Tour de France devance le Francilien Anthony Turgis.

6 MARS

ATHLÉTISME **MARATHON DE TOKYO.** Parti dans l'optique de battre son propre record du monde (2h01'39'' à Berlin en 2018), le Kényan Eliud Kipchoge « échoue » de peu. Le champion olympique de Tokyo en 2021, 37 ans, l'emporte et boucle les 42,195 km en 2h02'40'', soit la quatrième meilleure performance de l'histoire sur la distance reine.

CYCLISME Paris-Roubaix

Dylan van Baarle, seul dans le Carrefour de l'Arbre, se dirige vers la victoire à Roubaix.

Ils avaient oublié Van Baarle

Un Enfer du Nord poussiéreux et supersonique a sacré Dylan van Baarle et les Ineos, qui ont brisé la domination de Wout van Aert, de Mathieu van der Poel et des Quick-Step.

L'ÉQUIPE DU 18 AVRIL 2022

ALEXANDRE ROOS

Rien de plus beau qu'un coureur qui s'extirpe en solo de l'Enfer du Nord, qui survit à 260 km de baston, asséché par un désert de poussière, pour aller chercher la lumière au vélodrome, la clameur qui monte à mesure qu'il pénètre dans l'enceinte et les mains qui tapent sur les panneaux publicitaires. Quel que soit l'élu, ce sont toujours les mêmes frissons.

Dylan van Baarle a offert à l'équipe de Dave Brailsford la conquête d'un territoire qu'elle n'avait jamais dompté en douze ans d'existence. Les Ineos avaient ouvert la course en deux à 210 km de l'arrivée, grâce à un coup de bordure qui a piégé Mathieu van der Poel, Wout van Aert, Kasper Asgreen et Mads Pedersen.

À l'avant, les sept coureurs britanniques s'organisaient pour faire monter l'écart jusqu'à 1'30'' mais une chute dans le secteur de Saint-Python, à 147 km de la ligne, contribua à un regroupement. Les Ineos continuaient cependant d'affoler la ruche car Filippo Ganna, Ben Turner et Van Baarle se faufilèrent dans le groupe qui échappa au gadin pour poursuivre leur fuite en avant.

Plus malin que Van Aert

L'enchaînement Haveluy-Arenberg remit un peu d'ordre, mais la course progressait sur un rythme de dragsters, avec une moyenne horaire record (45,792 km/h). Wout van Aert s'employait ensuite après son incident mécanique dans la Trouée pour revenir sur ses copains. Matej Mohoric, lui, était en train de dynamiter la course. Le Slovène était sorti un peu avant Arenberg, il tractait Tom Devriendt et Laurent Pichon. Le trio grignota 2'30'' d'avantage. Les Ineos prirent encore le manche à 75 km de l'arrivée pour propulser Dylan van Baarle. Et si le Néerlandais domina le final, c'est qu'il fut à la fois le plus fort et le plus intelligent.

Plus fort, en tout cas, que Mathieu van der Poel, qui tenta un timide forcing à Mons-en-Pévèle et réagit souvent à contretemps. Van Baarle mit ses neurones en action et comprit qu'il fallait vite réagir quand Mohoric et Lampaert accélérèrent à nouveau : il s'arracha et recolla dans le secteur de Cysoing. Il avait été plus malin que Van Aert, moelleux sur les pavés, mais qui avait trop attendu. Le champion de Belgique démarra un peu avant Camphin-en-Pévèle, avec Stefan Küng, mais trop tard. Au bout de ce secteur, Van Baarle s'envolait seul avec un matelas de 35''. Derrière, Van Aert remporta un sprint en petit comité au vélodrome.

Classement hommes	
1. D. Van Baarle (HOL)	5 h 37'0''
2. W. Van Aert (BEL)	à 1'47''
3. S. Küng (SUI)	m.t.
4. T. Devriendt (BEL)	m.t.
5. M. Mohoric (SLV)	m.t.
6. A. Petit	à 2'27''
... 8. L. Pichon	m.t.

femmes

Le coup parfait de Longo Borghini

Elisa Longo Borghini à l'œuvre sur les pavés.

L'ÉQUIPE DU 17 AVRIL 2022

PHILIPPE LE GARS

La championne d'Italie 2021 a gagné la deuxième édition de Paris-Roubaix Femmes, en solitaire et avec vingt-trois secondes d'avance sur sa dauphine Lotte Kopecky. Certes, Marianne Vos avait déclaré forfait à cause du Covid, tout comme Elizabeth Deignan, tenante du titre, qui n'a pas couru en raison de sa grossesse, mais malgré une sinusite qui s'est étendue sur un mois au printemps, Elisa Longo Borghini s'est offert le trentième succès de sa carrière. Et ce sous 20°C, soit des conditions climatiques très différentes de celles de la première édition, courue un an auparavant sous des trombes d'eau.

La maîtrise de la formation Trek-Segafredo, déjà en vue en 2021 dévouée à Elizabeth Deignan, a une nouvelle fois bien servi. On retrouvait en effet aux avant-postes, après les passages des premiers secteurs pavés, trois des têtes d'affiche de l'équipe américaine : l'Italienne Longo Borghini, ainsi que les deux Néerlandaises Brand et Van Dijk.

Le travail de sape portait ses fruits quand la championne de Belgique Kopecky, autre favorite depuis sa victoire dans le Tour des Flandres, se retrouvait isolée dans un groupe de poursuite. Longo Borghini porta alors le coup de grâce à 30 kilomètres de l'arrivée pour filer seule vers le vélodrome. Consciente que ses piètres qualités au sprint ne lui permettaient pas d'attendre une arrivée groupée, elle avait eu l'intelligence de se dégager toute seule pour éviter les mauvaises surprises.

Classement femmes	
1. E.L. Borghini (ITA)	3 h 10'54''
2. L. Kopecky (BEL)	à 0'23''
3. L. Brand (HOL)	à 0'23''
4. E. Chabbey (SUI)	à 0'23''
5. M. Cavalli (ITA)	à 0'23''
... 17. V. Berteau	à 02'54''
... 27. A. Cordon Ragot	à 04'35''

Deuxième du Tour des Flandres 2022 et des Mondiaux 2021, Van Baarle tient enfin son jour de gloire à Roubaix.

Haute teunsion

Dylan Teuns a été le plus costaud dans le mur de Huy devant Valverde. Alaphilippe termine à la quatrième place.

Dylan Teuns a signé l'une de ses plus belles victoires au sommet du mur de Huy.

L'ÉQUIPE DU 21 AVRIL 2022

ALEXANDRE ROOS

La Flèche Wallonne devrait être le 1er mai des directeurs sportifs, leur fête du travail, une RTT obligatoire, car on se demande bien ce qu'ils peuvent raconter à leurs coureurs dans le briefing d'avant-course, alors que tout le monde sait que cela se réglera à la pédale, dans le mur de Huy, quelque part à 300 m de la ligne d'arrivée, l'endroit où tous les séminaires de bla-bla volent en éclats pour faire place à un effort brutal, à un vidage de réservoir express.

Alejandro Valverde avait décidé de mourir les armes à la main dans la dernière ascension du chemin des Chapelles de sa carrière. L'Espagnol, passé la quarantaine, a entrevu une sixième victoire dans cette course, mais, à 50 mètres de l'arrivée, c'est comme si son corps avait dit stop. On vit ses reins se relâcher sous la violence de l'effort, mais sa deuxième place sur la ligne demeure un sublime crépuscule.

Valverde n'a, en effet, pas pu contenir Dylan Teuns, qui a levé les bras dans une demi-surprise. En s'imposant en haut du mur de Huy, le Belge a mis le glaçage sur une campagne de classiques de durs au mal, où on l'a vu prendre la 6e place du Tour des Flandres, notamment. La Flèche a sacré un second couteau en la personne du Belge.

Alaphilippe et Pogacar pas dans le coup

Teuns est capable de se bâtir un palmarès quand les favoris se regardent trop ou qu'ils sont un peu courts, comme il avait su le faire lors de ses deux victoires dans le Tour, au Grand-Bornand en 2021 ou sur la terre de la Super Planche des Belles Filles en 2019.

Tadej Pogacar et Julian Alaphilippe, eux, ont-ils mal joué ou n'avaient-ils juste pas les jambes pour la gagne, dans une édition imprévisible, où Rudy Molard (8e), Warren Barguil (9e) et Alexis Vuillermoz (10e) ont réussi à se garer en queue de top 10 ?

Le Team UAE n'a pas pesé sur la course, les équipiers, pourtant bien armés, n'ont servi à rien, et si l'on a bien vu Pogacar remonter à un moment sur la droite de la chaussée du mur de Huy, dans le final, il n'a jamais été en position de narguer tout le monde. Le Slovène dut se contenter d'une 12e place sur la ligne.

Quant à Julian Alaphilippe, il n'a pas pu vraiment s'appuyer sur Remco Evenepoel, qui a bien affolé la ruche à moins de dix bornes de l'arrivée avant de se laisser engloutir à l'approche du final. Surtout, le triple vainqueur de la Flèche a paru grimper le mur de Huy avec un temps de retard à chaque étage, mais, dans le même temps, sur les dernières rampes, il est parvenu à s'extirper et à aller mourir au pied du podium (4e), derrière Alexandr Vlasov.

LES DIX DERNIERS VAINQUEURS

2022	D. Teuns (BEL)
2021	**J. Alaphilippe**
2020	M. Hirschi (SUI)
2019	**J. Alaphilippe**
2018	**J. Alaphilippe**
2017	A. Valverde (ESP)
2016	A. Valverde
2015	A. Valverde
2014	A. Valverde
2013	D. Moreno (ESP)

Classement

1. D. Teuns (BEL)	4h42'12''
2. A. Valverde (ESP)	à 0'02''
3. A. Vlasov (RUS)	m.t.
4. J. Alaphilippe	à 0'05''
5. D. Martinez (COL)	à 0'07''
... 8. R. Molard	m.t.
9. W. Barguil	m.t.
10. A. Vuillermoz	m.t.

CYCLISME Liège-Bastogne-Liège

L'éclosion d'Evenepoel

La pépite belge est définitivement sortie de sa coquille en remportant la Doyenne des classiques.

L'ÉQUIPE DU 25 AVRIL 2022

ALEXANDRE ROOS

Avant d'essayer de calculer la trajectoire de l'étoile Evenepoel dans le ciel du panthéon du cyclisme, apprécions le petit chef-d'œuvre du Belge sur les routes de Liège-Bastogne-Liège. Dans l'approche du col du Rosier, à un peu plus de 60 kilomètres de l'arrivée, dans une descente engagée à près de 80 km/h et sur une route *«pourrie»*, de l'avis de plusieurs coureurs à l'arrivée, un strike explosa le groupe des favoris et envoya Julian Alaphilippe dans le fossé, au pied d'un arbre, sérieusement blessé et immédiatement secouru par Romain Bardet *(voir ci-dessous)*.

Cet énorme gadin pesa forcément sur la suite de la course, d'abord parce que de nombreux coureurs furent traumatisés par son ampleur, mais Remco Evenepoel, malgré des circonstances pénibles, prit le manche de la maison Quick-Step sans ciller, notamment face aux Bahrain, en nombre, qui s'excitaient à l'avant et enclenchaient les offensives avec Mikel Landa ou Damiano Caruso, que le jeune Belge alla lui-même neutraliser à 40 bornes du but. Remco Evenepoel se montrait épatant de sang-froid. Dans la Redoute, il se cala dans la roue du désarticulé Mauri Vansevenant et il attendit son heure, là-haut, dans les derniers mètres de la côte, pour allumer un missile alors que tout le monde était pendu comme un drap au bout d'une pince à linge.

«Il nous a asphyxiés», soufflait un peu plus tard Benoît Cosnefroy, pourtant bien placé dans la montée. Evenepoel avait tout fait exploser au pied-de-biche, il récupérait

Evenepoel a laissé couler de chaudes larmes dans les bras de sa compagne Oumii une fois passée la ligne d'arrivée.

Bruno Armirail, courageux rescapé de l'échappée matinale qui s'était payé l'honneur de grimper la Redoute en tête, mais qui allait lâcher prise dans les premières pentes de la Roche-aux-Faucons.

Evenepoel dans les plus jeunes vainqueurs de la Doyenne

Le Belge s'envolait, activait le mode contre-la-montre, un de ses préférés et, derrière, les Bahrain Victorious tentaient d'organiser la poursuite. En vain. Matej Mohoric remballait ses ambitions dans la dernière côte répertoriée, Dylan Teuns sortait en contre sur le sommet derrière Aleksandr Vlasov, mais il se plaignait du peu de collaboration de ses compagnons colombiens, Sergio Higuita et Daniel Martinez. Wout van Aert, lui, avait laissé faire les Bahrain avec astuce mais il plia également les ailes à dix bornes de l'arrivée, parvint à revenir pour être dominé au sprint par le surprenant Quinten Hermans, qui, avec sa deuxième place, vint saupoudrer quelques paillettes supplémentaires sur la magnifique campagne des Intermarché-Wanty-Gobert.

En résumé, les survivants s'étaient lancés dans les manœuvres de la dernière chance, mais tout était plié et Remco Evenepoel est venu cueillir la plus belle victoire de sa carrière, au prix d'un exploit solitaire rare dans la Doyenne. Tout ça à seulement 22 ans, et directement dans le top cinq des plus jeunes vainqueurs d'un Monument, aux côtés d'Eddy Merckx, Rik Van Steenbergen, Jean-Pierre Monseré ou Valere Van Sweevelt, qui avait remporté Liège, en 1968, à 21 ans.

Classement	
1. R. Evenepoel (BEL)	6h12'38''
2. Q. Hermans (BEL)	à 0'48''
3. W. Van Aert (BEL)	m.t.
4. D. Martinez (COL)	m.t.
5. S. Higuita (COL)	m.t.
… **15. W. Barguil**	à 1'36''
16. B. Armirail	m.t.

Alaphilippe tombe encore

Victime d'une chute à près de 80 km/h, le double champion du monde français a dû tirer un trait sur le Tour de France.

Julian Alaphilippe, sur une longue portion descendante menant vers le col du Rosier, à un peu plus de 60 km de l'arrivée à Liège, a été pris dans une énorme chute collective qui l'a propulsé sur le bas-côté. Davide Bramati, le directeur sportif italien de l'équipe Quick-Step racontait la scène : *« Il a violemment tapé un arbre. Le médecin était assis à côté de moi, il s'est précipité pour aller à sa rencontre et nous avons dû repartir sans lui. »* Le double champion du monde ne pouvait rien faire pour éviter la chute, sa troisième de la saison après son « soleil » sur les Strade Bianche et le « strike » subi sur la Flèche Brabançonne. Romain Bardet, tombé à son côté, fut le premier à porter secours à Alaphilippe. Il finira par rallier Liège dans une voiture de son équipe, traumatisé. *« J'ai eu très peur pour lui*, déclarait Bardet. *Il était trois mètres en contrebas et disait : "Je ne peux pas bouger, je ne peux pas bouger." C'était choquant comme scène. Je n'ai pas pu finir la course. »* Bilan : une omoplate et deux côtes cassées ainsi qu'un hémopneumothorax. Malgré son retour lors des Championnats de France (le 26 juin), le Français ne sera pas aligné au départ du Tour de France quelques jours plus tard.

Tour des Flandres

Van der Poel, inoxydable mental

L'ÉQUIPE DU 4 AVRIL 2022

ALEXANDRE ROOS

Tout a été assez exceptionnel dans les monts des Flandres, où la Belgique s'était rassemblée après deux ans d'abstinence et où les anciens renouaient avec le plaisir simple et essentiel de s'installer en paix avec une petite bière devant l'écran d'un estaminet désuet pour voir du spectacle avec l'affrontement entre Mathieu van der Poel et Tadej Pogacar.

Pour la première fois de sa jeune carrière, ce dernier n'a pas remporté une course où il était le plus fort et on l'a vu s'agacer et bouder à l'arrivée. À la flamme rouge, il avait laissé les rênes au Néerlandais, il ne voulait plus les reprendre pour pouvoir lancer son sprint dans la meilleure position, mais ces tergiversations permirent à Valentin Madouas et Dylan van Baarle de revenir comme des balles à 250 mètres de la ligne. Madouas (3e) l'éjecta même du podium…

Ce sprint confus constituait l'épilogue d'un duel total. Les choses s'étaient pourtant mal emmanchées pour le Slovène : il avait chuté, sans gravité, peu après le départ d'Anvers, puis avait dû utiliser les maigres forces autour de lui très tôt dans la course, quand un groupe dangereux (Pedersen, Stybar, Bettiol, Van Hooydonck, Turner), avec quasiment toutes les équipes représentées, s'était détaché à plus de 90 km de l'arrivée. Mais Pogacar était resté relax et attendait le bon moment. Ce fut dans le deuxième passage du Vieux Quaremont qu'il avala tout le monde. Derrière, les wagons se décrochèrent, à part Kasper Asgreen, qui craqua plus tard. Pogacar octroya une trêve dans la première ascension du Paterberg, mais elle fut de courte durée. Seul Mathieu van der Poel se trouvait encore dans sa roue. Le Néerlandais tentait de s'accrocher, subit dans les deux derniers monts, mais résista jusqu'en haut du Paterberg.

Le bras de fer muta en guerre psychologique à 13 km de la ligne, et les interrogations commencèrent à grignoter les esprits, notamment celui de VDP. Il avait déjà perdu un final au même endroit, en 2021, face à Asgreen. Et c'est grâce à son mental inoxydable que le petit-fils de Poulidor put tout de même lever les bras à Audenarde. Reconnaissant que Pogacar avait été le plus fort…

Dans un final confus, Mathieu van der Poel a finalement devancé son compatriote Dylan van Baarle et Valentin Madouas.

Classement	
1. M. Van der Poel (HOL)	6h18'30''
2. D. Van Baarle (HOL)	m.t.
3. V. Madouas	m.t.
4. T. Pogacar (SLV)	m.t.
5. S. Küng (SUI)	à 0'02''
… **9. C. Laporte**	à 48''

Chelsea 1-3 Real Madrid

Benzema leur a donné le Blues

L'attaquant a été irrésistible contre Chelsea en quarts de finale de la Ligue des champions, marquant un triplé à l'aller et le but décisif au retour.

Profitant d'une erreur de relance d'Édouard Mendy, Karim Benzema s'offre un deuxième triplé de rang en C1 lors du match aller.

L'ÉQUIPE DU 7 ET 13 AVRIL 2022

VINCENT DULUC / DAMIEN DEGORRE

Un triplé à l'aller

En 2005, la première fois qu'on l'a vu marquer en Ligue des champions, face à Rosenborg (2-1), Karim Benzema était un post-adolescent qui rêvait de devenir Ronaldo, le Brésilien. En 2022, il a enchaîné deux triplés vertigineux en C1, celui qui a renversé le PSG (3-1, *voir pages 44-45*) en huitièmes de finale retour, puis celui qui a assommé Chelsea (3-1) à Stamford Bridge en quarts de finale aller. Il a marché sur l'eau qui tombait du ciel de Londres, en inscrivant d'abord deux buts de la tête. Sur le premier, c'est lui qui décroche, lui qui déclenche et lance Vinicius en profondeur : quand le Brésilien centre en retrait, un peu fort, un peu haut, il n'a que la tête à opposer, comme un réflexe, et le ballon file sous la barre (21e). Trois minutes plus tard, le pied droit de Modric s'en mêle, et la tête de Benzema, depuis le point de penalty, est d'une finesse et d'une intelligence infinie. Le ballon finit dans le petit filet d'Édouard Mendy (24e).

38

La tête smashée décisive de Karim Benzema au début de la prolongation du quart de finale retour face à Chelsea est son 38e but de la saison toutes compétitions confondues, en 38 matches disputés.

Sur le troisième but, une passe trop molle de Mendy vers Rüdiger lui permet de faire glisser le ballon dans le but vide (46e), d'inscrire un deuxième triplé de suite en C1, comme Luiz Adriano, Messi et Cristiano Ronaldo avant lui.

Mais il n'a pas fait que marquer. S'il a été plus discret en seconde période, la soirée passée au plus près du terrain souligne son rôle de leader vocal, capable de faire trente mètres pour aller passer un message à Ferland Mendy, encourageant toujours, presque toujours positif. Le score final (3-1) pouvait laisser penser que les Madrilènes avaient fait le plus dur.

Une tête en prolongation

Mais au retour, ce fut une tempête. Magnifique et cruelle, accompagnée par le tonnerre d'un stade Santiago-Bernabeu gagné par le bonheur d'un soir de grâce (2-3). Ce fut un match qui aura vu Chelsea d'abord mettre en œuvre un plan parfaitement établi, puis croire en son destin en jetant tout ce qu'il avait de force et d'énergie dans la bataille, avant de succomber.

Le Real a été porté une nouvelle fois par Karim Benzema, buteur décisif dans la prolongation, de la tête. Même s'il n'a pas réalisé le match le plus abouti de sa carrière, il a tout simplement qualifié son club. Les Londoniens ont ainsi dominé la première période par leur milieu de terrain recomposé. Tuchel décidait d'adopter un schéma en 4-2-3-1. En ouvrant très vite le score par Mount (15e), Chelsea donnait le ton et l'impression qu'elle serait longue pour les Madrilènes. Elle allait l'être pour Benzema, obligé de décrocher jusque dans ses trente mètres pour toucher un ballon.

Chelsea allait parvenir à marquer un deuxième but (Rüdiger, 51e) puis un troisième (Werner, 75e). Carlo Ancelotti, l'entraîneur madrilène, allait dessiner le virage pour faire tourner la rencontre en faisant entrer Camavinga (73e), Vazquez et Rodrygo (78e). Le jeune milieu français apporta impact et dynamisme quand l'attaquant brésilien, à la réception d'un extérieur subtil de Modric, marqua le but qui permettait au Real d'arracher la prolongation (80e). Après le but de Benzema (96e), de la tête sur passe de Vinicius, Chelsea tenta bien de foncer tête baissée mais ce 38e but du Français depuis le début de la saison scellait une nouvelle qualification…

Lyon 0-3 West Ham

Lyon assommé

Balayé à domicile par les Hammers, l'OL a subi un échec retentissant et quitte la Ligue Europa aux portes du dernier carré.

L'ÉQUIPE DU 15 AVRIL 2022

VINCENT DULUC

Les supporters lyonnais ont été pris, à la fin du match, d'une envie d'envahir la pelouse qui traduit bien le ras-le-bol après cette claque subie contre West Ham à domicile (0-3). Il y a eu un match, mais il n'a pas duré assez longtemps pour que la soirée soit à la hauteur de l'ambiance pourtant formidable des premières minutes. L'OL a dominé techniquement une demi-heure du match, qui aura été un temps fort intéressant marqué par de vraies occasions (poteau d'Ekambi, 5e ; centres dangereux de Gusto, 11e et 27e), mais il n'avait pas les ressources athlétiques pour maintenir cette intensité, ni un cadre collectif assez solide pour gérer les temps faibles. Côté West Ham, Antonio a été infernal. Et tout est allé trop vite pour l'OL, éteint par le but de Dawson reprenant au premier poteau le corner de Fornals (38e). L'OL en a pris deux autres presque dans la foulée (Rice, 44e ; Bowen, 48e). Sans Lopes, Caqueret ni Paqueta, l'OL était handicapé, certes, mais ça ne l'avait pas empêché de plutôt bien jouer pendant une demi-heure, ce qui souligne d'autant son renoncement, ensuite, et quelque chose ressemblant à un néant : les Lyonnais ne se sont pas approchés une seule fois du but adverse entre la 27e et la 64e minute.

Interminable quand 50 000 spectateurs espèrent qu'il se passe enfin quelque chose. Il aurait fallu un but pour changer l'atmosphère, mais à part une volée du tibia de Dembélé (64e) et une frappe de Gusto sortie par Aréola (69e), West Ham n'a jamais eu peur, se régalant de centres aériens. Entre ceux qui se sont battus mais n'ont pas de pieds, et inversement, l'OL n'a jamais paru capable de contester ce glissement vers l'élimination et l'oubli.

Moussa Dembélé et les Lyonnais quittent la scène européenne sans gloire. Ils ne disputeront même pas de Coupe d'Europe la saison suivante.

Parcours de l'OL en Ligue Europa

Phase de groupes :
Glasgow Rangers - Lyon : 0-2
Lyon - Bröndby : 3-0
Sparta Prague - Lyon : 3-4
Lyon - Sparta Prague : 3-0
Bröndby - Lyon : 1-3
Lyon - Glasgow Rangers : 1-1

Huitièmes de finale : FC Porto - Lyon (0-1, 1-1)
Quarts de finale : West Ham - Lyon (1-1, 3-0)

Ligue Europa Conférence quarts de finale retour

PAOK 0-1 Marseille

L'OM a éteint le volcan

Dans l'ambiance bouillante du stade Toumba, les Marseillais ont gardé les idées claires pour éliminer logiquement un PAOK limité.

L'ÉQUIPE DU 15 AVRIL 2022

MÉLISANDRE GOMEZ

Autant clore le débat d'entrée : ce n'est que la Ligue Europa Conférence, c'est vrai, il n'y a ni la musique ni les grandes oreilles, même pas les paillettes de la Ligue Europa, mais une petite Coupe d'Europe reste une Coupe d'Europe. Dans le vacarme du stade Toumba de Thessalonique, où il a eu droit à l'accueil qu'on lui avait promis, l'OM s'est qualifié. Il y eut le bruit des pétards, et tellement de fumigènes qu'on ne voyait qu'à peine le stade.

Il y eut cette pelouse bizarrement humide malgré une météo clémente sur la ville, et ces ramasseurs plus prompts à rendre le ballon aux Grecs qu'aux Olympiens. Pour passer, il fallait que les Marseillais gardent la tête froide. Ils ont passé l'examen sans vaciller, timides dans les dix premières minutes puis maîtres du jeu, rassurés par leur possession de balle et aidés, aussi, par le niveau de Mandanda. Le capitaine a enchaîné les parades décisives de la 10e à la 89e minute.

Jorge Sampaoli pouvait être content de Dimitri Payet, buteur comme à l'aller (2-1), après une perte de balle du PAOK vite exploitée par Bakambu puis Guendouzi. Pour ne pas laisser le stade s'embraser plus, le mieux était de marquer tôt et le plus difficile était fait, donc, dès la 34e minute. Un deuxième but aurait donné encore plus de confort, il n'est jamais arrivé, mais Mandanda veillait, et le PAOK manquait de qualité technique pour espérer récrire la fin de l'histoire. C'est une victoire qui compte, pour l'OM, qui a ainsi aligné une huitième victoire consécutive bien que privé de titulaires précieux.

Buteur à l'aller, Payet s'est montré décisif au retour en marquant le seul but de la partie.

Le parcours européen de Marseille

Ligue Europa (phase de groupes)
Lokomotiv Moscou - OM : 1-1
OM - Galatasaray : 0-0
Lazio Rome - OM : 0-0
OM - Lazio Rome : 2-2
Galatasaray - OM : 4-2
OM - Lokomotiv Moscou : 1-0

Ligue Europa Conférence
Barrages : OM - Qarabag (3-1, 3-0)
Huitièmes de finale : OM - FC Bâle (2-1, 2-1)
Quarts de finale :
OM - PAOK Salonique (2-1, 1-0)
Demi-finale : Feyenoord - OM (3-2, 0-0)

Feyenoord était trop fort

Finaliste de la Ligue Europa en 2018, l'OM ne réitérera pas cette perfomance en Conférence. Après avoir vécu l'ambiance électrique de Thessalonique, les Marseillais n'ont pas été dépaysés par les fumigènes du stade De Kuip du Feyenoord Rotterdam en demi-finale aller. Battus aux Pays-Bas (2-3), ils n'ont pas pu faire mieux qu'un nul au Vélodrome (0-0) au retour.

BASKET **Eurocoupe** femmes Final Four (finale)

Bourges 74-38 Venise

Bourges de plaisir

Le club berruyer, flamboyant et implacable en défense, a étouffé Venise pour décrocher le sixième titre européen de son histoire.

L'ÉQUIPE DU 8 AVRIL 2022

YANN OHNONA

Plantée sous le panier, sur les épaules d'une coéquipière, au pied du kop Tango pris d'une folie furieuse, Sarah Michel fait tournoyer dans les airs le filet de la victoire. Puis se précipite auprès d'Iliana Rupert pour le lui enrouler autour du cou. Les yeux de la jeune intérieure brillent comme la médaille et le ballon d'or de MVP qu'elle a récoltés lors de cette soirée. C'est ce tandem de feu qui a montré la voie à une équipe de Bourges flamboyante et surtout implacable en défense. Assez pour concasser Venise (74-38) dans des proportions inimaginables. En sept finales continentales, les Berruyères ne s'étaient jamais imposées avec un tel écart, et n'avaient jamais tenu une équipe à 38 points seulement.

En deuxième mi-temps, les Italiennes, prises dans une tenaille infernale, n'ont inscrit que trois paniers et neuf points (!) pour un total de 3 sur 30 au shoot. La défense est toujours une œuvre collective, mais à la pointe de celle-ci se trouvait l'infatigable Sarah Michel, lancée en mission sur la star adverse Yvonne Anderson. La meneuse des Bleues, qui avait déjà connu l'amertume d'une défaite en finale d'Eurocoupe, en 2011 avec Arras, était partout : 7 points, 8 rebonds, 7 passes, mais surtout 6 interceptions. Anderson, sur qui toutes les joueuses d'Olivier Lafargue se sont relayées, ne voyait pas le jour (5/13 au tir), et c'était tout le jeu de Venise qui s'en trouvait déréglé. Coupable d'une faute offensive à l'approche de la mi-temps qui a renvoyé au vestiaire Alix Duchet, la naturalisée serbe était aussi copieusement sifflée par le Prado toute la soirée. De l'autre côté du terrain, le bras armé de la victoire se nommait Iliana Rupert. L'intérieure aux doigts de fée, elle aussi double médaillée avec les Bleues l'été dernier (argent à l'Euro, bronze aux JO), après une soirée de maladresse lors du match aller, a retrouvé la mire de manière spectaculaire (25 points, 12 sur 16 au tir, 8 rebonds).

> **"Cela contribue à remettre Bourges à la place qui lui appartient dans le basket féminin"**
>
> AGNÈS SAINT-GES, PRÉSIDENTE DU TANGO

Agnès Saint-Ges, présidente du Tango, s'époumonait tout autour du parquet après le buzzer, sourire jusqu'aux oreilles, ne sachant plus où donner de la tête. *« C'est une émotion tellement forte. C'était important de perpétuer l'histoire de ce club et de continuer à remplir l'armoire à trophées. Cela contribue à remettre Bourges à la place qui lui appartient dans le basket féminin. On s'est battus pour avoir ce Final Four. Et on voit qu'on n'a pas fait ces efforts pour rien. Bourges, c'est Bourges ! »*

Le Prado était comble et il a terminé comblé. Le terrain a été envahi par les supporters pour célébrer leurs héroïnes, les enserrer, se livrer à de longues embrassades et une infinité de selfies. Pour figer, dans leur smartphone autant que dans l'éternité, ce nouveau grand soir qui n'a rien dû au hasard.

Iliana Rupert, Pauline Astier et Laëtitia Guapo (ci-dessous, de g. à dr.) posent avec leur médaille. Sarah Michel, elle, s'est offert en prime le filet d'un des deux paniers.

Une saison quasi-parfaite

Le Tango de Bourges a remporté le Championnat de France de basket pour la quinzième fois après avoir battu l'Asvel en finale (3-0), Basket Landes en demi-finales (2-1) et Lattes-Montpellier en quarts (2-1). En saison régulière, les Berruyères ont gagné vingt matches sur vingt-deux. Elles ont manqué le triplé de peu après une finale de Coupe de France très disputée contre Basket Landes (défaite 88-91 a.p.) avec deux prolongations.

Les 5 autres sacres européens

1995 : Coupe Ronchetti.
Bourges b. Parme
(ITA, aller : 56-47, retour : 56-53)
1997 : Euroligue.
Bourges b. Wuppertal (ALL, 71-52)
1998 : Euroligue.
Bourges b. Madrid (ESP, 76-64)
2001 : Euroligue.
Bourges b. **Valenciennes** (73-71)
2016 : Eurocoupe.
Bourges b. **Villeneuve-d'Ascq**
(aller : 51-40, retour : 54-53)

Pays de Galles 5-33 France

Les Bleues s'offrent une finale

À Cardiff face aux Galloises, l'équipe de France s'est adjugé une quatrième victoire dans le Tournoi.

L'ÉQUIPE DU 23 AVRIL 2022

YANN STERNIS

Les Bleues avaient depuis de longues semaines coché sur leur calendrier la date du 30 avril, jour de leurs retrouvailles avec leurs grandes rivales anglaises à l'occasion de l'ultime journée du Tournoi des Six Nations. En remportant une quatrième victoire bonifiée en autant de matches dans la compétition, face à des Galloises rapidement dépassées, les Françaises ont tenu leur rang. *« On s'était dit que c'était une demi-finale »*, a rappelé après le match la capitaine Gaëlle Hermet. Même si elles ont globalement affiché certains progrès à l'Arms Park de Cardiff, l'ancien antre du rugby gallois masculin, les joueuses d'Annick Hayraud ont à nouveau fait preuve d'inconstance, réalisant une première période idéale avant de baisser de pied dans le second acte, comme contre l'Italie (39-6) et l'Écosse (8-28), et à un degré moindre l'Irlande (40-5).

Le vent dans le dos en début de match, les Françaises n'ont ainsi eu besoin que de vingt-neuf minutes pour valider le bonus offensif, inscrivant quatre essais durant ce court laps de temps, poussant les Galloises dans leurs retranchements (80 % du temps passé dans les 22 m gallois durant les vingt premières minutes).

Un deuxième acte brouillon

Plusieurs images fortes peuvent être retenues de cette bonne période bleue : la domination des avants, en conquête notamment, les fulgurances de la demie de mêlée Laure Sansus, ou celles de l'explosive Chloé Jacquet (72 mètres parcourus avec le ballon), dont l'ouvreuse galloise, Elinor Snowsill, mise sur les fesses par l'un de ses crochets sur un essai superbe (24e), devrait se souvenir.

Ce début de partie a également été marqué par le retour en équipe de France de Caroline Boujard, toute heureuse de recevoir le ballon dans ses mains et de l'aplatir dans l'en-but où elle s'était effondrée sur le deuxième essai (19e). Mais même avec un quinze proche de l'équipe type et un surplus d'expérience, les Bleues ne sont pas parvenues à tenir ce rythme en seconde période, accumulant les fautes de main et les pénalités concédées (15 contre 14 pour les Galloises), ne marquant qu'un essai malgré les espaces trouvés dans la défense adverse. Elles ont également cédé à la sirène sur un essai de Sioned Harries, échouant à finir un match du Tournoi sans avoir concédé un point. *« C'est toujours sur les secondes périodes qu'on n'arrive pas à mettre la marche avant pour aller marquer*, regrettait Jessy Trémoulière, auteure d'un essai et d'un joli 4/5 face aux perches. *On va retenir le score mais il y a toujours cette frustration. On voulait gommer tout ça, se lâcher, mais on a commis des fautes de main et des fautes dans les rucks, qui nous ont coûté cher. Certaines choses ont marché, on a franchi, mais on n'a pas su assurer la continuité. »* Mais le pass pour la « finale » était bien dans la poche.

45

ESSAIS
L'équipe d'Angleterre termine son Tournoi à la première place avec 45 essais marqués, devant le quinze de France (22 essais).

FRANCE-ANGLETERRE : 12-24
Les Bleues butent sur le Crunch

Une semaine après ce succès face au pays de Galles, les Bleues ont retrouvé l'Angleterre au stade Jean-Dauger de Bayonne. Mais la marche était trop haute et le Grand Chelem trop éloigné. Loi des séries : les Anglaises restaient sur 22 victoires d'affilée et, spécifiquement face aux Françaises, sur neuf succès consécutifs. Malgré un essai précoce de Romane Ménager (4e), le quinze de la Rose s'est imposé (24-12) et a donc réalisé un sans-faute dans ce Tournoi, qui échappe aux Bleues depuis 2018.

De retour de blessure, la Montpelliéraine Caroline Boujard a inscrit le deuxième essai des Bleues.

Charles Leclerc peut jubiler sous son casque. Après trois courses, il dispose de 34 pts d'avance sur Russell.

Il file comme Leclerc

Le Monégasque a remporté son deuxième succès en trois courses sans avoir été inquiété. Il se pose, alors, en sérieux prétendant au titre 2022.

L'ÉQUIPE DU 11 AVRIL 2022

FRÉDÉRIC FERRET

Les sondages hivernaux ne le donnaient pas favori, privilégiant l'hypothèse du retour du duel Max Verstappen-Lewis Hamilton, mais la surprise Charles Leclerc est bien là. Pendant deux ans, beaucoup l'ont oublié, certains l'ont trouvé trop discret, oubliant au passage cette incroyable pole de Monaco 2021 ou cette malicieuse deuxième place à Silverstone.

Revoilà le jeune Monégasque (24 ans) sur le devant de la scène. Et même loin devant. Au volant de sa Ferrari, il réussit même le début de saison parfait (deux victoires et une deuxième place, et les trois meilleurs tours en course) à l'image de ce week-end australien plus qu'abouti. Charles Leclerc vient en effet de réaliser, avec la quatrième victoire de sa carrière, son premier Grand Chelem (pole, victoire, meilleur tour, leader de bout en bout).

Sa domination était si écrasante que, alors qu'il comptait plus de 20 secondes d'avance sur la Red Bull de Perez, il demanda à son ingénieur l'autorisation d'améliorer son chrono. Qui lui refusa par deux fois. Mais on n'arrête pas le char Leclerc. Dans le dernier tour, il claqua le meilleur chrono (en 1'20''260) alors qu'il en était déjà possesseur. Il ne voulait pas rater l'occasion de s'emparer d'un point supplémentaire.

Le pilote Ferrari est en mission. Et cela tombe bien, il s'agit de la même que la Scuderia : devenir champion du monde. À Maranello, le plan a été mis en place après la déroute de 2019. Pour le Monégasque, ce fut finalisé pendant l'hiver. *« On s'est posé avec Charles pour discuter de ce qui pouvait être amélioré*, confiait son boss Mattia Binotto, qui a retrouvé les yeux de Chimène pour ce pilote qu'il a pris sous son aile à son arrivée dans l'équipe en 2019. *Et lui aussi a beaucoup réfléchi pour revenir meilleur. »*

Avant de s'installer dans sa voiture, on a surpris le leader du Championnat se plonger tel un lycéen dans un cahier d'écolier. Casqué, sur son siège derrière sa voiture, il révisait. *« Je me suis noté plein de trucs*, nous glissera-t-il. *Pour le pilotage, sur les pneus mais aussi pour ma préparation mentale avant le départ. »*

Charles Leclerc sur le podium après sa quatrième victoire en Formule 1.

Préparé à tout, même au marsouinage

Leclerc pense à tout. Quitte à en faire trop, comme lors du second départ sous safety-car où le leader s'est fait peur en voulant trop préparer sa relance et en se prenant de la gomme usée sur ses pneus. Sa science du pilotage et sa connaissance de Verstappen lui ont permis de résister à la pression du champion du monde. Le pilote Ferrari dégage cette saison une impressionnante sérénité. Préparé à tout. Même au marsouinage (phénomène de rebond), qui est (re)venu perturber sa Ferrari. *« Je ne sais pas pourquoi mais ce phénomène ne paraît pas m'atteindre »*, rigolait-il. Il suffit de voir son dernier tour, lorsqu'il jeta sa voiture dans le très piégeux virage 9, pour valider ses dires. La tête bouge, mais les mains ne tremblent pas.

Son plus proche rival au Championnat, pour l'instant ? George Russell, débutant chez Mercedes ? Son équipier chez Ferrari, Carlos Sainz ? Le champion du monde, Max Verstappen, a déjà deux abandons au compteur. Et son équipe, bien connue ces dernières années pour se prendre le volant dans les spaghetti toute seule ? *« Avec la première course sprint de l'année et une seule séance d'essais libres, nous préférons ne pas trop évaluer de pièces et nous concentrer sur la qualif »*, défendait Binotto, prudent. Il fait bien.

26

PILOTES
ont réussi, dans l'histoire, avant Leclerc, à signer un Grand Chelem : pole, victoire, meilleur tour, en tête de bout en bout. Jim Clark est le recordman dans cette catégorie (huit fois), Lewis Hamilton l'a réalisé six fois.

Classement

1. C. Leclerc (MON, Ferrari), 1 h 27'46''
2. S. Perez (MEX, Red Bull), à 20''524
3. G. Russell (GBR, Mercedes), à 25''593
4. L. Hamilton (GBR, Mercedes), à 28''543
5. L. Norris (GBR, McLaren), à 53''303

... **7. E. Ocon** (Alpine), à 61''683
... **9. P. Gasly** (Alpha Tauri), à 76''221

Abandon de M. Verstappen (HOL, Red Bull)

Manchester City 4-3 Real Madrid

Sublime

Manchester City et le Real Madrid ont livré un match européen d'une beauté rare. Le club espagnol a encore survécu grâce à la forme extraordinaire de Karim Benzema, auteur d'un doublé.

L'ÉQUIPE DU 27 AVRIL 2022

VINCENT DULUC

Que ce soit par son comportement sur le terrain auprès de ses coéquipiers, et par sa performance sportive, Benzema a maintenu son équipe à flot à l'Etihad Stadium.

Quand on ne sait plus pourquoi on aime autant le foot, ou quand quelques épisodes risqueraient de nous le faire oublier, un match vient parfois nous prendre par la main pour nous ramener à l'origine de cette passion d'enfance. Manchester City-Real Madrid (4-3) nous a rendus à cette condition, par son scénario bouleversé, ses intentions de jeu, son intensité et la beauté de plusieurs buts, étirant le vertige d'une soirée sur un fil et le sentiment d'un plaisir rare que l'on gardera longtemps.

Ce chef-d'œuvre du football européen a pourtant vu chacune des deux équipes chercher le déséquilibre chez l'adversaire, au point de le susciter, parfois, dans son propre camp.

Cette soirée frappadingue a confirmé les bienfaits de l'abandon de la règle de l'avantage du but à l'extérieur, puisque le foot est redevenu un sport où il faut marquer un but de plus que son adversaire pour gagner, n'importe où, n'importe quand, mais elle a surtout confirmé deux immenses tendances du moment. Manchester City, d'abord, reste collectivement un enchantement, et même si les champions d'Angleterre ont parfois perdu le contrôle, ils ont été à la hauteur du rendez-vous. Pep Guardiola le premier, fidèle aux principes et au jeu qui ont porté son équipe jusque-là, pour une fois étranger au reproche de trop penser en un soir pareil.

Mahrez rend fou Guardiola

L'autre grande tendance du football européen s'appelle Karim Benzema. Il y a ses buts, neuf au cours de ses quatre derniers matches européens face au PSG (3-1), Chelsea (3-1, 2-3) et City (3-4), ce leadership, éclatant quand on le voit du bord du terrain, rameutant et réorganisant à 0-2, et le pressentiment que ce printemps sera le sien. Il est l'homme qui sauve le Real, soirée après soirée, et il faut vraiment qu'il soit grand pour sortir de la nuit une équipe qui éteint aussi souvent la lumière, et qui a survécu à une manière de tempête dans la première demi-heure.

City aurait dû mener 3-0 quand, après l'enchaînement but de De Bruyne sur un ballon splendide de Mahrez (2e) et passe décisive du Belge pour Jesus (11e), l'Algérien a gardé pour lui une balle de 3-0, rendant Guardiola absolument fou de rage. Il a mis une minute à lui pardonner, deux à lui parler, trois à recommencer à l'encourager. Mais Foden, lui aussi, sur une passe de De Bruyne, l'un des plus beaux joueurs à voir dans le monde, a frôlé le 3-0 (29e) avant que Benzema ne se mêle de tout : ballon pour la tête d'Alaba (30e) et but sur un centre de Ferland Mendy (33e).

Une panenka d'anthologie

Les Citizens étaient sans doute plus forts, mais on sait que face à ce Real-là, en Ligue des champions, cela ne suffit pas : il faut le finir quand c'est possible, lui appuyer sur la tête sitôt qu'il la baisse un peu et le soustraire à l'espoir. Après un tir de Mahrez sur le poteau et un sauvetage de Carvajal devant Foden (48e), c'est l'arrière droit Fernandinho qui a permis à l'ailier anglais de marquer le but du 3-1 (53e) mais, deux minutes plus tard, l'impossibilité pour le vieux Brésilien (36 ans) de contrôler Vinicius a permis à son jeune compatriote (21 ans) d'inscrire un but de plus de cinquante mètres (55e).

À 3-2, avec un arrière droit de fortune qui a dû douloureusement lui faire regretter Kyle Walker, un peu trop juste mais qui devrait rééquilibrer la défense de City au retour, Guardiola n'a rien changé. Il a fait confiance à ses joueurs, à ses idées, et le but fantastique de Bernardo Silva (74e), après une séquence où M. Kovacs a magnifiquement laissé l'avantage, lui a donné raison. Le Real n'en serait pas là si Mahrez avait été plus heureux, ou plus adroit, car l'ex-Havrais a encore eu une balle de 5-2 (76e), après une action de classe étourdissante. Il ne faut pas laisser le Real espérer, et si le penalty subi par Laporte est malheureux, par l'enchaînement tête et bras, la panenka d'anthologie de Benzema (82e) sera une autre signature de cette demi-finale inoubliable.

Au retour, KB9 encore décisif

Le match retour n'a pas pris la même direction que ce formidable aller. Mais le Real a continué à ne pas vouloir craquer. Mahrez a d'abord nettement refroidi l'ambiance à Santiago-Bernabeu à la 73e minute, et les Merengue durent alors remonter deux buts à la 90e minute. Presque coup sur coup, Rodrygo marquait un doublé, qui envoyait les deux équipes en prolongation. Au début de cette dernière, Karim Benzema provoquait une faute dans la surface et transformait lui-même le penalty (96e). Madrid s'imposait 3-1 et filait en finale.

3 AVRIL

TENNIS **MASTERS 1000 MIAMI.** En l'absence de Nadal et Djokovic, le jeune Carlos Alcaraz s'est adjugé son premier Masters 1000 à tout juste 18 ans en Floride. L'Espagnol a dominé en finale le Norvégien Casper Ruud (7-5, 6-4) pour devenir le plus jeune vainqueur du tournoi, le troisième plus jeune dans cette catégorie après Chang et Nadal.

13 AVRIL

HOCKEY SUR GLACE **LIGUE MAGNUS.** En bleu marine et rouge, les Brûleurs de Loups grenoblois de Nicolas Deschamps (à l'image), auteur d'un doublé (5-1), ont honoré leur statut de place forte du hockey français en remportant leur 8e Ligue Magnus. Angers en a fait les frais lors d'une série finale remportée 4-1 par les joueurs isérois.

3 AVRIL *ATHLÉTISME* **MARATHON DE PARIS.** Troisième des 42,195 km parcourus dans les rues de la capitale (derrière les Éthiopiens Gelmisa et Tura), Morhad Amdouni a dépoussiéré le record de France du marathon, détenu depuis dix-neuf ans par Benoît Zwierzchiewski (2h6'36''). Nouveau temps de référence : 2h5'22''.

10 AVRIL *CYCLISME* **AMSTEL GOLD RACE.** Issue cruelle pour Benoît Cosnefroy, bien calé ici dans la roue de Michal Kwiatkowski. D'abord déclaré vainqueur par un commissaire, le coureur d'AG2R-Citroën a finalement été classé 2e, après deux longues minutes, au profit du Polonais d'Ineos-Grenadiers après un recours à la photo-finish.

10 AVRIL *GOLF* **MASTERS D'AUGUSTA.** Vainqueur de son premier tournoi en février, devenu numéro 1 mondial en mars, Scottie Scheffler est resté sur son nuage en remportant, à 25 ans, son premier Grand Chelem. L'Américain a résisté à la folle remontée du Nord-Irlandais Rory McIlroy, auteur d'une carte à 64, record du tournoi égalé au 4e tour.

JUDO **Championnats d'Europe**

+78 kg

Dicko d'or

Frayeur initiale passée, la Française s'est montrée expéditive pour glaner un troisième sacre continental en +78 kg. À seulement 22 ans.

L'ÉQUIPE DU 2 MAI 2022

ANOUK CORGE

Un plaid moelleux, des chaussettes épaisses, un survêtement confortable. *« Et là, c'est parti, on peut dormir la journée ! »*, s'esclaffe Romane Dicko. Qui s'est offert son traditionnel roupillon avant le bloc final. Rien de tel pour se remettre les idées au clair. Et puis, en finale des +78 kg, ce n'était plus la même que le matin quand la jeune femme de 22 ans a bien failli être éjectée dès l'entame, contre la Tchèque Marketa Paulusova. Le coup de châtaigne parfait pour réveiller la Française, finalement victorieuse par ippon sur immobilisation. *« Ç'a été une piqûre de rappel »*, relève Séverine Vandenhende, championne olympique en 2000 (–63 kg), coach référent de Dicko. *« Le stress ? Oui, je pense »*, admet la judoka, *« ça m'a permis de remettre un coup de boost en me disant : "Romane, t'as pas le choix !" »* Ses rivales suivantes, la Polonaise Kinga Wolszczak et la Turque Sebile Akbulut, ont été expédiées sur immobilisation. *« La petite frayeur m'a mise dedans. Je me suis dit que je devais monter d'un cran car les filles m'attendent. Je suis invaincue en Championnats d'Europe, cadette, junior, senior. Tout gagner c'est trop bien, trop cool »*, piaffe la sociétaire du PSG Judo.

Elle a retrouvé en finale Raz Hershko, dominée en quarts de l'épreuve par équipes mixte aux JO de Tokyo, d'où la Française est revenue en bronze en individuel. Cette fois, l'Israélienne a été satellisée sur une technique de jambes (ashi-guruma) à perforer le tatami de l'Arena bulgare ! La finale a été le meilleur match du jour de la Française. *« C'est la deuxième fois que je l'affrontais, contrairement aux précédentes. Une fois en finale, je me suis dit : "Romane, c'est bon, t'as ta médaille européenne, lâche les chevaux, fais-toi plaisir et fais tomber." J'étais dans une dynamique différente. J'étais médaillée à coup sûr. »*

D'or, sa troisième après 2018 et 2020. Parfait pour la relancer dans cette olympiade. Même si, comme le relève Vandenhende : *« Romane a encore une belle marge de progression. Il faut continuer le boulot. »* Comme l'a écrit le père de Dicko, après chacun de ses matches : *« Keep focus. »*

Troisième titre européen pour Dicko et troisième sacre à Sofia pour la France.

-48 kg femmes

Shirine Boukli : « Là pour gagner, mais avec la manière »

L'ÉQUIPE DU 30 AVRIL 2022

« Quelle sensation éprouvez-vous après ce second titre, deux ans après le premier ?

Je suis trop heureuse, c'est le fruit de tout un travail. Depuis septembre, on nage un peu dans le doute. Mais là, j'ai prouvé que je sais être présente quand il le faut.

Vous disiez venir pour "taper du poing sur la table". Résultat : trois victoires par ippon, une sur waza-ari en finale contre la Portugaise Costa.

J'étais là pour gagner, mais avec la manière. C'est ce que je m'impose cette année comme thème. J'aimerais mettre des ippons à chaque fois et finir les matches rapidement.

En 2020, pour votre premier titre, vous n'étiez pas attendue, là si.

J'essaie de vivre ce statut avec une certaine assurance, une confiance qui me permettrait de me libérer plus. Comme quand on est outsider et qu'on lâche les chevaux car on n'a rien à perdre.

Pourquoi votre demie contre l'Espagnole Figueroa (ippon, golden score) a été difficile ? L'impatience ?

Je ressentais la fatigue, l'impatience, car j'ai fait deux mouvements où ce n'est pas passé trop loin mais sans pénalité. On part en golden score, je suis un peu à la ramasse et elle en profite. J'ai su me remobiliser, même après avoir douté. »

Ak. C

-70 kg femmes

Marie-Ève Gahié : « Un beau début sur ce chemin vers Paris 2024 »

LE SITE L'ÉQUIPE, 1er MAI 2022

« Comment accueillez-vous ce titre après votre victoire en finale contre la tenante du titre Van Dijke ?

Je rends grâce à Dieu. Il fallait s'accrocher *(elle pleure)*. Cette médaille c'est pour Nicolas *(Chilard)*, blessé, Audrey Tcheuméo, Astride *(Gneto)*, Mélanie Clément, toutes les filles, car on est une vraie équipe. Elles méritaient d'être là, elles auraient pu être championnes d'Europe aussi.

Jusqu'en demie, vous étiez pataude, et en finale on a vu une Marie-Ève offensive.

C'est une finale. Dans une finale, on veut gagner plus que l'autre.

Même si c'était dur, vous vous êtes accrochée. Et s'il n'y a pas ippon, ce n'est pas grave…

Ça fait si longtemps que je dis que je vais travailler dessus. Je suis contente de voir un résultat. Après, si je gagne shido *(pénalité)*, je prends.

Que signifie ce titre européen ? Vous avez été championne du monde (2019).

Ça représente énormément. C'est un pas. Il y a les Championnats d'Europe, du monde tous les ans, et les JO tous les quatre ans. C'est un beau début sur ce chemin vers Paris.

À propos de 2024, reprenez-vous un peu la main par rapport à Margaux Pinot qui vous avait devancée pour Tokyo ?

C'est une étape. Voilà. »

Ak. C

Nice 0-1 Nantes

Décisif en finale, Ludovic Blas tend le trophée au kop nantais lors du tour d'honneur.

Nantes écrit de nouveau l'histoire

Le FCN a enlevé sa quatrième Coupe de France sur un penalty de Ludovic Blas, récompense de sa saison renversante.

L'ÉQUIPE DU 8 MAI 2022

RÉGIS DUPONT

Le foot en jaune est à nouveau beau à voir et à entendre. Une dizaine de minutes après le coup de sifflet final, alors que le tiers niçois du stade avait quitté les tribunes avant même la remise du trophée, le drapeau argentin a émergé dans le virage nantais et le chant à la gloire d'Emiliano Sala a retenti. Et il était difficile, à ce moment-là, de ne pas penser à tout ce que le FCN a traversé, depuis 21 ans, avant de décrocher sa quatrième Coupe de France. La victoire contre Nice, obtenue sur un penalty transformé par Ludovic Blas au coup d'envoi de la seconde période, clôt la période la plus sombre de l'histoire jaune et verte dans une ferveur immense.

Il y a un an à peine, la même équipe, les mêmes joueurs, s'étaient maintenus en Ligue 1 dans le chaos, à l'issue d'un barrage brûlant contre Toulouse, au terme d'une saison désastreuse. La saison prochaine, ils retrouveront la Ligue Europa, récompense du redressement invraisemblable accompli sous Antoine Kombouaré. Appelé en février 2021 pour sauver le club, « son » club, l'ancien défenseur central a fait beaucoup mieux que cela. Il l'a remis à l'endroit, a transformé un collectif que Raymond Domenech, son prédécesseur, présent dans les tribunes du Stade de France, n'a pas dû reconnaître. Cette Coupe de France est son triomphe personnel.

La classe de Thuram

Alors, comme face à Sedan en 1999 (1-0) et Calais en 2000 (2-1), la décision s'est faite en leur faveur sur un penalty. La décision de Stéphanie Frappart peut être contestée : la main d'Hichem Boudaoui n'est pas très décollée de son corps, et le ballon part d'un pied nantais trop proche de lui pour qu'il la retire. Mais le centre de Quentin Merlin se dirigeait vers le point de penalty, et les Niçois, qui ont réclamé tout au long de la partie, auraient sans doute protesté si ce fait de jeu s'était produit dans l'autre sens et n'avait pas été sanctionné. Plutôt que de ressasser cet instant clé, ils peuvent aussi s'interroger sur ce qu'ils ont mal fait.

Or ce match a confirmé que quelque chose s'est cassé chez eux en deux mois. Après un début de match plutôt à leur avantage, ils ont laissé les Nantais s'installer et ont mis un temps fou à solliciter Alban Lafont. Ils n'ont fini par inquiéter la défense nantaise qu'à la 71e : une percée de Kephren Thuram, une frappe d'Amine Gouiri repoussée par le gardien canari puis une reprise d'Andy Delort détournée par Andrei Girotto. Cette action intervenait huit minutes après les premiers changements de Christophe Galtier, la sortie d'un Kasper Dolberg inutile et le glissement dans l'axe de Gouiri.

Elle annonçait une fin de match à sens unique, avec un FC Nantes agrippé à son avantage et suspendu aux éclairs de Randal Kolo Muani. Mais faute d'idées, les Aiglons ont surtout balancé des centres sur un trio Castelletto-Girotto-Pallois qui n'attendait que ça. Et comme Jean-Clair Todibo a glissé au moment de centrer dans la surface où les Niçois étaient en grand nombre (86e), cela n'a débouché sur rien de concret. Ce rendez-vous était pourtant crucial pour les Azuréens, mal placés dans la course à l'Europe via le Championnat.

Ils n'ont pas été tout à fait à la hauteur, et Nantes aurait pu le leur signifier plus lourdement si le service de Merlin pour Blas avait été moins profond (28e), si Moses Simon (58e) ou Samuel Moutoussamy (61e) avaient mieux exploité les chevauchées de Randal Kolo Muani. Ou si Jean-Charles Castelletto avait cadré sa tête sur un centre de Blas, capitaine et homme de cette Coupe de France (cinq buts en tout, dont ce penalty). Il a soulevé la Coupe sous les yeux de Kephren Thuram, debout devant son banc, seul Niçois à avoir la classe de ne pas rentrer au vestiaire sitôt sa médaille reçue. Il y a plein de façons d'être à la hauteur de l'événement.

LES CINQ DERNIERS VAINQUEURS

2022	Nantes
2021	Paris-SG
2020	Paris-SG
2019	Rennes
2018	Paris-SG

BASKET Euroligue quarts de finale (match 5, 3-2)

Olympiakos 94-88 Monaco

Un final dantesque

Héroïques, les Monégasques ont cédé dans les dernières minutes face à un Olympiakos porté par son dieu Kostas Sloukas et la fureur d'un stade en fusion.

L'ÉQUIPE DU 5 MAI 2022
YANN OHNONA

Il restait neuf secondes à jouer quand le stade de la Paix et de l'Amitié est entré en éruption. Une fumée rouge et blanche a, peu à peu, empli les travées devenues foldingues après le shoot à 3 points de Tyler Dorsey, suivi du raté de Mike James qui figeait le score pour de bon (94-88). Le tableau d'affichage était devenu illisible, masqué par les fumigènes. Des pétards explosaient de toutes parts et les fans d'Olympiakos quittaient leurs tribunes pour se déverser aux abords du terrain. Il fallut un effort surhumain des forces de sécurité, dépassées, pour maintenir la foule à distance.

Puis ce fut l'envahissement, un chaos inquiétant pour les visiteurs, difficilement exfiltrés, et joyeux pour les locaux, les ultras se perchant sur les paniers et brandissant leurs tifos en entonnant leurs hymnes comme un seul homme. Les légendes locales Kostas Sloukas, Georgios Printezis et Kostas Papanikolaou s'offraient un bain de foule après ce qui fut l'un des plus grands matches de la saison en Euroligue.

L'équipe de Sasa Obradovic a longtemps affiché un visage conquérant, comptant jusqu'à onze points d'avance (30-19, 15e) derrière l'activité de Paris Lee (14 points, 3/5 à 3 pts) et le détonateur Yakuba Ouattara, qui a exploité les espaces créés par les prises à deux sur James et Bacon, en allumant à 3 points (15 pts, 5/7 à 3 pts). James, serré de près et maladroit (2/10 de loin), a su attendre son heure (24 points au final), aller chercher ses points sur la ligne de réparation et jouer pour les autres (10 passes).

Maintenu en vie par Shaquielle McKissic (16 points en 6 minutes dans le deuxième quart), puis par plusieurs actions de grande classe de Thomas Walkup (17 points) au retour des vestiaires (55-55, 25e), Olympiakos a fait la différence dans un money-time étouffant grâce à son totem Kostas Sloukas, libéré de ses chaînes quand Paris Lee regagnait le banc pour cinq fautes (32e) tandis que James, quatre fautes, ne pouvait plus jouer librement.

La série de Monaco
Euroligue, quarts de finale :
Match 1 : Olympiakos - **Monaco**, 71-54
Match 2 : Olympiakos - **Monaco**, 72-96
Match 3 : **Monaco** - Olympiakos, 83-87
Match 4 : **Monaco** - Olympiakos, 78-77
Match 5 : Olympiakos - **Monaco**, 94-88

Sloukas, roi du money-time

Le meneur international (15 points, 5 passes) a alors porté l'estocade, attaquant le cercle, trouvant Moustapha Fall pour un dunk et assurant 9 points en deux minutes, dont le tir à 3 points qui envoyait Monaco dans les cordes (89-83, 38e).

« Cela a été un facteur, on ne pouvait plus jouer comme on devait, soulignait Obradovic, le coach serbe de Monaco. *Olympiakos a su s'appuyer sur des joueurs comme Sloukas, qui savent comment faire la différence dans ces moments où le match est sur la bascule. Ils méritaient le Final Four, pas juste pour ce match, mais au vu de ce que cette organisation, ces supporters construisent sur la durée. Je suis fier de mes gars, on a fait une grande série. »*

La Roca Team a en effet achevé une saison extraordinaire dont personne ne pouvait prédire qu'elle irait jusqu'à ce contexte aussi brûlant, en regardant droit dans les yeux un triple champion d'Europe (1997, 2012, 2013). La statistique tient donc toujours, même si la Roca Team l'a fait vaciller : en treize ans et quinze occurrences, aucune équipe évoluant à l'extérieur n'a réussi à s'imposer dans ce stade lors d'un match 5 décisif en Euroligue.

Dwayne Bacon (ci-dessus en blanc), tout comme Will Thomas (10) et Mike James (à dr.) repartent déçus de Grèce malgré une série de haute lutte contre l'Olympiakos.

Dans une finale sans suspense, Carlos Alcaraz s'est offert son quatrième tournoi de l'année, le deuxième devant le public espagnol après l'ATP 500 de Barcelone fin avril.

Alcaraz-de-marée

Intouchable, l'Espagnol de 19 ans a écrasé Alexander Zverev et remporté son deuxième Masters 1000 en l'espace de cinq semaines. Son hallucinante ascension fait de lui l'un des grands favoris de Roland-Garros.

Alcaraz	6	6
Zverev	3	1

L'ÉQUIPE DU 9 MAI 2022

QUENTIN MOYNET

La Caja Magica avait seulement eu le temps de cligner des yeux. Les verres de cerveza tiède étaient encore habillés d'une mousse épaisse et moelleuse prête à taquiner les narines de spectateurs endimanchés, chapeaux sur les genoux et chemises sans un pli. La fête venait de commencer, la boîte magique de Madrid s'était à peine réchauffée que Carlos Alcaraz avait déjà du champagne plein les cheveux.

Il en avait siroté un peu, du bout des lèvres, tandis qu'Alexander Zverev s'était envoyé une longue gorgée, assez pour se noyer une seconde fois. Mais le gamin d'El Palmar s'enivre autrement. Lui, ce sont les victoires, vingt-huit déjà cette année, et les titres, quatre en moins de trois mois, qui éclairent sa gueule poupionne d'ado boutonneux. « Carlito » sourit quand il attire sa proie au filet d'une délicieuse « dejada », cette amortie qui fait partie de lui depuis le berceau, à l'excès fut un temps, à l'extase maintenant. Il sourit, encore, quand il punit, d'une balle caressée vers le ciel ou d'un passing qui transperce. Il sourit, toujours, en réinventant d'un revers croisé merveilleux la géométrie d'un court devenu son terrain de jeu. En un instant, le joueur de 19 ans cajole et cogne. Il caresse pour mieux gifler et embrasse avant d'assommer, plus vite et plus fort que les autres. Car son temps n'est pas le nôtre. Une heure et deux minutes lui suffisent à concasser (6-3, 6-1) le numéro 3 mondial, tenant d'un titre abandonné dès le premier changement de côté. Il n'a besoin que de quarante-huit heures pour mettre au tapis trois des quatre meilleurs joueurs du monde (Djokovic le n° 1, Zverev le n° 3 et Nadal le n° 4), ce qu'il est le plus jeune à accomplir dans un tournoi depuis l'instauration de l'ATP Tour en 1990.

> **“Tu as cinq ans à peine mais tu nous bats déjà tous (...). Tu vas être une superstar, tu seras numéro un mondial et tu gagneras plusieurs tournois du Grand Chelem ”**
>
> ALEXANDER ZVEREV, APRÈS LE MATCH, IMPRESSIONNÉ PAR L'ESPAGNOL ET LAMINÉ EN FINALE

Poulain devenu cheval de course

120e mondial en mai 2021, 6e ce matin, deux Masters 1000 (Miami et Madrid) en poche, l'Espagnol gravit chaque sommet plus rapidement que le précédent. *« Il grimpe les marches quatre à quatre, ça va de plus en plus vite chaque semaine »*, soufflait Juan Carlos Ferrero, mentor scotché par l'ascension d'un poulain devenu cheval de course si rapidement qu'on ne lui entrevoit aucune limite.

Alors que la « Next Gen », légèrement ridée depuis quelques semaines, rêvait d'un monde sans Big 3, la voilà soudainement chahutée par un petit bonhomme né en 2003, auquel on imaginerait facilement un destin de numéro 1 d'ici la fin de la saison (2e à 80 points de Nadal à la Race). Forfait pour le Masters 1000 de Rome, la semaine suivante, afin de soigner sa cheville droite et une ampoule infectée qui l'ont obligé à jouer sous infiltration, Alcaraz doit arriver à Roland-Garros avec un nouveau statut de favori à sa démesure.

À ce stade, il n'a, pour l'heure, pas fait mieux qu'un quart de finale en Grand Chelem, à l'US Open 2021. Dans un format en trois sets gagnants où l'air se fait plus rare, on parierait qu'Alcaraz apprendra vite à mieux y respirer que les autres.

L'orange de Floride

Max Verstappen a remporté le premier GP de Miami en écrasant toute la course de sa maîtrise. Seul Charles Leclerc a pu, un temps, lui résister.

L'ÉQUIPE DU 9 MAI 2022

FRÉDÉRIC FERRET

Dommage que Michael Bay se soit contenté de rester parmi cette armada impressionnante de stars venue transformer la grille de ce premier Grand Prix de Miami en tapis rouge hollywoodien. Le réalisateur de *Bad Boys* et d'*Armageddon* aurait sûrement soigné la réalisation, évitant de malheureux et inutiles plans de coupe et, surtout, musclé le scénario de cette course qui n'a certainement pas dû passionner la foule américaine venue dans l'antre des Dolphins pour quelque chose de plus pimenté. À l'écriture, l'auteur, brillant, a décidé de tout tuer d'entrée. Max Verstappen, qui sera crédité de ce premier GP de Miami n'a rien laissé au hasard. Même Charles Leclerc, seul pilote à pouvoir lutter contre le champion du monde, n'a rien pu faire. Et pourtant, il aura tout tenté. Son état physique à l'arrivée le prouvait, tout comme celui du vainqueur d'ailleurs. En vain car Verstappen – et sa voiture – est clairement de retour.

Cette saison prouve combien le travail de l'ombre des hommes de Red Bull n'a pas toujours été salué à sa juste valeur. À l'exception de 2015, l'écurie de Milton Keynes a toujours remporté au moins une course depuis 2009. Et la voiture qu'ils viennent d'offrir à leur champion n'a rien d'une de ces vieilles guimbardes qu'on peut croiser sur le Florida turnpike.

> **"Nous avons beaucoup souffert lors du premier relais"**
> CHARLES LECLERC

Cette RB18 est un petit bijou qui est en train de soigner ses soucis de fiabilité, comme l'a montré brillamment le garage de l'autre Red Bull, réparant en direct le problème de capteur sur le moteur de Perez. Il y a perdu toute chance de podium, mais confirme qu'il va falloir plus que compter sur l'équipe autrichienne et que, pour Ferrari, ce ne sera pas facile.

Car la maestria de Leclerc ne pourra pas toujours compenser le déficit que la F1-75 est en train d'accumuler. Le plan de départ paraissait brillant ; il apparaît désormais bien terne. La voiture qui dominait tant le début de saison n'a quasiment pas évolué. L'aileron arrière pour limiter la traînée, testé deux jours avant, n'a même pas été utilisé. L'idée de la Scuderia était de jouer la prudence en privilégiant la dégradation des pneus. Il semble que le choix timide ait provoqué l'inverse. *« Nous avons beaucoup souffert lors du premier relais »*, avouera le Monégasque, déçu de ne pas avoir confirmé sa brillante pole de la veille.

Lorsque Verstappen a réussi à le passer dès sa première tentative sous DRS, au 9e tour, Leclerc n'a pu que constater l'inéluctable. Aux mains de Verstappen, cette RB18 est pour l'instant trop rapide, surtout lorsque le tracé offre ces interminables lignes droites. En fin de course, profitant de la voiture de sécurité qui a gommé tout l'écart creusé par le leader (plus de sept secondes avant l'accident de Gasly-Norris), même aidé du DRS, Leclerc n'a pu que rester dans le sillage du Néerlandais.

L'arrivée programmée des nouvelles pièces sera donc cruciale pour Leclerc qui voit, course après course, son joli capital s'étioler comme le gigantesque topping des glaces américaines sous le soleil de Floride. Et ils ne sont que deux à jouer dans leur catégorie. Sainz qui complète le podium reste en phase de récupération après sa série de crashes. Solide, malgré l'arrêt vendangé de son écurie, il reste loin de son équipier. Quant à Perez, pourtant chaussé de pneus neufs, il n'a jamais réussi à passer son voisin de Madrid. Les deux hommes tournaient même dans les chronos des Mercedes qui, semaine après semaine, arrivent à minimiser l'effet de rebond de leur W13.

Les têtes des deux pilotes Ferrari sur le podium, une fois décasqués du heaume de foot US, en disaient long. Il ne faut surtout pas laisser Verstappen s'envoler. Au risque de voir le film de la saison devenir soporifique.

Classement

1. M. Verstappen (HOL, Red Bull) les 308,37 km en 1 h 34'24"258	
2. C. Leclerc (MON, Ferrari)	à 3"786
3. C. Sainz (ESP, Ferrari)	à 8"229
4. S. Perez (MEX, Red Bull)	à 10"638
5. G. Russell (GBR, Mercedes)	à 18"582
6. L. Hamilton (GBR, Mercedes)	à 21"368
...8. E. Ocon (Alpine)	à 28"368

Abandon : **P. Gasly** (Alpha-Tauri).

Encapsulé dans un casque typé football américain, Max Verstappen profite de sa victoire pour revenir à 19 pts de Charles Leclerc au classement des pilotes.

Montpellier 3-0 Tours

Montpellier sans faute

Impériaux face à Tours, les Héraultais ont décroché leur huitième titre de champion de France et achevé les play-offs invaincus.

Les joueurs du MHSC ont comblé une disette de 47 ans sans titre de champion de France.

L'ÉQUIPE DU 12 MAI 2022

SAMI SADIK

La disette avait assez duré depuis le dernier titre de champion, en 1975. Alors, les joueurs de Montpellier, vainqueurs à l'aller (3-2), n'ont pas torturé d'inquiétude les 2800 spectateurs du palais des sports de Castelnau-le-Lez (Hérault). Sans trembler, le MHSC a dominé Tours (25-17, 25-21, 30-28) avant de laisser le soin au capitaine Javier Gonzalez de sabrer le champagne tant espéré. Le responsable de la sono n'a pas mis longtemps à trouver le tube de la soirée: *Je suis en feu*, de Soprano.

Dans le sillage de Nicolas Le Goff (13 points) et Nicolas Lazo (15), le MHSC a enfoncé d'entrée des Tourangeaux exsangues après une saison-marathon (48 matches). Sur son banc, Marcelo Fronckowiak n'a pas hésité à changer de passeur avec l'entrée de Gary Chauvin à la place de Zeljko Coric dans le deuxième set, mais le groupe héraultais était trop solide. Dans les travées, comme sur le parvis, dehors, les supporters vibraient.

Les deux foules ont passé une troisième manche un peu moins sereine, la faute au réveil tourangeau cornaqué par le central brésilien Leandro Aracaju (13 points). Montpellier ne s'est pas affolé, guettant la moindre faiblesse de sa proie. Celle-ci est venue des fautes au service répétées du TVB. Revenu à hauteur, le MHSC a pris les commandes dans le money time. Et Nicolas Le Goff a conclu le match par un contre gagnant.

> "Là, je suis aussi heureux que quand on a gagné les Jeux Olympiques"
>
> NICOLAS LE GOFF, CENTRAL DE MONTPELLIER ET DES BLEUS

«*C'est la soirée parfaite*, savourait le patron du MHSC Jean-Charles Caylar, au bord du terrain. *Quand j'ai été appelé à la présidence du club* (en 2011), *il y avait 200 spectateurs et le club flirtait avec la relégation. Être champions devant tout ce monde, c'est extraordinaire. Sur les play-offs, j'ai senti qu'il ne pouvait pas arriver grand-chose à cette équipe, ils s'étaient promis de gagner ce titre.*» À quelques pas de son président, Nicolas Le Goff était tombé au sol, dans les bras de Julien Lyneel. Les deux hommes ont partagé quatre saisons dans l'Hérault (2011-2015) avant de revenir pour offrir un trophée à leur club.

«*Tous les deux, on a beaucoup galéré ici, quand on a commencé par des résultats moyens. Là je suis aussi heureux que quand on a gagné les Jeux Olympiques*», rappelle le central des Bleus, revenu au club il y a deux saisons. Grand favori en 2021, après avoir dominé la saison régulière, Montpellier s'était pris les pieds dans le tapis en demi-finales contre Chaumont. Cette année, le MHSC a avancé un peu plus dans l'ombre, éclipsé par l'ogre Tours ou encore Chaumont et Narbonne, vainqueurs respectifs de la Coupe de France et de la Challenge Cup. Mais les Héraultais ont brillé au bon moment et terminent les play-offs avec sept victoires en sept matches, quand Tours perd sa troisième finale, après celles de la Coupe de la CEV et de la Coupe de France.

LES CINQ DERNIERS CHAMPIONS

2022	Montpellier
2021	AS Cannes
2020	annulé (Covid)
2019	Tours
2018	Tours

LIGUE A FEMMES
Le Cannet champion de France

Le Cannet n'a pas laissé passer l'occasion. Vainqueur des deux premières manches de la finale de Ligue A à domicile (3-0, puis 3-2), le club azuréen a mis la main sur son premier titre de champion de France dans la salle surchauffée de l'ASPTT Mulhouse, le tenant du titre. Les coéquipières d'Eva Yaneva se sont imposées en quatre manches (25-21, 16-25, 26-24, 25-18) avec, à nouveau, une grosse performance de l'attaquante cubaine Heidy Casanova (26 points) et réussissent le doublé après la Coupe de France remportée aux dépens du RC Cannes, en avril. Le sort de cette finale s'est dénoué dans la troisième manche, au terme d'un gros bras de fer alors que les deux équipes étaient à égalité. Mulhouse a mené 23-22, mais deux attaques de Casanova et un ace d'Yaneva ont permis au Cannet d'arracher le set et de mettre un coup de massue sur les espoirs alsaciens. Et, porté par sa dynamique, Le Cannet s'est envolé dans la quatrième manche (8-3, 15-8), avant de finir en roue libre (25-18) sur une dernière attaque de Michaela Mlejnkova. Premier de la saison régulière, vainqueur cinq fois de Mulhouse – en ajoutant les trois succès de la finale – Le Cannet a confirmé sa domination nationale. Le club des Alpes-Maritimes n'a perdu que trois matches de Championnat et est resté invaincu à partir de la mi-février.

FC Barcelone 1-3 Lyon

Le grand huit

Féroce pour éteindre en moins d'une mi-temps un Barça tenant du titre, l'OL est monté pour la huitième fois sur le toit de l'Europe, magnifiant un peu plus son palmarès hors norme.

L'ÉQUIPE DU 22 MAI 2022
NATHAN GOURDOL

On les avait qualifiées de « Légendaires » après leur sacre à Saint-Sébastien (Espagne) en 2020, les Lyonnaises sont maintenant devenues des « Immortelles », reprenant le fil de leur histoire dorée pour décrocher leur huitième Ligue des champions. Portées par une force insondable, comme habitées, elles ont retrouvé ce toit de l'Europe qu'elles avaient brièvement abandonné en 2021.

Les Catalanes, sacrées entretemps, étaient pourtant poussées par un stade turinois à 80 % derrière elles et arrivaient avec une énorme confiance. La veille, à l'entraînement, elles s'étaient autorisées photos et selfies. Beaucoup plus froides dans leur approche, piquées au vif par un statut d'outsiders vécu comme une petite insulte à leur histoire, les Lyonnaises ont rappelé à leur façon, méthodique et implacable, qu'une finale ne se gagnait pas à l'avance ou à l'applaudimètre. Comme en 2019 à Budapest, où elles avaient assommé les Catalanes en une demi-heure (4-1), elles ont vite plié les débats, avec une supériorité physique et surtout psychologique, un bloc haut et agressif, déterminé à avancer.

Lancées par une comète fabuleuse sortie des pieds d'Amandine Henry (6e), elles ont su maintenir le climat de panique dans la défense blaugrana, pour s'envoler grâce à Ada Hegerberg (23e), inévitable dès que l'enjeu se fait grand pour soigner des statistiques incroyables *(voir ci-dessous)* puis la jeune Américaine Catarina Macario (33e), meilleure buteuse lyonnaise de la saison (22 réalisations, dont 9 en C1).

Hegerberg dans tous les coups

4
La Norvégienne est devenue la première joueuse de l'histoire à marquer lors de quatre finales de Ligue des champions (2016, 2018, 2019, 2022). Seul Alfredo Di Stefano, chez les hommes dans les années 50, avait réussi un tel exploit.

59
Elle est la meilleure buteuse de l'histoire de la Ligue des champions féminine avec 59 buts en 60 matches.

L'euphorie enfantine de Renard

Et peu importe si Barcelone a pu développer un meilleur football depuis deux ans : à la fin, l'OL détient toujours le don le plus précieux, celui de gagner.

Au bout d'une finale superbe d'intensité, marquée par une orgie d'images fortes dans la touffeur turinoise, difficile de savoir laquelle illustre mieux cette reconquête. Peut-être faut-il insister sur la partie encore impeccable d'autorité et de leadership de la capitaine Wendie Renard (31 ans), recordwoman de matches européens (102) et de titres (8, comme Eugénie Le Sommer et Sarah Bouhaddi), gagnée par une euphorie enfantine, comme si c'était son premier trophée.

Ou bien vaut-il mieux parler d'un OVNI de 21 ans nommé Selma Bacha. Lors du sacre de 2018, la latérale gauche était déjà sur le terrain, et la surdouée de 17 ans avait alors nagé dans les paillettes à Kiev. Quatre ans plus tard, elle a montré qu'elle était toujours aussi forte pour fêter un titre, avec des sprints de partout et l'honneur de tendre la coupe au président Jean-Michel Aulas. Mais elle a surtout été éblouissante de maîtrise et de précision, avec une 9e passe décisive (meilleure passeuse de la compétition), vers Hegerberg, pour couronner son changement de dimension. Ce renouveau doit quasiment tout à la patte de Sonia Bompastor qui, après avoir façonné Bacha ou encore Melvine Malard quand elle était à la tête du centre de formation, a su redonner un ADN vorace à cette équipe depuis sa prise de fonction fin avril 2021. Capitaine lors des deux premiers sacres européens, en 2011 et 2012, la technicienne (41 ans) est devenue la première à gagner la Ligue des champions en tant que joueuse puis entraîneure, *« à la Zizou avec le Real »*, selon Le Sommer.

Descendu dans le vestiaire à la pause pour pousser ses filles à ne rien lâcher (le score était déjà de 3-1), le président Aulas, aussi ému qu'à sa première couronne européenne, a certainement fait le meilleur des choix en pensant à elle pour retrouver les sommets.

Henry s'offre un chef-d'œuvre
La milieu de l'OL a réalisé un match énorme. Sur son but, après avoir récupéré la balle dans les pieds d'Alexia Putellas – Ballon d'Or 2021 et 2022 – elle s'est avancée et a décoché une frappe puissante de 30 mètres, qui a nettoyé la lucarne adverse. La rencontre avait commencé depuis six minutes, et Henry avait déjà trouvé la faille dans la défense du Barça. Son match ne s'est pas résumé à cette frappe. Comme en 2018, à Kiev, contre Wolfsburg (4-1 a.p.), Henry a été désignée meilleure joueuse du match. C'est la première fois dans l'histoire de la C1 qu'une joueuse remporte à deux reprises cette distinction en finale. **S.D.**

Au premier plan, Amel Majri, Wendie Renard, Sarah Bouhaddi et Eugénie Le Sommer fêtent leur 8e sacre européen.

Les pionniers de La Rochelle

L'ailier international sud-africain Raymond Rhule avait mis le Stade Rochelais sur de bons rails en inscrivant le premier essai (9e).

Après avoir imposé une furieuse et mémorable bataille au Leinster, les Maritimes ont remporté le premier titre majeur de leur histoire. Les voilà dans le grand monde.

L'ÉQUIPE DU 29 MAI 2022

YANN STERNIS

Ce n'est pas tous les jours que l'on voit une bande de colosses fondre en larmes. Depuis qu'Arthur Retière avait tendu son bras droit pour ancrer le ballon sur une ligne d'en-but irlandaise (79e) qui semblait infranchissable durant les dix dernières minutes du match, les yeux des joueurs rochelais ainsi que ceux d'une partie du public du stade Vélodrome, dont le président Vincent Merling, s'étaient soudainement embués. Tous avaient compris que l'histoire de leur club était en train de s'écrire devant eux.

Et que l'officialisation de ce titre n'était plus qu'une question de temps. Alors, lorsque Ihaia West a transformé cet essai de la victoire après avoir laissé s'égrener les secondes jusqu'à la sirène, les Maritimes ont tout lâché. Romain Sazy n'a pu retenir son émotion, pleurant à chaudes larmes, tandis que les jeunes Matthias Haddad et Thomas Berjon ont tour à tour couru, crié, avant de tomber dans les bras de chaque coéquipier qui passait devant eux. Après s'être inclinés lors des trois premières grandes finales de leur histoire (en Top 14 et au niveau européen), les Maritimes ont enfin réussi à soulever un trophée. Et pas le moindre. Un chiffre dit d'ailleurs beaucoup de cette entrée dans le grand monde : le Stade Rochelais, jamais sacré en Top 14, devient seulement le quatrième club français à glaner la grande Coupe d'Europe, après Brive, Toulouse et Toulon.

> **"Pour le club, c'est énorme. Il fallait franchir cette étape-là"**
>
> ROMAIN SAZY, TROISIÈME-LIGNE DE LA ROCHELLE

Pourtant, il y a moins d'une décennie, le président Vincent Merling était loin de penser à de tels sommets. Entre la remontée en Top 14 et ce sacre marseillais, huit années seulement ont passé. La lutte pour le maintien menée en 2015 par la bande de Patrice Collazo semble loin. Arrivé il y a douze ans sur la côte Atlantique, Romain Sazy, plus de 300 matches sous le maillot jaune et noir, avait du mal à réaliser la portée de cette victoire, lui qui se promenait en zone mixte en portant la coupe d'un bras : *« C'est indescriptible, je ne connaissais pas ce sentiment, très peu dans le groupe le connaissait. Vous savez par où on est passés. Pour le club, c'est énorme. Il fallait franchir cette étape-là. »*

Mais qu'il a été dur à arracher, ce titre ! Le Leinster, avec son organisation millimétrée et son armada d'internationaux, a longtemps donné l'impression d'être prêt à broder une cinquième étoile sur son maillot. Pour faire déraper la machine irlandaise, les hommes de Ronan O'Gara ont livré une bataille d'une terrible intensité, notamment devant, et ont réussi à priver de ballon leurs adversaires, qui n'ont pas inscrit le moindre essai. Ils ont surtout résisté mentalement à une situation mal embarquée. Même menés 18-10 en début de seconde période, les Rochelais ne se sont pas affolés, construisant patiemment leur victoire, refusant de voir ressurgir les fantômes de leurs deux défaites contre Toulouse en finale de Coupe d'Europe puis de Top 14 l'an dernier. *« Non, on n'a pas eu peur. Pour moi, ce qui s'est passé il y a douze mois, c'est comme si ça s'était passé il y a douze ans »*, évacue O'Gara, manager qui a su inculquer son intransigeance à son groupe. À ses côtés, regard hagard et visage marqué, le capitaine Grégory Alldritt avait du mal à faire le point. Autant par fatigue que par excès d'émotion. *« C'est comme après le Grand Chelem gagné avec l'équipe de France cet hiver, je me sens vidé »*, soufflait le troisième-ligne.

De l'énergie, les Rochelais vont pourtant encore en avoir besoin. Depuis plusieurs années, Sazy montre en boucle à ses coéquipiers les vidéos des fêtes sur le Vieux-Port de La Rochelle qui avaient suivi la remontée du club dans l'élite en 2014. Depuis plusieurs années, le groupe rêve de vivre ou revivre ces instants d'éternité. Les supporters sont prêts.

LES DIX DERNIERS VAINQUEURS

2022	La Rochelle
2021	Toulouse
2020	Exeter (ANG)
2019	Saracens (ANG)
2018	Leinster (IRL)
2017	Saracens
2016	Saracens
2015	Toulon
2014	Toulon
2013	Toulon

CHALLENGE EUROPÉEN

Lyon, une si jolie première

Ils la voulaient tellement cette Coupe, ce premier trophée dans l'histoire (moderne) du club. Pourtant, qui aurait misé sur une victoire du LOU 30-12 face à un adversaire, Toulon, qui marchait sur tout le monde depuis des semaines ? Pierre Mignoni avait insisté : il faudra être prêt à 21 heures. Dès 21 h 01, ses joueurs étaient prêts : Baptiste Couilloud inscrivait un essai sur la première action, invalidé pour un en-avant de Taufua. Au point qu'on se demande comment le LOU a pu rentrer au vestiaire avec seulement trois points d'avance (10-7). Comment Lyon allait-il digérer tant d'occasions gâchées ? La frustration, ils l'ont éparpillée en récitant leur rugby d'attaque. Dès la reprise, ils obtenaient un essai de pénalité (avec carton jaune pour Luc) puis Barassi aplatissait le troisième sur une action d'école. Futur manager du RCT, Pierre Mignoni pouvait quitter le LOU par la grande porte.

Morne dixième

C'est sur un résultat nul contre Lens (1-1), obtenu en supériorité numérique pendant plus de trente minutes, face à une partie silencieuse de son public, que le PSG a décroché son dixième titre de champion de France.

L'ÉQUIPE DU 24 AVRIL 2022

DAMIEN DEGORRE

Lorsque Marco Verratti a levé les bras au ciel au coup de sifflet final, son geste traduisait autant son bonheur d'être une nouvelle fois champion de France qu'il trahissait un soulagement irrépressible. Comme si le milieu italien, à l'image de plusieurs autres de ses coéquipiers, n'en pouvait plus de cette saison qui s'étirait en longueur. Comme si ce match nul contre Lens (1-1), peu glorieux, obtenu en supériorité numérique pendant la dernière demi-heure, avait été aussi pénible à arracher que ces dernières journées de Championnat à préparer. D'ailleurs, si certains Parisiens sont restés quelques minutes dans le rond central pour saluer les spectateurs qui n'étaient pas encore partis, d'autres, comme Angel Di Maria, n'avaient visiblement pas grand-chose à partager avec leur public : ils avaient déjà rejoint leur vestiaire.

Le Paris-Saint-Germain, invaincu au Parc des Princes cette saison, est pourtant champion de France pour la dixième fois de son histoire, ce qui l'établit désormais comme le club le plus titré de l'Hexagone avec l'AS Saint-Étienne. Cela peut paraître marginal au regard de ce que Paris a raté cette saison, de la Ligue des champions à la Coupe de France, mais cela mérite de ne pas être galvaudé non plus. Il est entendu que Mauricio Pochettino cherche avant tout à défendre son bilan quand il déclare que remporter un Championnat national est lourd de signification, mais il n'a pas tort non plus sur toute la ligne : avant lui, Carlo Ancelotti, en 2012, et Unai Emery, en 2017, ont vécu l'expérience d'une deuxième place avec le Paris du Qatar et les critiques qui l'accompagnent.

> **"Peut-être que l'attente était importante et que la déception est au même niveau"**
> LEONARDO, DIRECTEUR SPORTIF DU PSG

Seulement, cette saison, avec Messi, Neymar et Mbappé, les supporters parisiens attendaient un peu plus, quand même. Ils imaginaient une année féérique, se voyaient tout rafler, se réinstaller sur leur trône domestique, mais également régner au-delà des frontières. L'élimination en huitièmes de finale de Ligue des champions par le Real Madrid (1-0, 1-3) restera alors comme une cicatrice plus profonde encore que celle laissée par la remontada barcelonaise, cinq ans plus tôt. Les promesses de l'été sont devenues des morsures de l'hiver et le sacre du printemps n'en adoucit pas la douleur. *« J'ai commis des erreurs. Peut-être que l'attente était importante et que la déception est au même niveau*, convenait Leonardo. *Il faut essayer de comprendre ce qui s'est passé pour essayer d'avancer. »*

Le directeur sportif brésilien semble assumer sa part de responsabilités dans l'échec européen de son équipe et il sait trop bien que, dans ce club, tout peut aller très vite, à tous les niveaux, à tous les postes, excepté celui de président. Les décisions concerneront l'avenir de Pochettino, forcément, qui n'a jamais réussi à imprimer un véritable style à son équipe, pourtant son engagement initial. Contre Lens, il a sans doute aligné celle qu'il aurait rêvé de présenter à chaque match, un 3-4-3 avec Ramos entre Kimpembe et Marquinhos, deux pistons dans les couloirs, Verratti et Gueye devant la défense et ses trois étoiles en attaque. Mais les circonstances ne le lui ont pas souvent permis.

Le contexte du club parisien, où les stars pèsent d'un autre poids que le club, et donc que l'entraîneur, non plus. Le manager argentin aurait aimé savourer un peu plus cet instant, son premier titre de champion comme entraîneur, mais lui non plus n'avait pas envie de s'éterniser sur la pelouse. Son avenir est ailleurs, désormais.

Les joueurs du PSG viennent féliciter Lionel Messi (au centre), unique buteur parisien de la soirée. Sa 4e réalisation de la saison.

Kylian Mbappé termine meilleur buteur du Championnat pour la quatrième saison de suite. Seul Jean-Pierre Papin a fait mieux dans l'histoire (5).

Buteurs

Mbappé au sommet

Kylian Mbappé aura survolé cet exercice 2021-2022 de son talent et de sa personnalité. Il a achevé avec un triplé, contre Metz (5-0), la plus belle saison de sa carrière, avec des statistiques remarquables : meilleur buteur (28 réalisations), meilleur passeur (17), il est le premier à dominer ces deux classements la même saison. Et il est aussi le roi du dribble, avec 112 réussis. Ce sacre du PSG est d'abord le sien, car on avait rarement vu un joueur porter autant son équipe.

top 3

Meilleurs buteurs de L1 cette saison

1 Mbappé (Paris-SG)	28
2 Ben Yedder (Monaco)	25
3 Terrier (Rennes)	21

opta

top 3

Meilleurs passeurs de L1 cette saison

1 Mbappé (Paris-SG)	17
2 Messi (Paris-SG)	14
3 Bourigeaud (Rennes)	13

opta

Champions

Le PSG règne

Champion au terme de la 34e journée, le PSG a été sacré pour la 10e fois et égale le record de Saint-Étienne dans l'histoire de la Ligue 1. Après ceux de 1986 et 1994, le club parisien a remporté ses huit titres suivants en l'espace de dix ans, un record dans le Championnat de France (l'ASSE et Lyon en avaient glané 7 sur une même période).

Et ce n'est pas tout : Paris affiche la meilleure possession moyenne (63,3 %) pour la 9e saison d'affilée, dispose de la meilleure attaque (90 buts) et possède, avec Nice, la meilleure défense (36 buts encaissés).

possession

Plus grande possession moyenne en L1.

Paris-SG	63,3%
Marseille	62%
Lyon	58,8%
Rennes	56,2%
Monaco	53,8%

Meilleures attaques de L1.

	buts marqués
Paris-SG	90
Rennes	82
Lyon	66
Monaco	65
Marseille	63

opta

Course à l'Europe

Des historiques bien en place

Marseille a terminé deuxième, Monaco fini sur la troisième marche et ces classements sont parfaitement symboliques de la régularité de ces deux clubs dans le Championnat de France. Car l'OM figure dans le top 2 à l'issue d'une saison de Ligue 1 pour la 22e fois de son histoire, au moins trois de plus que toute autre équipe. L'ASM, de son côté, a pris place sur le podium pour la 29e fois de son histoire, un record dans l'histoire de la compétition. Le club de la Principauté a même fini dans les trois premiers lors de sept de ses neuf saisons dans l'élite depuis son retour en 2013-2014.

top 5

Équipes ayant terminé le plus souvent sur le podium de L1 depuis 1933-1934

Monaco	29
Marseille	27
Paris-SG	22
Lyon	21
Bordeaux	19

opta

Relégation

Verts fêlés, Bordeaux éventé

flop

Plus faible total de points pour un 18e de L1 (*)

Saint-Étienne (2021-2022)	32
Le Mans (2009-2010)	32
Martigues (1993-1994)	32
AC Ajaccio (2005-2006)	33

(*) dans une saison à 20 clubs et en comptant 3 points pour une victoire.

opta

flop

Dernières équipes à avoir encaissé au moins 90 buts sur une saison de L1

Bordeaux (2021-2022)	91
Rouen (1977-1978)	91
Aix (1967-1968)	95
Red Star (1965-1966)	100
Troyes Sainte-Savine (1960-1961)	108

opta

GIRO 21e et dernière étape

Vérone - Vérone (c.l.m. individuel), 17,4 km

L'ÉQUIPE DU 30 MAI 2022

DOMINIQUE ISSARTEL

Hindley au bout du chemin

Premier vainqueur australien du Giro, le coureur de Bora-Hansgrohe n'a jamais renoncé malgré son déracinement, ses lacunes et la désillusion vécue en 2020.

Au pied du podium, ils sont tous là, les gars de Bora-Hansgrohe, et ceux de DSM, l'équipe où Jai Hindley est devenu pro en 2018 et a passé quatre saisons. Il y a le directeur sportif italien Enrico Gasparotto qui a passé la fin de l'étape en larmes dans la voiture, submergé par l'émotion au cours du décompte des secondes reprises sur Carapaz dans le Passo Fedaia. Il y a son ex-coach, l'Anglais Matt Winston, et l'Australien Chris Hamilton qui l'a accueilli chez les pros et a bouclé son chrono plus d'une heure avant. *«Depuis que j'ai passé la ligne, j'ai des frissons et je me dis: "Merde, il va le faire!" Jai est un de mes meilleurs amis, on habite la même rue à Gérone.»* Devant eux, Jai Hindley, 26 ans, rayonne dans son maillot rose. Il est le premier Australien à remporter le Giro, le deuxième à gagner un grand Tour (après Cadel Evans et le Tour de France en 2011). *«En Australie, le cyclisme n'est pas un grand sport*, explique Hamilton, *les gens ne se rendent pas compte à quel point c'est énorme ce qu'il vient de faire.»*

Hindley le sait, lui qui a débarqué en Italie à 18 ans dans la minuscule équipe Aran Cucine. Pendant un an, à Cappelle sul Tavo, près de Pescara, il loge chez le patron de l'équipe, Umberto di Giuseppe, célibataire bourru qui, à 75 ans, est toujours derrière un peloton. Là-bas, il apprend à cuisiner les pâtes et rigole encore aujourd'hui en disant qu'il ne parle pas l'italien mais *«l'umbertono»*. Cependant, il manque encore de sens tactique. Licencié chez Attaque Gusto, formation dirigée par un Australien et coachée par le Slovène Tomaz Poljanec, il passe des heures à discuter de stratégie.

> **"Il voulait tout savoir et a vite pigé le sens de la course à l'européenne"**
> TOMAZ POLJANEC, SON PREMIER ENTRAÎNEUR EN ITALIE

«Il voulait tout savoir et a vite pigé le sens de la course à l'européenne, raconte ce dernier. *Le seul truc où il avait encore du mal, c'est le finish. C'était un très bon grimpeur, mais il ne faisait jamais mieux que 7e ou 8e à l'arrivée. Moi, je ne pouvais pas l'aider là-dessus, je n'y connais rien au sprint, mais je lui ai dit: "Il faut absolument que tu apprennes." L'autre jour, quand il a pris 4 secondes à Carapaz en le battant sur la ligne, je lui ai envoyé un message pour le taquiner: "Tu as enfin compris!"»*

Surtout, il a travaillé, car ceux qui le côtoient le décrivent comme un acharné. Poljanec encore: *«Quand je l'ai connu, il n'avait pas 20 ans mais ne voulait qu'une chose: devenir pro. Il n'y avait pas d'autre option.»* Battu le dernier jour du Giro 2020 pour des faiblesses en contre-la-montre, il multiplie les sorties. *«Son année 2021, perturbée par les blessures, les maladies, ne lui a pas permis de montrer ses progrès*, estime Hamilton, *mais il a bossé comme un fou.»* Cet hiver, chez Bora-Hansgrohe, il a en plus bénéficié du savoir-faire de la marque Specialized en la matière. *«En novembre*, raconte Léo Menville, un des techniciens, *il est allé en Californie pour régler sa position en soufflerie. Et il a gagné 20 watts à 50 km/h, c'est énorme.»*

Jai Hindley a donc réalisé son rêve mais ça ne le changera pas, assure Hamilton. *«Si vous le rencontrez dans la rue et que vous discutez, il ne vous racontera pas qu'il a gagné le Giro. Le mot humilité lui convient bien.»* Garçon réservé, l'Australien dit qu'à part le vélo, il aime voyager: *«Vous devez trouver ça curieux avec tous les kilomètres que je fais! Mais il y a plein d'endroits que je ne connais pas et particulièrement chez moi, en Australie.»* Promis, lors de ses prochaines vacances, il empruntera le van de ses parents et sillonnera le pays. Sans parler de son maillot rose. *«Personne ne sait ce que c'est, de toute façon»*, conclut Hamilton.

Classement	
1. J. Hindley (AUS)	86 h 31'14"
2. R. Carapaz (EQU)	à 1'18"
3. M. Landa (ESP)	à 3'24"
4. V. Nibali (ITA)	à 9'02"
5. P. Bilbao (ESP)	à 9'14"
... 14. G. Martin	à 28'37"
16. P. Sivakov	à 41'43"
130. A. Démare	à 5 h 54'6"

Déchu du maillot rose lors du contre-la-montre final en 2020, Jai Hindley remporte bel et bien le Giro cette fois-ci.

« Fais-toi plaisir, lâche-toi »

Arnaud Démare, vainqueur d'étape pour la troisième fois en moins de dix jours, décrit la spirale positive qui lui permet de sprinter « libéré » depuis le début du Giro.

L'ÉQUIPE DU 21 MAI 2022

GAÉTAN SCHERRER

Il n'avait pas gagné de l'année et le voilà à nouveau superstar du Tour d'Italie, trois victoires en cinq sprints, coqueluche des tifosi et chéri des médias internationaux qui en sont venus à lui demander quel était le secret de son rasage impeccable – *« J'ai une peau de bébé, il faudrait que je trouve un partenariat pour ça »*, répondit-il, hilare. Comme il y a deux ans, Arnaud Démare (30 ans) a levé les bras d'entrée de Giro (5e étape, Catane-Messine) et, depuis, ne s'arrête plus de gagner.

Cette fois, il débarqua à Cuneo avec un train désorganisé, râpé par la longue poursuite qui l'obligea à sacrifier plusieurs équipiers dans l'après-midi. Lui-même entama le dernier faux plat montant *« bien fatigué »* et lança son sprint *« à l'arraché »*. Mais le résultat fut le même qu'à Messine, Scalea, Matera, Brindisi et Rimini auparavant, et avec huit succès d'étape sur le Giro au cours de sa carrière, il a égalé un certain Marco Pantani.

> **8**
> **Le nombre d'étapes remportées par Arnaud Démare dans le Tour d'Italie.**
> Il en a gagné **1** en 2019, **4** en 2020 et **3** en 2022. Il compte également deux étapes dans le Tour de France : en 2017 et 2018.

« Arnaud, dès qu'il en gagne une, derrière, il est trop fort, souligne son entraîneur Julien Pinot. *La confiance est un facteur très sous-estimé dans le sport en général. Pour un sprinteur, c'est au moins aussi important qu'un attaquant de foot. »* Dans le vélo, cela permet bien évidemment de dépasser sa résistance à la douleur mais dans le cas d'un sprinteur, cela n'affecte pas forcément la puissance. *« Aujourd'hui, tous les sprinteurs ont plus ou moins le même niveau : ce qui fait la différence, c'est le positionnement, le timing, et ça, ça joue beaucoup sur la confiance »*, éclaire Jacopo Guarnieri, poisson-pilote du Français, extatique mais rincé après l'arrivée, et qui décrivit cette nouvelle journée à plus de 45 km/h de moyenne comme *« de la souffrance, rien que de la souffrance »*.

> **"La spirale joue beaucoup et, en ce moment, c'est moi qui ai l'avantage"**
> ARNAUD DÉMARE

Démare lui-même s'effondra d'épuisement contre une grille après son sprint, *« ce qui ne [lui] arrive pas souvent »*, mais décrivit avec une grande lucidité la vague

Démare ramènera également d'Italie le maillot cyclamen du classement par points.

sur laquelle il surfe depuis dix jours. *« Le sprint*, explique-t-il, *c'est un jour avec, un jour sans. La spirale joue beaucoup et, en ce moment, j'ai l'avantage. Quand je doute, je réfléchis trop. J'attends le sprint parfait, je regarde mes équipiers, je veux jouer avec l'aspiration, et au lieu de faire parler mon instinct et mon talent, je cogite. Là, depuis ma première victoire* (à Messine), *je me dis : "Que tu en gagnes une de plus ou une de moins, qu'est-ce que ça change ? Fais-toi plaisir, lâche-toi." »* Cette dépendance à sa propre tranquillité d'esprit n'est pas toujours un avantage.

« C'est une force mais aussi une faiblesse, convient-il. *Quand je sens que la confiance n'est pas là, j'ai peur de ne pas réussir. Je sais que je suis capable, mais j'ai peur (...) Il y a deux jours, à Reggio d'Émilie, je pensais avoir fait une erreur* (4e du sprint), *mais en y repensant, j'avais juste suivi mon instinct parce que je me sentais bien, et un sprint comme ça, huit fois sur dix, je le gagne. Il faut que je prenne conscience que si je suis arrivé là* (87 victoires chez les pros), *c'est parce que je sens les choses. Alors, quand ça ne marche pas, il faut que je me fasse confiance. »*

Les adieux de Nibali

Vincenzo Nibali, pourtant miné par les pépins de santé en début d'année, a achevé son ultime Giro à une quatrième place inespérée. Le vainqueur du Tour de France 2014 s'y était révélé en 2010 dans l'ombre d'Ivan Basso (3e du général), l'avait domestiqué en 2013 en entrant de plain-pied dans la légende grâce à son ultime victoire dans les neiges des Tre Cime di Lavaredo, puis avait raflé un second maillot rose en 2016 à la faveur d'une incroyable résurrection à mi-course, et était encore monté sur deux podiums (3e en 2017, 2e en 2019).

Le même jour, Bardet abandonne

Il s'est assis à la sortie du petit village de Chiusavecchia (Ligurie), puis dans la voiture de son directeur sportif et semblait souffrir de terribles douleurs à l'estomac, identifiées plus tard comme les conséquences d'un virus qui,

depuis l'avant-veille, le tourmentait. Romain Bardet a donc abandonné. La mort dans l'âme car le Français de l'équipe DSM, sur les routes d'Italie, paraissait en pleine forme, pointant 4e à 14'' du leader d'alors, Juan Pedro Lopez, et il n'était pas inenvisageable de le voir, sinon revêtir le maillot rose, du moins accrocher le podium final.

Liverpool 0-1 Real Madrid

Marcelo exulte en soulevant sa 5e C1. Un sacre qui doit beaucoup à la complémentarité du duo offensif Vinicius-Benzema (à dr.).

Immortels

Avec une réussite qui ne s'est pas démentie et un gardien immense, les Madrilènes ont remporté leur 14e Ligue des champions, dans un Stade de France où l'organisation n'a pas été à la hauteur.

L'ÉQUIPE DU 29 MAI 2022

VINCENT DULUC / HUGO DELOM

Le Real Madrid n'a pas été la meilleure équipe européenne de la saison, mais il reste le plus grand club du monde. Il a été porté par Karim Benzema jusqu'à la finale, et par Thibaut Courtois, jusqu'au bout, et son jeu restrictif n'a pas toujours été un bonheur à voir. Mais au bout de quatre mois à répéter qu'il n'était pas le meilleur, c'est lui qui a gagné. Il a été poussé de l'hiver au printemps par quelque chose qui ressemble à un destin, mais aussi par son sentiment collectif, par la conscience qu'il ne connaîtrait pas de facilité ni de repos, dans cette épreuve, et parce qu'il a toujours su gagner une finale, qui est son habitat naturel.

Les miracles de Courtois

Ce triomphe sur Liverpool (1-0), son quatorzième succès en C1, le cinquième depuis 2014, est aussi la victoire de la culture sur le dogme, de l'adaptation sur la construction, et ne fait pas beaucoup avancer le jeu. Mais Carlo Ancelotti a réussi quelque chose de magnifique avec un milieu au crépuscule, en optimisant ses forces et en cachant ses faiblesses, le cœur même du métier d'entraîneur. Le Real a marqué sur une situation où le pressing de Liverpool, l'éternelle signature des Reds, était peu énergique et très désaccordé, et où Vinicius a surgi dans le dos d'Alexander-Arnold (59e). Ensuite, le Real a ressemblé à l'autre équipe de Madrid dans sa gestion du temps et, si le coaching de Klopp a remis Liverpool dans le bon sens (Jota, Keita et Firmino), seul le Real, cette saison, est aussi souvent revenu quand tout semblait fini. Et il était revenu de tellement loin qu'il n'avait aucune chance de s'arrêter.

L'apothéose de la saison a été inégale et parfois de peu d'ampleur, mais sur les cinq dernières finales européennes (C1, C3, C4), aucun finaliste n'a inscrit plus d'un but, et c'est aussi le cas des trois dernières finales de Ligue des champions. Logique si l'on se penche de plus près sur la performance de Thibaut Courtois, auteur d'au moins trois arrêts fantastiques, devant Salah (16e), détournant sur son poteau une frappe de Mané (21e), bouchant son angle devant ce même Salah (69e) et accomplissant un miracle ultime devant l'Égyptien (82e), qui aurait dû la donner à Mané, pour le coup, mais qui marque, en général, dans ce genre de situations. Le Belge rêvait de vivre cette nuit-là. Celle qui lui permettrait de remporter le dernier trophée qui lui manquait en club. Sur les coups de 23h53, il n'y avait plus de trace d'amertume, de «seum». Non, Courtois affichait un sourire immense au moment de soulever cette Ligue des champions. Savourant encore et encore. Le «Hala Madrid» résonnait fort au Stade de France. Il n'aurait pas atteint un tel volume sans sa prestation immense. La campagne de C1 du gardien madrilène est un chef-d'œuvre. Sur de longues séquences, alors que le Real était au bord du précipice en février, mars ou avril, face au PSG, Chelsea ou Manchester City, c'est lui et Karim Benzema qui ont entretenu l'espoir de ce 14e titre.

Benzema ne partage pas

L'attaquant français, qui s'est offert une cinquième Ligue des champions, a tout emporté sur son passage. Et il finit meilleur buteur de la compétition.

L'ÉQUIPE DU 29 MAI 2022

DAMIEN DEGORRE

Il fut sans doute le moins expansif des Madrilènes au moment où Clément Turpin siffla la fin du match. Poings serrés, tête droite, regard fier, Karim Benzema savourait intérieurement la cinquième Ligue des champions de sa carrière pendant que ses coéquipiers sautaient dans les bras du staff, restaient au sol, étalés de tout leur long, ou sprintaient dans tous les sens, comme habités par une douce folie. À 34 ans, l'attaquant français avait juste besoin de marcher seul, juste quelques secondes, un instant seulement, pour mieux prendre la mesure de ce qu'il était en train d'accomplir.

Dans un stade dont il connaît par cœur chaque recoin, il n'a pas forcément signé la meilleure prestation de sa saison en Ligue des champions, mais il a été précieux par son jeu dos au but, sa capacité à conserver le ballon quand le Real Madrid subissait quelques temps faibles et par la qualité de ses appels. Si Vinicius Jr a été en mesure d'ouvrir le score à la réception du centre de Valverde (59e), c'est aussi parce que Benzema avait embarqué Konaté, aimanté Alexander-Arnold et libéré un espace monumental dans son dos. Évidemment, statistiquement, cela ne vaut pas un triplé contre le PSG ou contre Chelsea, mais dans le bilan, cela pèse lourd, quand même.

Une passe de quarterback

Et cela pèse d'autant plus lourd qu'en face, ni Sadio Mané, ni Mohamed Salah, également candidats au Ballon d'Or, n'ont été capables de renverser la situation. Salah a eu le malheur de buter trop souvent sur un immense Courtois (16e, 34e, 64e, 82e) et Mané, à part sur une frappe détournée par le gardien belge sur son poteau (21e), n'a pas été non plus en position de pousser davantage la concurrence.

Les deux n'ont pourtant pas été avares de courses, ni d'efforts mais ils ont failli dans le dernier geste, comme s'ils avaient pu, aussi, manquer de lucidité, à l'image de cette frappe de l'Égyptien qui aurait plutôt dû servir Mané, seul au second poteau (82e). L'un et l'autre n'ont jamais renoncé. Jusqu'au bout, ils ont cherché à forcer le destin, à s'arracher à la fatalité d'une finale qui se refusait à eux mais il était écrit qu'elle ne leur reviendrait pas.

Que pas grand-chose ne leur reviendrait, finalement. Benzema, même s'il n'a pas été aussi décisif que lors des tours précédents, dégageait une autre sérénité. Il a même manqué de s'offrir une passe décisive à la façon d'un quarterback de football américain, en observant la course de Ceballos, son destinataire, dans le temps additionnel. Il n'a cependant pas eu besoin d'ajouter un seizième but en Ligue des champions pour rester le meilleur buteur de la compétition.

Capitaine du Real, il aurait dû brandir la coupe « aux grandes oreilles » mais, avec la classe qui le caractérise, il a laissé le Brésilien Marcelo s'en charger, juste avant de quitter le club dans les prochains jours. Interrogé à la fin du match, l'attaquant français s'est tout de même autorisé cette petite réflexion prophétique : *« Le Ballon d'Or ? Forcément, c'est dans un coin de ma tête. En club, je ne peux pas faire mieux. »* Difficile de lui donner tort.

Devant les grilles, la polémique

D'importants mouvements de foule et des scènes de panique à l'extérieur du stade ont retardé l'accès à l'enceinte au coup d'envoi – donné avec plus d'une demi-heure de retard – provoquant la colère de Liverpool et de ses fans. La gestion catastrophique du flux de supporters a surtout provoqué des remous et déclenché une intense polémique politique, pouvoirs publics et instances se renvoyant d'abord la balle pour déterminer les responsabilités. Amélie Oudéa-Castera, la ministre des Sports, avait vite mis l'accent sur la présence, aux abords du Stade de France, de 30 000 à 40 000 supporters sans billets ou avec de faux billets, ce qui provoqua la colère des représentants des supporters du club anglais. Un discours partagé par le ministre de l'Intérieur, Gérald Darmanin, devant le Sénat qui les a auditionnés dès le 1er juin, avant d'entendre d'autres acteurs : le préfet de police de Paris, Didier Lallement, la FFF et le consortium du SDF.
Un rapport sénatorial, publié le 13 juillet, a finalement sévèrement mis en cause la préfecture de police et les autorités françaises pour leur mauvaise gestion du match, une communication désastreuse et l'absence de réaction au plus haut niveau. François-Noël Buffet, un des deux auteurs du rapport, indiquera : *« Ce qui a été dit dans les premières heures ne reflétait pas ce qui s'est passé (...) La volonté politique de faire apparaître la présence des supporters britanniques comme seule cause de la situation de chaos n'est pas acceptable. »*

Des centaines de supporters ont dû patienter devant les grilles du Stade de France, causant un report du coup d'envoi de la finale.

18 MAI **FOOTBALL LIGUE EUROPA.** Kevin Trapp peut embrasser la coupe. En prolongation, puis lors de la séance de tirs au but, le portier allemand a offert à l'Eintracht Francfort un second sacre continental (Coupe de l'UEFA 1980) face aux Glasgow Rangers (1-1, 5-4 t.a.b.). Une victoire fêtée à Séville, où 150 000 fans des deux équipes étaient présents.

29 MAI **FORMULE 1 GRAND PRIX DE MONACO.** Pluie de bulles pour Grand Prix de folie. Dans la Principauté, sur une piste humide, Sergio Perez (de dos) a soufflé la victoire au local Charles Leclerc – victime d'une erreur de Ferrari et finalement 4e – au volant de sa Red Bull. Max Verstappen (3e) prend seul les commandes du Championnat.

29 MAI **HOCKEY SUR GLACE MONDIAL.** À Tampere, la Finlande a remporté « son » Championnat du monde en disposant du Canada après prolongation (4-3). Les « Leijonat » (les Lions) deviennent la deuxième sélection à signer un doublé Jeux Olympiques-Mondial la même année dans l'histoire après la Suède en 2006.

25 MAI **FOOTBALL LIGUE EUROPA CONFÉRENCE.** Grâce à un but de Nicolo Zaniolo (en photo), les joueurs de l'AS Rome ont remporté la première édition de la troisième coupe européenne en venant à bout du Feyenoord Rotterdam en finale (1-0). José Mourinho devient le seul entraîneur à avoir gagné toutes les compétitions européennes.

29 MAI **HANDBALL LIGUE BUTAGAZ ÉNERGIE.** Défaites pour la première fois de la saison par Brest lors de la finale aller (26-24), les handballeuses messines ont renversé la vapeur devant leur public pour collecter un 24e titre national. Un succès acquis de haute lutte (25-22) grâce, entre autres, à un 6/6 de l'ailière Orlane Kanor.

14 MAI

BOXE **POIDS LOURDS.** Un genou à terre, Tony Yoka n'a rien pu faire à l'Accor Arena pour contenir la puissance du Congolais Martin Bakole pour son douzième combat professionnel. Le Français, champion olympique à Rio en 2016, essuie ainsi sa première défaite chez les pros sur décision partagée des juges.

Quatorze !

Au bout d'une finale à sens unique contre le Norvégien Casper Ruud, Rafael Nadal a conquis son 14e sacre à Roland-Garros, son 22e en Grand Chelem.

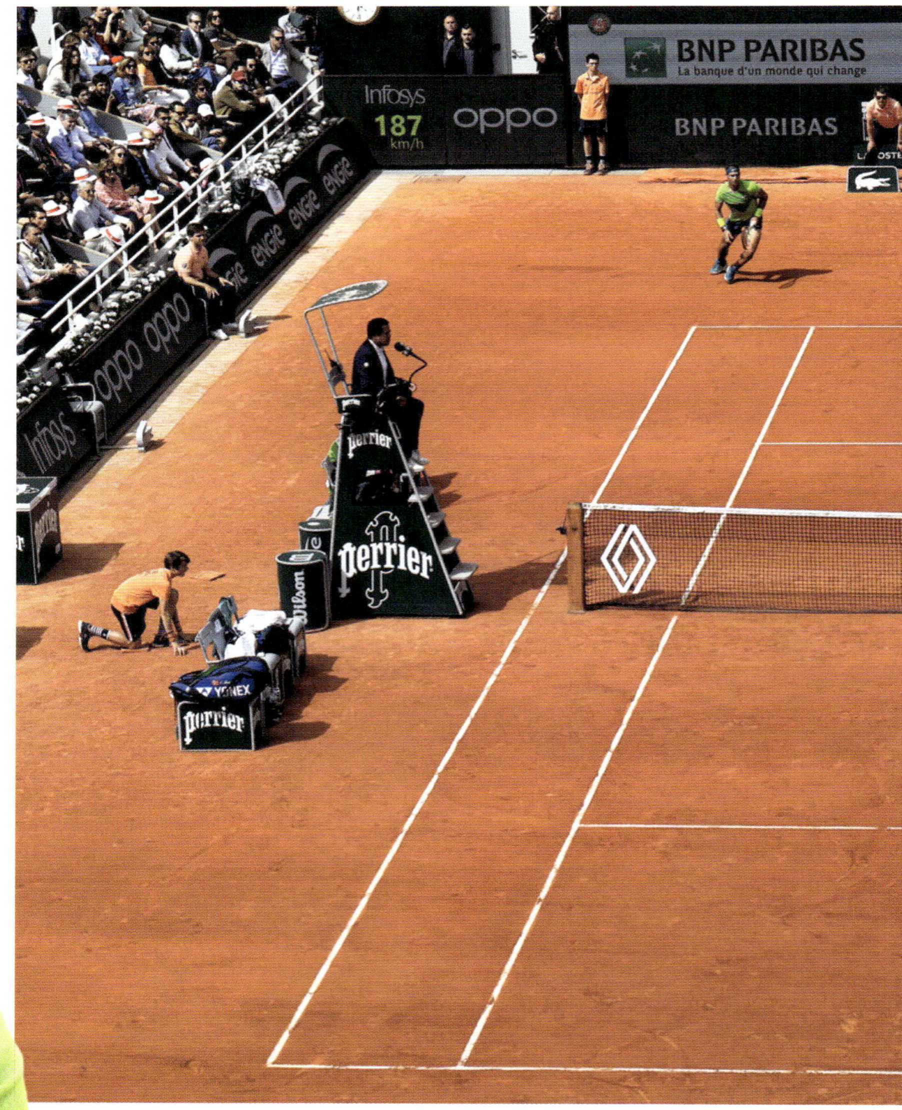

Nadal	6	6	6
Ruud	3	3	0

L'EQUIPE DU 6 JUIN 2022

QUENTIN MOYNET

C'est une toute petite finale, durant laquelle l'épique aura fui la scène, qui clôt l'un des chapitres les plus ahurissants d'une histoire au point final encore incertain. Cette fois, Rafael Nadal n'a pas offert ses larmes à la terre, ni son dos, resté souverainement droit au moment de donner une nouvelle touche à une légende qu'il dessine à coups de gifles liftées depuis bientôt vingt ans. Après des mois de doutes, des semaines de souffrance et les derniers jours traversés sur un fil, contre Félix Auger-Aliassime, Novak Djokovic puis Alexander Zverev, ce match a sonné comme une évidence. Face à Casper Ruud, immédiatement en apnée et bien trop tendre pour gravir un tel sommet (6-3, 6-3, 6-0), l'Espagnol de 36 ans a conquis sa quatorzième couronne parisienne sans que personne, pas même les 15 000 spectateurs du Chatrier qui n'avaient d'yeux que pour lui, n'ait besoin de le porter. Dans des tribunes plus satisfaites que transcendées par un scénario privé de rebondissements, résonnait déjà « Y viva España » avant ce qui s'apprêtait à être le dernier jeu d'un match qu'on n'a jamais imaginé pouvoir lui échapper.

Un instant seulement, Ruud aura pris les devants, 3-1 au deuxième set. Mais son compteur était voué à ne plus bouger : trop vite résigné, le Norvégien (23 ans)

1/4	1/2	finale	1/2	1/4

HOMMES

1/4	1/2	finale	1/2	1/4
DJOKOVIC, 6-1, 6-3, 6-3	NADAL, 6-2, 4-6, 6-2, 7-6 (7)	**NADAL 6-3, 6-3, 6-0**	RUUD, 6-1, 4-6, 7-6 (2) 6-3	RUUD, 6-2, 6-3, 3-6, 6-3
NADAL, 3-6, 6-3, 6-2, 3-6, 6-3		NADAL, 7-6 (8), 6-6 abandon — RUUD, 3-6, 6-4, 6-2, 6-2		Rune, 7-5, 3-6, 6-3, 6-4
A. ZVEREV, 7-6 (11), 7-5, 6-3	A. ZVEREV, 6-4, 6-4, 4-6, 7-6 (9)		CILIC, 6-2, 6-3, 6-2	RUBLEV, 1-6, 6-4, 2-0, abandon
ALCARAZ, 6-1, 6-4, 6-4				CILIC, 6-2, 6-3, 6-2

En capitales, les têtes de série.

inscrira dix-sept minuscules points sur les onze jeux suivants. Enfermé, comme tant d'autres avant lui, dans la diagonale sur son revers de droitier, obligé de frapper des coups droits de décalage pour encaisser un lift soudainement redevenu bondissant toit ouvert, ce qui offrait tout le court à son adversaire, il n'avait aucune arme, tactique ou tennistique, pour résister à un homme qui n'a jamais quitté la Porte d'Auteuil avec la coupelle du finaliste. Il est bon de rappeler, pour mesurer l'exploit qu'une victoire aurait représenté, qu'en quatorze finales ici, la moitié contre le duo d'infortune Federer-Djokovic, le monarque absolu de la terre n'a abandonné que sept manches et n'a pas une seule fois été embarqué dans cinq sets.

Il porte son avance, impensable six mois en arrière, à deux unités sur Djokovic et Federer

La poésie de cette finale ne résidait finalement pas tant dans un duel terminé avant d'avoir vraiment démarré, que dans les grognements sourds d'un colosse au pied fragile. Prêt, une dernière fois, à enlacer si intensément la douleur pour mieux embrasser sa terre, dix-sept ans après son premier baiser. Pendant deux semaines, Nadal a joué avec le pied gauche endormi. Mais le sommeil de sa patte blessée ne durait qu'un temps et les heures qui suivaient ses matches caressaient parfois l'insoutenable. Après son deuxième tour contre Corentin Moutet, « Rafa » pouvait à peine marcher. Son salut passait par là, plusieurs piqûres avant chaque match pour anesthésier une souffrance qu'il n'avait plus la force de cacher à Rome, où sa fin de match claudicante contre Denis Shapovalov ressemblait à un long calvaire.

L'image du Majorquin tête basse, obligé de s'appuyer sur un porte-serviettes pour atténuer le mal qui le rongeait, tranche avec celle, trois semaines plus tard, du roi de Paris qui mordille dans son 22e Majeur et porte son avance, impensable six mois en arrière, à deux unités sur Djokovic et Federer. Viendra le temps de s'interroger sur la possibilité pour un joueur de participer à un tournoi sous injections quand elles sont interdites dans d'autres sports. Nadal l'assure, il n'a plus l'intention de recourir à cette solution extrême qui l'avait déjà aidé à remporter Wimbledon en 2008.

En quarts, il renaît face à Djokovic

L'Espagnol a réalisé une prestation époustouflante en quarts contre le Serbe. Malgré ses intenses douleurs au pied et alors qu'il évoque de plus en plus ouvertement de possibles adieux à Paris.

Physiquement et tennistiquement, Nadal a pris le dessus sur Djokovic dans la nuit parisienne.

L'ÉQUIPE DU 2 JUIN 2022

ROMAIN LAFONT (AVEC R.L. ET J. RE.)

À près d'une heure et demie du matin, le Chatrier n'a pas envie de dormir. Il acclame à n'en plus finir son « Rafa » après son incroyable succès contre Novak Djokovic en quatre manches 6-2, 4-6, 6-2, 7-6 (4). Il y avait quelque chose de magique à observer ces deux mutants s'écharper en pleine nuit pendant 4h12 d'une folle intensité. L'acte 59 de l'une des rivalités tennistiques les plus prodigieuses de l'histoire (30-29 pour le Serbe) a été, par instants, d'un niveau stratosphérique.

Un bras de folie

Si l'Espagnol a pu sortir un numéro 1 mondial annoncé archi-favori dans une session de nuit à même d'atténuer les effets de son lift dévastateur, c'est qu'il a évolué à un niveau dantesque. Le Chatrier a le don de réveiller la bête en lui : *« Ce court a quelque chose d'unique. Le jour où j'en ai eu le plus besoin, j'ai réussi à avoir un niveau que je ne semblais pas pouvoir atteindre en ce moment. »* Djokovic : *« Il a été meilleur dans les moments importants. J'ai repris le momentum, gagné le second set et je me suis dit : "Ça y est, je suis de retour." Mais il a fait deux, trois jeux fantastiques au début du troisième. Il a été capable d'élever son tennis à un niveau incroyable au début de chaque set. »*

Pas encore le pied

En mai, à Rome, Nadal claudiquait. Son pied gauche, meurtri par le syndrome de Müller-Weiss, une compression de l'os naviculaire, semblait avoir eu raison de lui. *« Je joue pour être heureux*, disait-il, *mais la douleur vous enlève votre bonheur, pas seulement pour jouer, mais aussi pour vivre. Il y a trop de jours où je suis contraint de vivre avec trop de douleur. »* Comment peut-on le retrouver aussi flamboyant ? Le docteur Olivier Rouillon, médecin du Racing 92, est formel : *« Il est évident que pour pouvoir jouer, il est infiltré. Le premier type d'infiltration, ce sont des corticoïdes. Mais avec la nouvelle réglementation antidopage, on ne peut pas faire ce genre d'infiltration à moins de cinq jours pleins d'une compétition. Ce n'est donc pas ça qu'il a tous les jours, mais une infiltration d'anesthésique. »* Mais selon lui, ce type de soin fait *« plutôt effet pendant deux heures »*. Comment alors jouer aussi longtemps ? Rouillon : *« Il fait partie de ces athlètes exceptionnels qui ont un seuil de tolérance à la douleur énorme. Quand le commun des mortels va chiffrer la douleur à 10, un mec comme Nadal va la chiffrer à 3. Et donc à 3, il joue, parce qu'il est habitué à ça. »*

La terrible chute de Zverev

Alors que la demie entre Alexander Zverev et Rafael Nadal était partie sur des bases impressionnantes – moins de deux sets en 3 h 03 de jeu (7-6, 6-6) –, une chute de l'Allemand a soudainement mis fin à un duel surprenant. Sur une balle de 6-6 pour Nadal, l'Allemand s'est bloqué la cheville droite et s'est effondré de tout son long, hurlant de douleur. Sous le regard de son adversaire, l'Allemand a dû quitter le court en fauteuil roulant avant d'y revenir, en béquilles, au côté du Majorquin, pour saluer le public.

Impressionnante de maîtrise et de force, Iga Swiatek a résisté à la pression pour remporter sa deuxième coupe Suzanne-Lenglen.

La cannibale

La Polonaise Iga Swiatek, numéro 1 mondiale, a remporté son deuxième titre à Roland-Garros dans une finale à sens unique. Avec 35 victoires de suite, elle écrase toute concurrence.

Swiatek	6	6
Gauff	1	3

L'ÉQUIPE DU 5 JUIN 2022

LUCILE ALARD

L'orage qui menaçait, dans le ciel de Roland-Garros, a bien failli se déchaîner trop tôt. Mais après avoir noirci l'horizon, il a su patienter quelques minutes, saluant juste les derniers échanges de cette finale d'un coup de tonnerre tumultueux. Une manière de respecter la nouvelle reine du lieu et son règne sans partage. Annoncée ultra-favorite avant le début du tournoi, Iga Swiatek (21 ans) est allée au bout face à Coco Gauff après une quinzaine plus demandeuse au niveau de la tête que des jambes et des bras. Cette pancarte gigantesque qu'elle trimballait dans les allées, la Polonaise devait l'assumer. Elle a dansé avec, jonglant avec les attentes.

Doha, Indian Wells, Miami, Stuttgart, Rome. Depuis février, elle avait collectionné les trophées. Une série de plus en plus affolante qui la contraignait presque à remporter Roland-Garros puisque sa marge semblait si large. *« C'était la partie la plus difficile du travail*, racontait-elle. *J'ai ressenti ce poids. Le plus dur, c'était de ne pas y penser, de ne pas trop analyser et de ne pas réfléchir à tous ces chiffres. »*

Un seul set égaré

Pour se protéger, elle a juré qu'elle ne s'était pas fixé d'objectif de résultat. Personne ne la croyait et tout le monde attendait de la voir triompher. Elle a réussi à offrir le cliché prévu avec une maîtrise presque totale sur les événements – un set seulement égaré en route – puis sur une finale sans suspense où elle a éteint par son intensité et sa détermination toute velléité adverse.

« C'est de la dynamite sur le terrain », déclarait son coach Tomasz Wiktorowski après la victoire. Sa protégée a tout plastiqué d'entrée avec une sublime volée de coup droit, un ace pointé à 157 km/h seulement mais merveilleusement placé sur la ligne extérieure ou encore un revers long de ligne fulgurant. Une entame parfaite et un 4-0 dans la raquette qui montrait qu'elle n'allait pas buter sur la dernière marche, la plus dure à escalader.

En face, les doubles fautes de l'Américaine de 18 ans et son bras bloqué en coup droit pour sa première finale majeure montraient à quel point la pression pouvait rattraper une athlète. Pas Swiatek, imperturbable et toujours à l'offensive, presque même un peu trop à l'entame du deuxième set. La Polonaise s'est précipitée dans sa volonté de toujours faire plus mal et elle a commis des fautes inattendues. Suffisant pour perdre son service et faire espérer quelques instants au public du Philippe-Chatrier que la rencontre allait devenir un vrai duel.

De la confusion au couronnement

Mais Swiatek a vite remis la main sur le jeu. Menée 2-0, elle a retrouvé sa précision et sa percussion, enquillé les cinq jeux suivants puis est tombée à genoux, tournée vers son clan pour célébrer ce deuxième titre à Roland-Garros après celui de 2020. Le premier était celui de la surprise, de la *« confusion »*, disait-elle même en rappelant qu'elle avait été la première à ne pas y croire.

Le second est celui de son couronnement en reine absolue et vient sublimer cette période de domination sans partage ponctuée de 35 victoires de suite, meilleure série des années 2000 avec celle de Venus Williams. Ce titre en Grand Chelem va parachever son œuvre et donne encore un peu plus de relief à cette invincibilité.

1/4	1/2	finale	1/2	1/4
SWIATEK, 6-7 (5), 6-0, 6-2	SWIATEK, 6-3, 6-2	SWIATEK 6-1, 6-3	Trevisan, 6-2, 6-7 (7), 6-3	Trevisan, 7-6 (10), 7-5
PEGULA, 4-6, 6-2, 6-3				FERNANDEZ, 6-3, 4-6, 6-3
		SWIATEK, 6-2, 6-1 / GAUFF, 6-3, 6-1		
KUDERMETOVA, 1-6, 6-3, 6-1	KASATKINA, 6-4, 7-6 (7)		GAUFF, 7-5, 6-2	GAUFF, 6-4, 6-0
KASATKINA, 6-2, 6-2				Stephens, 6-2, 6-0

FEMMES

En capitales, les têtes de série.

37

La série de victoires d'Iga Swiatek s'est arrêtée à 37.
Après son succès à Roland-Garros, elle a remporté ses deux premiers tours à Wimbledon, avant de s'incliner face à Alizé Cornet (6-4, 6-2).

Double détente

Soutenues par un public nombreux sur le court Philippe-Chatrier, Kristina Mladenovic et Caroline Garcia ont remporté leur deuxième titre à Paris, six ans après le premier.

Gauff / Pegula	6	3	2
Garcia / Mladenovic	2	6	6

L'ÉQUIPE DU 6 JUIN 2022

LOUIS BOULAY

Lancées dans une farandole de remerciements, Kristina Mladenovic et Caroline Garcia ne savaient plus trop où donner de la tête. Les mains sur le trophée, la première citée tentait tant bien que mal d'y aller dans l'ordre, quelques minutes après avoir renversé les Américaines Coco Gauff et Jessica Pegula en finale. «*Franchement, on ne s'attendait pas à vous voir aussi nombreux un dimanche matin, c'était incroyable*, lançait-elle à l'attention du public, venu enflammer un central pas loin d'être plein. *Il y avait une ambiance de folie, on aurait dit un match de Fed Cup. Vous nous avez vendu du rêve.*»

> **"Le titre de 2016 me paraît vraiment loin, il s'est passé beaucoup de choses depuis"**
> CAROLINE GARCIA

La fanfare avait en effet joué une belle partition, palliant les quelques fausses notes du début de match. Respectivement battues en simple par Iga Swiatek en finale et quarts de finale, Gauff et Pegula rataient peu et prenaient rapidement le jeu à leur compte. En une grosse demi-heure, le premier set était déjà plié. «*On a décidé de changer de stratégie pour la deuxième manche parce qu'on subissait trop*», analysait Mladenovic (29 ans).

Plus agressives, «Kiki» et «Caro» rentraient définitivement dans leur finale et pouvaient enfin se libérer, retrouvant la complicité qui avait bâti leur succès en 2016 sur la terre battue parisienne. Brouillé pendant plusieurs années, le duo avait décidé de retenter l'aventure cette année, commençant par un deuxième tour à l'Open d'Australie en janvier. Mais depuis, elles n'avaient pas disputé le moindre match ensemble. Un deuxième titre à Paris n'était donc pas prévu. «*C'est totalement une surprise parce qu'en 2016, on était dans le top 10 en double, une grosse équipe, tout le monde nous attendait*, rappelait Garcia (28 ans). *Ce n'était pas du tout le cas cette année. Personne ne nous attendait, nous les premières. Un grand merci à Amélie Mauresmo et à la Fédération pour la wild-card, car sans wild-card, pas de titre!*»

Bouclant le match d'un smash rageur, l'ancienne 4e mondiale en simple ne manquait pas de glisser un mot à sa partenaire de double, qui soulevait son quatrième trophée Porte d'Auteuil, le neuvième en Grand Chelem (3 en mixte): «*Je suis très contente de refaire équipe avec Kristina. Le titre à Roland-Garros, il n'y a rien de mieux pour nous. Surtout que le titre de 2016 me paraît vraiment loin, il s'est passé beaucoup de choses depuis.*» Un sentiment partagé par «Kiki»: «*On a beaucoup voyagé toutes les deux depuis 2016. Revivre ça avec Caro, cette ambiance, ces souvenirs, ce sont des moments que l'on n'oubliera jamais.*»

Le double, spécialité française

Si on ne peut guère compter sur les Français pour briller en simple Porte d'Auteuil, en revanche, les doubles ont presque toujours été au rendez-vous ces dernières années. Ainsi, depuis 2014, à part en 2015 et en 2017, une paire française s'est toujours imposée. Quatre fois chez les femmes, trois fois chez les hommes.

Voici le détail:
2022: Garcia-Mladenovic
2021: Mahut-Herbert
2020: Babos-Mladenovic
2019: Babos-Mladenovic
2018: Mahut-Herbert
2016: Garcia-Mladenovic
2014: Benneteau-E. Roger-Vasselin

À noter qu'en 2013, la paire Llodra-Mahut avait été battue en finale par les frères Bryan, comme le duo Martin-Chardy en 2019.

«Caro» et «Kiki» tout sourire au moment d'évoquer leur deuxième titre en double à Paris.

Toyota sans partage

Les 24 Heures se sont à nouveau résumées à un duel entre les deux prototypes japonais, dont sont sortis vainqueurs le débutant Ryo Hirakawa, Brendon Hartley et Sébastien Buemi, désormais quadruple lauréat de l'épreuve.

L'EQUIPE DU 13 JUIN 2022

JÉRÔME BOURRET

La scène est pourtant coutumière. Elle fait même partie du patrimoine de l'épreuve. Mais après deux ans sous cloche, on avait presque oublié les images de ces tribunes déversant leur public (244 200 spectateurs sur la semaine) sur la piste, tel le sang se remettant à couler dans les veines des 24 Heures, cette immense fête populaire et ses joyeux débordements.

« Il n'y avait personne pour ma victoire en 2020 donc c'était vraiment génial de revoir tout ce monde au pied du podium », appréciait Sébastien Buemi. Seuls manquaient à l'appel quelques groupes de Britanniques que l'on avait vu reprendre la longue route du retour dans la matinée et ceux dont la consommation nocturne avait été bien moins raisonnable que celle de la Toyota n° 8 du Suisse. Ce dernier est désormais l'égal de Yannick Dalmas, Henri Pescarolo et du Belge Olivier Gendebien (quatre victoires, contre trois à son équipier Brendon Hartley), tandis que le Japonais Hirakawa devient le vingt-sixième rookie à s'imposer d'entrée, comme Fernando Alonso avec la même équipe en 2018. Le compteur de Toyota, en tête d'un bout à l'autre, affiche, lui, cinq succès dans la Sarthe. Dont quatre doublés qui illustrent la mainmise du constructeur sur son époque. *« On est là pour écrire la légende de Toyota*, commentait le directeur technique Pascal Vasselon, aussi rincé que ses pilotes. *Cinq victoires, ça commence à être pas mal. »*

classement

1. Toyota n° 8 (Buemi-Hartley-Hirakawa)	380 tours
2. Toyota n° 7 (Conway-Kobayashi-Lopez)	à 2'01''222
3. Glickenhaus n° 709 (Briscoe-Mailleux-Westbrook)	à 5 tours
4. Glickenhaus n° 708 (Derani-Dumas-Pla)	à 10 tours
5. Jota n° 38 (1er LMP2) (Da Costa-Gonzales-Stevens)	à 11 tours
... 23. Alpine n° 36 (Lapierre-Negrao-Vaxivière)	à 18 tours

> **"Le niveau de risque en début de course était à la limite du raisonnable"**
> SÉBASTIEN BUEMI, PILOTE TOYOTA N° 8

En prolongeant son annexion du Mans, le constructeur japonais imite Audi (invaincu entre 2004 et 2008, puis entre 2010 et 2014). Collectionneur de lauriers, Toyota peut se féliciter du sans-faute de ses GR010 Hybrid. *« C'est vrai qu'on n'a pas commis beaucoup d'erreurs et que cette édition va compter parmi les grandes réussites de notre équipe*, admettait Vasselon. *Aucune des deux voitures n'est entrée au garage pour réparation et la 8 a vécu une course quasi parfaite. En dehors de sa crevaison lente, je pense qu'elle a laissé filer 30 ou 35 secondes. »* Sur les 86 527 que dura sa course victorieuse !

Les constructeurs les plus titrés
1. Porsche, 19 victoires
2. Audi, 13
3. Ferrari, 9
4. Jaguar, 7
5. Bentley, 6
6. **Toyota, 5.**

À l'image de nombreux observateurs, qui ont pu trouver cette 90e édition ennuyeuse, Sébastien Buemi et José Maria Lopez, membre de l'équipage vaincu de la n° 7, sont arrivés en zone mixte en bâillant à s'en décrocher la mâchoire. Mais c'était là le signe d'une fatigue extrême, preuve de l'intensité du duel interne chez Toyota. *« Le niveau de risque en début de course était vraiment très haut, à la limite du raisonnable*, assurait le Suisse, qui avait souffert de terribles maux de ventre pendant la nuit. *Ce n'était pas facile de tenir ce rythme sans faire d'erreur et c'est pour ça que c'était un soulagement pour nous quand la voiture sœur a eu son souci. »*

C'est au petit matin, un peu avant 8 heures, que le destin a choisi son camp avec une panne électrique qui a fait perdre le contact à la numéro 7. *« Nos deux voitures étaient si proches en performance que seul un petit problème de ce genre pouvait les départager »*, note Vasselon. La concurrence, qui savait pourtant que ses seules chances de victoire résidaient dans une course sans faute pour mettre Toyota sous pression, a vu son plan se retourner contre elle. L'Alpine (23e) s'est pris les pieds dans le tapis d'un bout à l'autre et la Glickenhaus 708 lâcha prise lorsqu'un demi-train arrière dut être changé après une sortie de piste d'Olivier Pla.

La 709 offre également son premier podium au fantasque et fantastique Jim Glickenhaus. Cinéaste millionnaire moqué, devenu patron d'écurie respecté, le septuagénaire n'avait sans doute jamais osé rêver de se retrouver là-haut avec cette foule conquise à ses pieds. *« Ils avaient le potentiel*, observe le patron de la technique de Toyota. *Leur rythme était similaire au nôtre, ils ont juste manqué de constance quand les conditions changeaient. »*

Sébastien Buemi, Ryo Hirakawa et Brendon Hartley (de gauche à droite) apportent à l'écurie Toyota une cinquième victoire consécutive. Seuls Porsche (7) et Ferrari (6) ont fait mieux.

Coups de bambou à Bakou

Alors qu'elle devait se relancer en Azerbaïdjan, la Scuderia Ferrari a touché le fond : double abandon pour Sainz et Leclerc. Verstappen n'en demandait pas tant.

L'ÉQUIPE DU 13 JUIN 2022

MAXIME MALET ET FRÉDÉRIC FERRET

Au moment de rejoindre son point presse virtuel, via Zoom, Mattia Binotto avait troqué la chemise rouge qu'il portait sur la murette des stands pour un polo noir avec juste le logo du cheval cabré sur le cœur. Deux heures après l'abandon de ses deux monoplaces avant même la moitié du Grand Prix, le patron de Ferrari essayait-il de faire subtilement passer le message que son équipe a déjà fait le deuil de ses espoirs de titres ?

Mais il tentait de relativiser. *« On ne voulait pas s'enflammer au début de la saison et on ne va pas être dévastés aujourd'hui,* a-t-il affirmé. *On est concentrés sur nous-mêmes. Avant d'être au top, il y a de la marge, nos dernières courses l'ont montré. Mais cette équipe va rester unie. On est conscient que ce n'est pas fini. »* Pourtant, la fiabilité de la Ferrari inquiète. Dès le huitième des 51 tours, Carlos Sainz s'est immobilisé pour un problème hydraulique et, treize boucles plus tard, Charles Leclerc a vu son moteur partir en fumée pour la deuxième fois en trois courses. Comme à Barcelone, le Monégasque était en tête au moment de sa panne et semblait, grâce à un bon coup stratégique de son équipe, bien placé pour la victoire.

Classement

1. **M. Verstappen** (HOL, Red Bull) les 306,049 km en 1 h 34'05''941	
2. S. Perez (MEX, Red Bull)	à 20''823
3. G. Russell (GBR, Mercedes)	à 45''995
4. L. Hamilton (GBR, Mercedes)	à 1'11''679
5. **P. Gasly** (Alpha Tauri)	à 1'17''299
...10. E. Ocon (Alpine)	à 1'48''184

Abandons : C. Leclerc (MON, Ferrari), C. Sainz (ESP, Ferrari).

> **"Je vais essayer d'effacer ce qu'il s'est passé mais là, ça fait trois coups durs..."**
>
> CHARLES LECLERC

« J'ai du mal à trouver les mots pour décrire ce qu'il se passe », a soufflé ce dernier, visage hagard du boxeur qui n'a pas vu venir un énorme uppercut. Le fort agacement vu à Monaco a laissé place à une forme d'incrédulité devant l'accumulation des déceptions. *« C'est dur à comprendre. Il faudra analyser, je n'ai pas tous les éléments mais, personnellement, une nouvelle fois, ça fait mal,* a-t-il ajouté. *Je vais essayer d'effacer ce qu'il s'est passé mais là, ça fait trois coups durs... »*

Outre le manque de résultats immédiats, ces abandons posent deux autres problèmes. Ils annihilent les progrès que la Scuderia a pu faire dans certains domaines, comme la vitesse de pointe (Max Verstappen n'arrivait pas à déborder Charles Leclerc lorsqu'il était derrière lui en début de course) ou l'usure des pneus. De l'autre, ils rendent probable l'arrivée d'une pluie de pénalités pour le Monégasque cette saison, surtout si les moteurs continuent de partir en fumée.

Max Verstappen, lui, n'en demandait pas tant. La seule inquiétude, chez Red Bull, aura été de savoir s'il fallait tourner en 46''9 ou en 47''5 et, surtout, d'apaiser la naturelle exaltation de son champion, paisible et solitaire leader. Au volant, le Néerlandais était si tranquille dans les rues de Bakou que son écurie lui demanda d'assurer et réduire son rythme pour préserver la mécanique et surtout éviter une erreur. Et c'est encore le vainqueur du jour qui eut le dernier mot, obtenant de son ingénieur, Gianpiero Lambiase, de ne pas trop baisser afin de garder les pneus en température.

En fait, il eut toute la journée raison. Même en partant tranquillement troisième ; même en ne rentrant pas lors du premier VSC (voiture de sécurité virtuelle) au dixième tour, lorsque Leclerc prit la tête grâce à ce pari stratégique de la Scuderia ; même lorsqu'il prit avec assurance la tête sur son équipier Sergio Perez, les pneus à l'agonie.

> **"Je suis hyper content de ce week-end. On n'a juste pas eu de chance sur le dernier safety-car virtuel, Hamilton a pu chausser ses gommes dures et il ne nous restait que des tendres. Cette place redonne le sourire à toute l'équipe. On a beaucoup travaillé après Monaco pour se dire les choses (il y avait terminé 11e), comprendre nos erreurs et y remédier"**
>
> PIERRE GASLY (ALPHA-TAURI), 5e DU GRAND PRIX D'AZERBAÏDJAN

À partir du quinzième tour, Verstappen s'envola, en bon gestionnaire. Le Mexicain, auteur du meilleur tour en course, ne put rien faire pour le suivre.

Et pourtant, la piste ne convenait guère au style agressif du champion du monde. Pas grave, le voilà solidement installé en tête du classement. Il déroule, même en conf', où plutôt que s'apitoyer sur les déboires de Leclerc, il s'amuse. *« On a tous des emmerdes,* rigolait-il. *C'est le sport auto. J'ai connu ça* (au Bahreïn et en Australie). *L'important c'est de savoir comment il s'en sortira. Après ce genre de déboires, on est en colère mais il faut vite passer à autre chose. »*

Max Verstappen entouré de George Russell (à dr.) et son coéquipier Sergio Perez (à g.) sur le podium du Grand Prix d'Azerbaïdjan.

Marchand de bonheur

En 4'4''28, Léon Marchand a frôlé le record du monde de Michael Phelps sur 400 m 4 nages et entre, à 20 ans, dans l'histoire de la natation française.

L'ÉQUIPE DU 19 JUIN 2022

CÉLINE NONY

Après un effort d'une violence inouïe, il a vu la petite lumière sous son plot. Champion du monde. À 20 ans. Dix mois après une première finale olympique (6ᵉ). Léon Marchand trimbale ses yeux bleus, glisse un sourire, s'inquiète de ne pas avoir encore pu effectuer sa récupération dans l'eau… Surtout, il ne mesure pas. Encore moins quand on évoque l'improbable : avant l'ultime 100 m crawl de son 400 m 4 nages, le petit Bleu était en avance sur le record du monde de Michael Phelps. Oui, les 4'3''84 de la légende américaine, qui datent de 2008. En 4'4''28, Léon Marchand l'a fait trembler. Pour l'instant, ça le satisfait. Il figure désormais au deuxième rang des performances de tous les temps avec, au passage, le record d'Europe du Hongrois Laszlo Cseh (4'6''16 en 2008) et s'impose, non plus comme une promesse, mais une valeur sûre.

> **“Ça peut être le premier jour de sa deuxième vie ”**
> FLORENT MANAUDOU

Un an après les Jeux de Tokyo, où seul Florent Manaudou avait évité la noyade (argent sur 50 m), la nouvelle génération frétillait d'impatience à l'idée de prouver qu'elle était capable d'enrayer la dégringolade. Et à Budapest, Marchand était d'ailleurs attendu.

« C'est intéressant qu'il ait su gérer cette pression. Quand il a gagné, toute l'équipe a ressenti la même chose : de la solidarité, de la joie, de la fierté et de la confiance pour la suite », apprécie le Néerlandais Jacco Verhaeren, le patron des Bleus. *« Ça peut être le premier jour de sa deuxième vie »*, avait même prédit Manaudou.

Évidemment, on ne peut pas oublier que Marchand, huitième Français à décrocher un titre mondial dans une épreuve individuelle, est depuis dix mois entraîné par Bob Bowman, mentor de Phelps. Et il est le premier à s'illustrer sur cette spécialité du 4 nages depuis… Xavier Marchand, médaillé d'argent mondial sur 200 m 4 nages en 1998.

Christophe Marchand, son oncle, a disputé deux fois les Jeux (1988 et 1992). Il s'exprimait plutôt sur 400 et 1 500 m, mais fut deux fois champion de France sur 400 m 4 nages au début des années 1990. Xavier Marchand a été le plus capé, avec aussi deux médailles européennes et deux finales olympiques (1996 et 2000), mais la mère a son mot à dire : Céline Bonnet, vice-championne d'Europe juniors sur 200 m 4 nages et 400 m 4 nages, était au départ de la finale B olympique en 1992, à 16 ans. *« Cette filiation représente beaucoup pour moi*, explique Léon Marchand. *Mes parents m'ont toujours donné des conseils. »*

Le père et la mère ont d'abord essayé de le dissuader : *« Ils savent que c'est un des sports les plus difficiles, qu'il y a beaucoup de sacrifices à faire. »* Et si le gamin n'a pas été convaincu aussitôt, s'il a même arrêté avant d'entrer au collège, il a fini par être sûr de son choix. Après onze ans à Toulouse, il s'est exilé aux États-Unis pour rejoindre Bowman et le système universitaire qui a tant favorisé sa progression cette année.

Sa famille était dans les gradins de la Duna Arena. En descendant du podium, après sa première *Marseillaise*, c'est évidemment vers elle qu'il s'est précipité.

Bilan des Bleus
2 titres, 10 médailles
Titré sur 400 m 4 nages, Léon Marchand a également obtenu l'or sur 200 m 4 nages et l'argent sur 200 m papillon.
Or : Léon Marchand (400 et 200 m 4 nages).
Argent : Maxime Grousset (100 m nage libre), Léon Marchand (200 m papillon), Mélanie Henique (50 m papillon), Marie Wattel (100 m papillon), Axel Reymond (25 km, eau libre), Aurélie Muller (5 km, eau libre).
Bronze : Maxime Grousset (50 m nage libre), Analia Pigrée (50 m dos).

100 m nage libre

Un « Max » de promesses

Vice-champion du monde du 100 m derrière le talentueux David Popovici, Maxime Grousset a encore franchi une marche et montré qu'il était fait pour les grands rendez-vous.

Maxime Grousset remporte sa première médaille internationale sur 100 m nage libre.

L'ÉQUIPE DU 23 JUIN 2022

SOPHIE DORGAN

Il adore la bagarre. À la manière des sprinteurs américains d'antan, Maxime Grousset est allé chercher David Popovici. Cette finale mondiale pourrait servir d'autoportrait du nageur français : du combat, un instant de déception, un coup de poing dans l'eau, pour avoir perdu de six centièmes à la touche face au Roumain, et un grand sourire de se voir vice-champion du monde du 100 m.

« C'est naturel, sourit le Néo-Calédonien. *Depuis tout petit, j'ai cette envie de gagner sur tout. »* Quand les finales arrivent, il se sent plus grand, plus beau, plus fort. *« Il a beaucoup de confiance en lui, c'est quelqu'un qui aime jouer, qui ne se met pas de limites »*, décrit son entraîneur, Michel Chrétien. Cette finale de l'épreuve reine, il l'a vécue sans complexes et avec un appétit d'ogre. Dès son entrée dans le bassin, il s'est positionné sur sa ligne 5, il n'est pas monté tout de suite sur le plot et s'est mis sur le côté face à son rival. Pour sentir son adversaire, l'emmener sur son terrain. Ses yeux bleus semblaient lancer au filiforme Roumain : *« Je suis prêt à en découdre. »* Grousset aime tant ces *« papillons dans le ventre »*, *« le cœur qui palpite »*. À Tokyo, en 2021, il avait déjà montré qu'il avait de la moelle, signant une quatrième place surprise. À Budapest, il avait encore rendez-vous. *« Il n'angoisse pas, il reste positif*, sourit son entraîneur de l'Insep. *Pas la peine de lui dire quinze phrases avant de partir. Il aime ça, il adore. »* Sur le papier, Popovici avait quatre dixièmes d'avance sur le Français (47''13 contre 47''54 en demies) mais on ne gagne pas une finale avec des stats. Avec intelligence, il a amené son rival dans sa filière.

« La natation est un sport où l'on joue et où le chrono n'a plus rien à voir, rappelle Chrétien. *C'est une confrontation, il faut trouver les solutions pour continuer à nager vite sans se crisper. »*

Popovici a gagné mais a perdu en fluidité, son temps de 47''58 en témoigne. La nage agressive et la ré-accélération au 75 m de Grousset l'ont perturbé. *« J'avais envie d'aller à la bagarre. En plus, il est entré un peu dans mon jeu*, note le Français. *Il a eu du mal à ré-accélérer car je lui ai fait un peu peur. »* Après la course, le Français ne pouvait s'empêcher de répéter : *« Je le battrai la prochaine fois. »* Comme un enfant prêt à disputer cent parties avant d'en gagner une, Grousset veut jouer encore et encore. Après le podium, il a vu en vidéo et en direct, sur le téléphone mobile de sa petite amie, les visages de sa famille, réunie en pleine nuit en Nouvelle-Calédonie. Sa joie profonde en disait long. La bagarre, c'est pour la piscine.

Grâce en partie à un excellent parcours de brasse, Léon Marchand a surclassé la concurrence sur 400 m 4 nages.

100 m papillon

Wattel, un si beau dessein

Quand Marie Wattel a touché le mur, elle a vu la petite lumière rouge de Torri Huske, victorieuse du 100 m papillon en 55''64, puis a bien regardé la sienne et a enfin cru à sa médaille d'argent. Cette lumière, elle l'attend depuis si longtemps. Quasi dix ans à espérer et désespérer. Avant sa course, elle n'avait pas oublié son rituel graphique, mis en place avec son préparateur mental. *« Ça me permet d'identifier voire de provoquer des émotions plus vite en me référant à une métaphore. Ça peut paraître bizarre,* explique-t-elle en riant. *C'est tout bête, mais juste de les mettre sous forme de dessin rend les choses plus faciles à assimiler. »* Elle a donc illustré, sur le papier, son ressenti : sa *« bulle intérieure »* était illuminée de *« petites lumières sur le plot »*. Et vers 18 h 15, elle les a vues en vrai et le tableau d'affichage y a même ajouté un record de France (56''14). Des larmes après des mois de doutes. Avant les Mondiaux, elle n'affichait aucune *« ambition de résultats »*.

Les adeptes du lâcher-prise peuvent potasser son cas. *« Apprendre à se connaître, avoir eu peur, avoir tout connu pour pouvoir réaliser des courses comme celle-là, c'est son chemin, il est beau »*, dit son entraîneur Julien Jacquier. Le coach a dû trouver les mots pour ancrer une meilleure gestion de son 100 m papillon. *« Elle savait qu'il fallait nager plus vite et, pour elle, ça veut dire partir plus vite. On a essayé de mettre des mots sur la maîtrise, qu'elle soit pilote de sa finale, ne pas regarder les autres faire et savoir toujours réagir. »* Derrière le plot, elle s'est répétée : *« N'oublie pas, ce sont les vingt derniers mètres qui comptent. Tu sais ce qu'il faut faire. »* Elle a tenu son pari en ne brûlant pas toute son énergie dans son premier 50 pour finir sur vingt derniers mètres de feu où elle a mis *« toute la rage des dernières années »*.

50 m papillon

L'effet papillon

Mélanie Hénique caresse sa médaille comme un doudou, précieux cadeau de la vie. Aussi *« belle et lourde »* que son histoire. Elle détache bien les syllabes pour prononcer *« vi-ce-cham-pionne-du-mon-de »* du 50 m papillon. Cela signifie tant. On pourrait évoquer sa course, son excellent départ, sa nouvelle technique consistant à nager son 50 m sans respirer, son temps de 25''31 à 36 centièmes de la légende suédoise Sarah Sjöström, cette pression de tout jouer sur une course. Cette médaille pèse bien plus lourd. *« J'ai connu des épreuves. Ce qui m'apaise et me rend fière, c'est réussir des choses. C'est mon bien. Ils ne m'auront pas, quoi ! Je suis heureuse d'avoir donné tort à mon père qui disait que je n'y arriverais jamais*, assène-t-elle, calme et déterminée. *C'est aussi un peu une revanche pour mon frère, on en a beaucoup chié. Je n'imagine même pas ma mère, elle doit être en transe. C'est pour elle, pour nous, pour tout ce qu'on a traversé. »*

Dans l'eau, on se sent plus léger et la Marseillaise s'y est toujours réfugiée. Dans cette course, son grand frère Sylvain, décédé en février, a nagé avec elle. En chambre d'appel, elle a entendu retentir par hasard dans sa playlist « leur » chanson puis l'a imaginé derrière le plot à l'arrivée. Ils passaient tous les deux, à Amiens, des journées à la piscine *« parce que la vie n'était pas facile, on voulait juste s'amuser »*.

De son enfance difficile, de son agression homophobe en 2015, de son équipementier qui l'a lâchée, faute de followers sur les réseaux, elle tire aussi sa force. Et regarde devant.

Elle pense déjà à cette barrière des 25'' qu'elle rêve de casser, des Jeux de Paris où elle devra se qualifier sur le 50 m libre car le 50 pap n'est pas olympique. *« On ne peut pas dire que la vie m'ait fait des cadeaux. C'était si dur, si vous saviez comme c'était dur. Mais je suis là,* explique-t-elle dans un grand sourire. *C'est encore une étape de passée. Je suis fière de ce que j'ai fait. »*

ESCRIME Championnats d'Europe

épée hommes

Le blockbuster Borel

L'épéiste, qui a entraîné à l'escrime les stars de la superproduction « Les Trois Mousquetaires », a remporté son quatrième titre européen.

L'ÉQUIPE DU 20 JUIN 2022

AURÉLIEN BOUISSET

« Le gars fait deux mètres. À chaque assaut, il t'humilie par son allonge et ses réflexes. » Cette phrase n'a pas été prononcée par ses adversaires du jour mais elle aurait pu. Elle est de l'acteur François Civil qui, pour les besoins du tournage d'une nouvelle version cinématographique des *Trois mousquetaires*, a reçu, pendant plusieurs mois, des leçons d'escrime de Yannick Borel.

« Ils sont venus me chercher grâce à Vincent Parisi, qui est coach sportif et préparateur physique, aussi pour des acteurs, retrace le champion du monde 2018. *Il a proposé mon nom en disant : "Si vous voulez le meilleur, il y a Yannick Borel" ! »* Ce n'est pas le Néerlandais Tristan Tulen, broyé 15-1 en finale, qui dira le contraire...

Ainsi, entre 13 et 15 heures, une fois ses propres entraînements terminés à l'Insep, dans le bois de Vincennes, l'épéiste désormais quadruple champion d'Europe filait à Montreuil pour initier les stars du grand écran dans un dojo de cette banlieue du 93.

« C'était une super expérience, d'être au contact de ces artistes, s'en réjouit-il encore, lui qui a longtemps dû observer un silence confidentiel sur cette activité. *Déjà, c'était une première pour moi, je n'avais jamais côtoyé d'acteurs. Et c'étaient des gens très simples et très inspirants, dans le sens où ils apprennent très vite. Ils se mettent à zéro, ils ne font pas style qu'ils connaissent. Ils sont désireux d'apprendre et ils le font avec beaucoup d'application. »*

Porté par le staff et les épéistes français, Yannick Borel fête un nouveau titre de champion d'Europe après 2016, 2017 et 2018.

La vedette à Antalya

Entre les confinements, les tournages des uns, Romain Duris parti sur *Eiffel*, Vincent Cassel accaparé par la série *Liaisons*, et ses propres contraintes, il a plus souvent pu travailler avec François Civil, qui avait *« de bonnes qualités physiques »*. *« Et je n'ai vu Eva Green qu'une fois*, regrette-t-il. *On avait parlé de se revoir, mais ça correspondait avec le retour d'Hugues Obry* (l'entraîneur, qui a repris en main l'épée hommes en septembre 2021). *Et dans notre planning, avec Hugues... Il n'y a pas trop de place ! »* Les mêmes exigences pour sa carrière l'ont empêché de pointer sur le tournage, puisqu'il était en pleine préparation olympique. *« J'aurais aimé les accompagner et les coacher sur ces moments-là. Mais j'ai fait un beau travail avec eux en amont*, insiste-t-il. *On a même fait une compète entre eux, ils ont kiffé ! »*

Il ne sait plus trop qui l'avait remportée, *« Vincent Cassel, mais je ne suis pas sûr... Ou Romain Duris ! »* À Antalya, en revanche, il n'y avait pas de doute de ce genre, la vedette c'était bien Yannick Borel.

épée et sabre femmes

L'or malgré tout

Épéistes et sabreuses ont décroché l'or chacune à leur manière. Mais en pensant aux absentes.

L'ÉQUIPE DES 22 ET 23 JUIN 2022

AURÉLIEN BOUISSET

Malina Vongsavady, Sarah Noutcha, Caroline Queroli et Sara Balzer, rayonnantes après leur titre au sabre.

C'est l'or du grand soulagement qui a accompagné les sacres des épéistes françaises en finale face aux Italiennes (43-30). Auriane Mallo évoquait *« une récompense pour une saison qui n'a pas été facile »*. Elles en ont, en effet, connu, des galères, les Bleues. D'anecdotiques, comme ces housses qui ne rentraient pas dans l'avion vers Katowice (Pologne), en mai. *« Un entraîneur a fait 300 km en voiture pour nous les apporter »*, rit Lauren Rembi. Ou, moins banal, l'irruption de la guerre en Ukraine, alors que le collectif était en Russie. Toutes les tireuses françaises avaient déposé les épées pour être rapatriées fissa de Sotchi. Dernier épisode, à Antalya même, au matin de l'épreuve individuelle. Joséphine Jacques-André-Coquin est déclarée positive au Covid et déclare forfait. *« Un coup de massue*, se souvient Mallo. *On lui a rendu hommage de la plus belle des manières, avec Coraline Vitalis qui a dû nous rejoindre. » « Cette médaille, on est allées la chercher avec les tripes »*, décrit Mallo. Et tout au long de la journée, le quatuor est resté en lien avec Jacques-André-Coquin, dont la veste était exhibée avant les assauts.

Chez les sabreuses, couronnées le lendemain, il y avait aussi une problématique d'absentes. Mathieu Gourdain, leur entraîneur : *« Les trois filles qui étaient sur la piste en individuel aux Jeux de Tokyo* (Brunet, blessée, Berder et Lembach) *n'étaient pas là. Aujourd'hui, les filles étaient très concernées, appliquées. J'ai apprécié la montée en puissance, l'escrime pratiquée et le respect. »*

Les Bleues ont balayé elles aussi les Italiennes (45-23). Rien ne les a fait douter, pas même le coup de poignard ressenti à une cuisse par Sara Balzer à l'échauffement. Sa coéquipière Caroline Queroli (24 ans) n'est pas une novice (championne du monde par équipes en 2018), mais elle avait loupé le train olympique. Quant à Sarah Noutcha et Malina Vongsavady, elles disputaient leur première grande compétition. La maturation est en cours, et Gourdain se demande ce que ce travail entrepris donnerait contre les Russes, références de la dernière décennie. *« Et maintenant*, salive Gourdain, *quand les Berder, Brunet ou Lembach reviendront, elles retrouveront dans le groupe quatre championnes d'Europe ! »*

Impérial Quartararo

Ses adversaires ayant vite décroché, le Français a enchaîné une deuxième victoire d'affilée après son succès en Catalogne. Zarco, deuxième, l'a rejoint sur le podium.

L'ÉQUIPE DU 20 JUIN 2022

MICHEL TURCO

Après la Catalogne deux semaines auparavant, Quartararo signe une deuxième victoire de rang.

Sur les hauteurs de Nice, le mercure est monté dans le rouge. Malgré l'agréable brise d'est qui, caressant la mer, rendait l'atmosphère bien plus respirable qu'au fin fond de la Saxe allemande, écrasée par la chaleur, Étienne et Martine Quartararo ont manqué d'air lorsque leur fils a viré en tête au premier virage.

Rivés devant leur télé, les parents du champion du monde ont commencé à mieux respirer à l'entame du quatrième tour, lorsque Francesco Bagnaia a perdu le contrôle de sa Ducati, laissant le Niçois seul en tête avec sept dixièmes de seconde d'avance sur Johann Zarco. Mais il leur a fallu attendre l'arrivée de la dixième course de la saison pour souffler pour de vrai. Entendre Fabio lui dédier sa victoire en guise de cadeau de fête des pères a tiré une petite larme au paternel. « *Il m'épate week-end après week-end*, glisse ce dernier. *Il prend du grade course après course. Il calcule tout, il travaille super bien avec son équipe, il ne fait pas d'erreur... Et il a toujours cette rage pour aller chercher la gagne. C'est magnifique.* »

Le pari gagné du pneu medium à l'arrière

Le père du champion du monde n'est pas le seul à rester en pâmoison devant celui qui a décroché, sur le Sachsenring, sa onzième victoire. Au pied du podium, Massimo Meregalli, le team manager Yamaha, avouait que les performances de son pilote dépassaient ses attentes. « *Ici comme à Barcelone* (le 5 juin), *on s'attendait à devoir batailler pour le podium. Or, à chaque fois, Fabio s'est envolé et personne n'a pu lui résister.* »

Dans les deux courses, Quartararo a appliqué la même recette : départ incisif et premiers tours super agressifs pour avoir le champ libre tout en espérant pousser ses adversaires à la faute.

Pour parvenir à ses fins, Quartararo (23 ans) avait décidé, après le warm-up, de partir avec le pneu arrière medium. « *On sait qu'avec notre moto on a du mal à doubler*, explique-t-il. *Pour profiter des qualités de la Yamaha en entrant fort dans les virages, on utilise des trajectoires différentes des autres. Il faut vraiment se retrouver vite devant pour espérer gagner.* »

Sans oublier cette problématique de pression de pneu avant engendrée par la température qui grimpe dans le trafic et qu'il faut à tout prix éviter. À quelques minutes du départ, Yamaha s'est tout de même demandé si ce choix de pneu arrière était le bon. « *Quand notre technicien Michelin est entré dans le garage en disant que nous n'étions que deux à avoir opté pour le medium* (avec Pol Espargaro), *j'ai senti le doute s'installer*, s'amusait après-coup le Niçois. *J'étais convaincu que ça pouvait aller au bout. Finalement, il s'est dégradé plus que prévu, mais j'ai fini sur un rythme correct.* » D'autant qu'une fois que Bagnaia, parti en pole, s'est retrouvé dans le bac à gravier, Quartararo a pu contrôler son avance sur Zarco, le reste de la troupe ayant vite renoncé à suivre le rythme.

De quelques dixièmes, l'écart est vite passé à une poignée de secondes. « *Ayant dû taper plus que prévu dans mon pneu en début de course, je n'ai pas non plus cherché à augmenter mon avance*, poursuit le pilote Yamaha. *Mais boucler trente tours en tête avec une telle chaleur sur un circuit où il n'y a pas de ligne droite pour souffler m'a demandé énormément de concentration.* » À mi-saison, on se disait qu'il avait pris une sérieuse option sur sa deuxième couronne...

Classement

1. **Quartararo** (Yamaha), les 110,13 km (30 tours)	en 41'12''816 (moy. : 160,3 km/h)
2. **Zarco** (Ducati Pramac)	à 4''939
3. Miller (USA, Ducati)	à 8''372
4. A. Espargaro (ESP, Aprilia)	à 9''113
5. Marini (ITA, Ducati VR 46)	11''679
... 7 abandons, dont Bagnaia (ITA, Ducati Gresini)	

Zarco : « Heureusement que j'avais de l'avance »

Le pilote Pramac, 2e, s'est lui aussi montré agressif au départ pour s'assurer une place sur le podium.

« Vous avez amélioré vos départs et vos freinages et votre début de course s'en est ressenti...

Oui, le travail paie. Quand Espargaro m'a doublé, j'ai réussi à réagir très vite pour répliquer. J'avais aussi réussi à le faire à Barcelone (3e). C'est de la confiance qui revient, de la technique qui s'affine pour pouvoir emmener la moto où je veux sans la moindre hésitation.

En revanche, on vous a vu exténué à l'arrivée.

Heureusement que j'avais de l'avance... J'avais peur d'être repris tant la moto patinait, ça m'a tendu sur les trois derniers tours. C'est surtout ça qui m'a épuisé.

En 2021, après la pause estivale, vous vous étiez mis la pression pour aller chercher votre première victoire et vous aviez commencé à déjouer. Comment l'éviter ?

J'ai fait des erreurs, je les ai cernées et nous les avons corrigées. On va bosser pour continuer à construire sans chercher à faire une révolution. Quand je suis dans le dur, je résiste et ça paie. C'est comme ça que les choses vont finir par se débloquer. »

RUGBY Top 14 finale

Castres 10-29 Montpellier

Dans la cour des grands

Jan Serfontein (à g.) et Nico Janse van Rensburg lèvent le premier Brennus du MHR.

Plus solide et inspiré, Montpellier a logiquement battu Castres et remporté son premier titre de champion. Une sortie rêvée pour les néo-retraités Guilhem Guirado et Fulgence Ouedraogo.

L'ÉQUIPE DU 25 JUIN 2022

LAURENT CAMPISTRON

Il aura donc fallu attendre la troisième tentative, la troisième finale après celles de 2011 et 2018, pour que Montpellier décroche enfin son premier titre de champion de France. Ce triomphe valait bien ces scènes de joie qui animaient le banc du MHR dix minutes avant le coup de sifflet final. Ces larmes, aussi, qui ont coulé sur les visages de Guilhem Guirado, Fulgence Ouedraogo ou Benoît Paillaugue, qui auront eu la jouissance rare d'arrêter leur carrière ou de quitter leur club sur un premier Brennus. Les derniers à y être parvenus étaient les Clermontois, il y a douze ans (2010).

« C'est confus, je ne réalise pas du tout, confiait le demi de mêlée Paillaugue. *On entre dans l'histoire, on est les premiers. C'est fou car si vous m'aviez dit ça en début de saison, j'aurais rigolé. C'est beau de gagner un titre. On s'est fait cracher dessus, on n'avait, soi-disant, pas d'identité et c'est ce qui a forgé tout le groupe. » « Il n'y a pas de mots, c'est juste exceptionnel*, ajoutait le centre Arthur Vincent. *C'est pour Fufu* (Ouedraogo), *les gars, les pétés. »* Cette victoire, qui dépasse largement en prestige les deux Challenges européens remportés par le club en 2016 et 2021, est aussi celle d'un président, Mohed Altrad, qui aura donc patienté plus de dix ans, depuis son arrivée en 2011, pour obtenir le retour sur investissement espéré plus tôt. Celle d'un manager, aussi, Philippe Saint-André, qui a longtemps rasé les murs après son fiasco de la Coupe du monde 2015, avant de revenir en grâce en posant au MHR les bases d'un rugby plus structuré et plus pragmatique. Et celle de joueurs, enfin, qui se sont découvert une identité et d'immenses vertus guerrières après avoir touché du doigt la catastrophe, il y a dix-huit mois, quand Montpellier flirtait avec la zone rouge.

Dès la 12e minute de jeu, Anthony Bouthier a inscrit le troisième essai héraultais.

LES DIX DERNIERS VAINQUEURS

2022	Montpellier
2021	Toulouse
2020	*non attribué*
2019	Toulouse
2018	Castres
2017	Clermont
2016	Racing 92
2015	Stade Français
2014	Toulon
2013	Castres

Castres est passé à côté

Au Stade de France, les Montpelliérains avaient quelque chose en plus que leurs homologues tarnais. Ce supplément d'âme, peut-être, qui pousse des hommes en quête d'inédit à se sublimer. Ils étaient plus durs à l'impact, plus agressifs en défense, plus forts en conquête, et bien plus réalistes dans leurs temps forts.

Cette finale, disait-on, devait se résumer à une guerre d'occupation, à un combat acharné dans les rucks et à un duel de buteurs. C'est exactement l'inverse qui s'est d'abord passé, avec vingt premières minutes parfaitement déjantées où les deux équipes ont versé dans une espèce de hourra rugby dans lequel le CO a fini par se perdre. C'est d'ailleurs Castres qui avait ouvert le bal. Qu'est-il donc passé par la tête de Geoffrey Palis pour qu'il tente ce petit coup de pied, par-dessus pour lui-même, à hauteur de ses 22 m, alors que l'espace devant lui était totalement obstrué ? Sanction immédiate : ballon aussitôt récupéré et passe au pied lumineuse de Zach Mercer pour Arthur Vincent (6e).

Ensuite ? C'est comme si ce premier essai avait libéré le MHR et tétanisé le CO. Les partenaires de Yacouba Camara ont alors plié la partie en deux minutes, inscrivant deux autres essais par Florian Verhaeghe (10e) et Anthony Bouthier (12e) pour mener 17-0 après douze minutes. Fin de la partie, ou presque. Le match, surtout en seconde période, est entré dans une configuration dont raffole Montpellier. Une sorte d'attaque-défense où le club héraultais a repoussé les assauts castrais, parfois de manière héroïque, comme sur ces deux actions où il a empêché Julien Dumora (51e) puis Wayan De Benedittis (58e) d'aplatir dans son en-but.

Vite privé de son maître à jouer argentin, Benjamin Urdapilleta (14e), blessé, le CO a raté sa finale malgré un sursaut après la pause et un essai tardif de Vilimoni Botitu (75e). Il n'a jamais vraiment été en mesure de contester à Montpellier sa suprématie. Comme emporté par le vent de l'histoire.

Asvel 84-82, a.p. Monaco

L'Asvel en majesté

Au bout de la prolongation et d'une série haletante, le club rhodanien a coiffé sa quatrième couronne nationale en six ans et réussi un triplé qui n'avait plus été réalisé depuis trente-deux ans.

L'ÉQUIPE DU 25 JUIN 2022

ARNAUD LECOMTE

Marcos Knight a chipé le ballon ripé par Dwayne Bacon après un dribble croisé. Le dernier de la saison. L'ex-Monégasque a sprinté de l'autre côté du terrain sous les vivats qui scandaient le décompte. Et l'Astroballe a enfin explosé de plaisir. Après neuf mois, cinq matches dans la série finale, 2 h 26' de jeu, un quatrième quart-temps et une prolongation folle, les décibels ont décuplé.

Une vague blanche a déferlé vers le centre du parquet. Le président Tony Parker a dévalé les marches pour embrasser son coach et frère T.J. et tomber dans les bras de ses hommes. Au bout d'un match 5 digne des plus grands dénouements, l'Asvel a décroché un quatrième titre en six ans, et le deuxième triplé de l'histoire (2019, 2021, 2022 car 2020 a été interrompue par le Covid) après le Limoges CSP (1988-1990).

Scénario dingue et suspense absolu. Au cœur du dernier quart-temps, l'AS Monaco avait retrouvé Mike James, jusque-là aphone. Trois coups de fouet de l'inénarrable joueur US suivi du réveil de son lieutenant Bacon semblaient propulser la « Roca Team » vers le premier titre de champion de son histoire. Les Monégasques ont eu jusqu'à huit points d'avance à quatre minutes de la fin. Et puis, William Howard et Chris Jones ont sonné la révolte.

> "Lorsque je suis arrivé, je n'avais rien gagné mais je me suis mis dans le moule et j'ai appris à gagner des titres"
> WILLIAM HOWARD

Fidèle à ses habitudes, l'Asvel a arraché la prolongation après une attaque main droite conclue main gauche par le MVP de la série, Élie Okobo (75-75). Le Bordelais avait même provoqué la quatrième faute de James et disposait du lancer franc du champion mais sa main gauche, pourtant diabolique, a flanché et il a fallu une prolongation ép que pour départager les deux géants.

Après Okobo, c'est un autre international, l'ailier de Montbrison William Howard qui a surgi. Dès l'entame du temps supplémentaire, l'ancien Limougeaud expédiait deux paniers à trois points et réussissait l'action du match et de la finale, ce contre avec la planche au dépens du petit Paris Lee qui filait en contre-attaque. Howard était aussi dans le coup pour mettre la pression sur l'ultime montée de balle raturée par Bacon.

« *J'aime ces situations serrées de fin de match, ce sont des tirs que j'aime prendre. Mais quand tout va vite comme ça, il se passe tant de choses que tu ne réfléchis pas à grand-chose*, avouait-il. *Quand je jouais à Limoges, on se faisait souvent botter les fesses par l'Asvel qui jouait dur. Lorsque je suis arrivé, je n'avais rien gagné mais je me suis mis dans le moule et j'ai appris à gagner des titres.* »

« *Will a fait des stops incroyables* », enchaînait T.J. Parker. « *On a su rester forts mentalement, chaque action est devenue importante. C'est aussi l'histoire de cette équipe. Ce dernier match, c'est super pour notre sport, tu ne peux pas faire mieux* », rayonnait l'homme fort de cette finale lors de laquelle l'Asvel s'est remise d'un faux départ au match 1 à domicile (74-82), avant de scalper Monaco, quart-finaliste de l'Euroligue, lors des deux derniers matches.

« *Celui-là, il est unique ! Finir chez soi alors qu'après le match 3, tout le monde te croyait fini* », ajoutait l'entraîneur, souvent contesté depuis son arrivée sur le banc en 2020 mais qui a empoché deux titres de rang et a surpassé, avec ses joueurs, une équipe plus talentueuse mais plus instable.

« *Cette fois, on s'est battus, c'est tombé du côté de l'Asvel, nos regrets sont plutôt sur les matches 2 et 4. Avec l'intensité de ce soir, peut-être les résultats auraient-ils été différents* », signalait Léo Westermann. Monaco a été digne de sa grande saison européenne, alors la finale a été grande.

La série de l'Asvel

Une finale en 5 manches :

Asvel - Monaco : 74-82
Asvel - Monaco : 91-54
Monaco - **Asvel** : 83-80
Monaco - **Asvel** : 68-85
Asvel - Monaco : 84-82 a.p.

Tony Parker tombe dans les bras d'Élie Okobo après le coup de sifflet final.

MVP de la finale avec 20 points inscrits lors du match 5, Élie Okobo signera quelques semaines plus tard... à l'AS Monaco.

5 JUIN

TRAMPOLINE **CHAMPIONNATS D'EUROPE.** Petit feu d'artifice à Rimini (Italie). Allan Morante est devenu le premier Français à décrocher le titre continental depuis Grégoire Penne en 2010. Il devance son compatriote Pierre Gouzou. Et comme un bonheur ne vient jamais seul, Léa Labrousse, compagne de Morante, s'est emparée du bronze.

26 JUIN

BASKET **COUPE DU MONDE 3X3.** Quatrièmes aux Jeux à Tokyo, les Françaises ont pris leur revanche à Anvers (Belgique) en remportant leur premier titre mondial. En finale, Marie-Eve Paget (ci-dessus) et Laetitia Guapo ont lancé les Bleues, avant d'être relayées par Myriam Djekoundade et Hortense Limouzin, pour disposer du Canada (16-13).

5 JUIN

MOTOGP **GRAND PRIX DE CATALOGNE.** Trois jours après avoir prolongé son contrat chez Yamaha, Fabio Quartararo a apporté à son écurie une deuxième victoire après celle décrochée au Portugal en avril. Seul de bout en bout, le Français s'offre surtout un bol d'air de 22 points en tête du Championnat devant Aleix Espargaro.

1 JUIN

FOOTBALL **EURO U17.** Après 2004 et 2015, l'équipe de France des moins de 17 ans a remporté le titre européen. En finale, la génération du capitaine Mathys Tel (à g.), joueur du Bayern Munich depuis cet été, et d'El Chadaille Bitshiabu (à dr.), a renversé les Pays-Bas (2-1) grâce à un doublé insoupçonnable du latéral droit du Havre Saël Kumbedi.

16 JUIN

BASKET **NBA.** MVP de la finale, Stephen Curry (au centre, 34 points lors du match 6) renoue avec l'histoire et remporte un quatrième titre NBA. Pour sa franchise, Golden State, il s'agit du septième, acquis face aux Boston Celtics (4-2), ce qui fait de la franchise californienne la troisième en termes de nombre de titres.

12 JUIN

CYCLISME **CRITÉRIUM DU DAUPHINÉ.** Solide en contre-la-montre (ci-dessus), bien épaulé par un Jonas Vingegaard en grande forme lors de l'ultime étape vers le col de Solaison, remportée par le Danois, Primoz Roglic s'adjuge la 74ᵉ édition de l'épreuve. Après Paris-Nice, le Slovène réalise la préparation parfaite avant le Tour de France.

19 JUIN

VOLLEY-BALL **LIGUE EUROPÉENNE.** Pour la première fois, les Bleues s'offrent un titre international, acquis en finale face à la République tchèque (25-22, 27-25, 25-14) grâce, entre autres, à 20 points de la pointue Lucille Gicquel (à g.). Les protégées d'Émile Rousseaux n'ont perdu que deux petits sets en six matches.

CYCLISME TOTAL

De la première semaine de Wout van Aert au sacre final de Jonas Vingegaard, la formation Jumbo-Visma a marqué le Tour de France de son empreinte, décroché six victoires d'étapes et fait tomber Tadej Pogacar de son piédestal au prix d'une démonstration collective rare.

En file indienne dans la montée vers Hautacam, Wout van Aert, Jonas Vingegaard et Tadej Pogacar ont été les trois grands hommes de cette 109e édition.

Vingegaard : « Trois semaines incroyables »

Le coureur danois, 25 ans, vainqueur du Tour de France après sa deuxième place en 2021, tenait avant tout à rendre hommage au collectif Jumbo-Visma.

L'ÉQUIPE DU 25 JUILLET 2022

DOMINIQUE ISSARTEL

« Que retiendrez-vous de ce Tour ?
Je suis heureux et fier. Pas seulement de moi-même mais de toute mon équipe. On a vécu trois semaines incroyables avec, personnellement, deux victoires d'étape dont je me souviendrai toujours *(au col du Granon et à Hautacam)*. Ce n'est pas tant le fait d'avoir gagné, mais la façon dont nous avons couru, appliquant une stratégie offensive préparée depuis des mois. Et puis, bien sûr, il y a le jour des pavés. J'étais vraiment en galère à un moment et mes coéquipiers m'ont sauvé.

Y a-t-il eu des moments de doutes ?
Évidemment. Sur les pavés, j'ai perdu seulement 13'', mais il y a eu la chute de Primoz *(Roglic)*. Ce jour-là, on a eu l'impression que notre plan nous échappait car nous avions tout échafaudé par rapport au fait que nous avions deux leaders. Le soir, on s'est dit qu'il fallait continuer à y croire et à se battre comme on l'avait prévu. Le fait que Primoz ait perdu tant de temps *(plus de deux minutes sur Pogacar)* nous a perturbés car notre idée était d'attaquer la montagne avec le même écart par rapport à Pogacar, mais on a joué nos cartes comme si c'était le cas.

Qu'avez-vous ressenti en perdant deux équipiers (Roglic puis Kruijswijk) avant d'aborder les Pyrénées ?
Pour Steven, je dirais que c'était simple, il avait l'épaule cassée, il n'y avait rien à faire. Mais Primoz a tellement lutté, pendant dix étapes. Puis, un soir, il nous a dit que ça n'allait vraiment pas. C'était émouvant car, en nous disant au revoir, il a aussi dit qu'il était fier de nous.

Votre réussite génère aussi pas mal de soupçons.
Les soupçons ne me dérangent pas, je comprends qu'avec le lourd passé du cyclisme, la façon dont il fonctionnait il y a encore une quinzaine d'années, on puisse se poser des questions. Mais notre sport a changé. En ce qui concerne mon équipe, je mets ma main au feu pour chacun de mes coéquipiers. Nous sommes propres à 100 %.

D'autres ont déjà dit la même chose...
Je le répète, ce n'est plus le même cyclisme. Je suis né en 1996, l'année de la victoire de Bjarne Riis *(qui a reconnu s'être dopé en 2007)*, je sais que le Danemark a une histoire avec le dopage, comme beaucoup d'autres d'ailleurs. Mais je sais comment nous fonctionnons. Quand j'ai commencé à envisager de devenir pro, c'était à la condition de ne rien faire d'illégal.

> "Pour chaque coureur danois, ç'a été un truc de dingue"

Fallait-il absolument avoir deux leaders pour espérer battre Pogacar ?
On ne peut pas en être absolument certain mais j'aurais tendance à dire que oui. Sans le travail que Primoz a fait lors de l'étape du Granon, toutes ses attaques qui ont fatigué Pogacar, je ne sais pas si j'aurais réussi à le battre.

Vous remportez le Tour qui était parti de chez vous, au Danemark...
Quand j'avais appris que le Tour aurait lieu au Danemark, je m'étais tout de suite dit que c'était là que je voudrais le courir pour la première fois. Bon, à cause du Covid, ça a été reporté d'un an mais, pour chaque coureur danois, ç'a été un truc dingue. »

De gauche à droite, Sepp Kuss, Tiesj Benoot, Christophe Laporte, Jonas Vingegaard et Wout van Aert ont animé les trois semaines de la Grande Boucle et remporté un total de six bouquets.

JUILLET

TOUR DE FRANCE 11e étape 151,7 km

Albertville - Col du Granon Serre-Chevalier

Rêve de Granon

Chef-d'œuvre de cyclisme total, la première grande étape des Alpes a été le théâtre du renversement spectaculaire de Tadej Pogacar, sous les coups de boutoir des Jumbo et de Jonas Vingegaard.

L'ÉQUIPE DU 14 JUILLET 2022

ALEXANDRE ROOS

À quoi allons-nous rêver désormais ? Maintenant que dans le songe d'un après-midi d'été, nous avons vu nos fantasmes se réaliser. Pincez-vous, ce ballet de fantômes cristallisés par la douleur dans les pentes surnaturelles du Granon a bien défilé sous vos yeux. Souvenez-vous de tous ces matins de grande bataille et d'espérances, et de vos grognements de canapé quand, une fois de plus, Indurain n'avait pas été inquiété, Ullrich n'avait pas renversé Armstrong, le train des Sky n'avait pas déraillé.

Tout ce que nous attendions depuis si longtemps s'est réalisé dans la plus grande étape de montagne du Tour de France qui nous a été offerte depuis des décennies. Grâce à un profil démentiel et à la sorcellerie du Granon. Grâce au coup de force collectif des Jumbo, bien sûr, qui ont malmené un Maillot Jaune comme jamais, partout, tout le temps, dès les lacets du Télégraphe, dans le Galibier et bien sûr au Granon, où Jonas Vingegaard porta le coup fatal à quatre kilomètres du sommet, au terme d'un modèle de cyclisme total dont on ne s'étonnera pas qu'il ait été échafaudé par une formation néerlandaise. Vingegaard a remporté sa première victoire dans le Tour de France et revêtu le maillot jaune avec une avance de deux minutes, apparemment confortable mais pas forcément définitive si on estime ne pas être à l'abri d'un autre coup de folie.

Il a surtout écrit un nouveau conte danois, celui du garçon qui n'avait jamais vu une montagne mais allait renverser celle du Tour. Comme son équipe qui a rejeté la domination de Tadej Pogacar, le grimpeur scandinave a tordu le cou à la fatalité, aux déterminismes, dans le refus que son seul horizon soit celui du marché aux poissons où, plus jeune, il emballait des harengs.

2

CE N'EST QUE LA DEUXIÈME FOIS qu'une équipe remporte à la fois le général (Vingegaard), le classement par points (Van Aert) et le classement de la montagne (Vingegaard). En 1969, Eddy Merckx (Faema) avait remporté les trois maillots.

Pogacar a dévoilé une faiblesse qui l'a rapproché de nous

Romain Bardet s'est arraché pour prendre la 3e place de l'étape et monter sur le podium du général (2e), seul contre tous, mais acteur de sa destinée, un peu comme Warren Barguil qui crapahutait à l'avant avant d'être croqué à quelques kilomètres de l'arrivée. L'Auvergnat n'hésita donc pas à attaquer plusieurs fois, juste avant l'accélération de Vingegaard, pour ne pas subir et continuer à exister. Il a fait de sa carrière une recherche intérieure, l'exploration de la frontière entre le plaisir et la douleur, et après avoir martyrisé ses jambes, il soulagea son esprit, assis dans les herbes du sommet.

La bataille des Alpes fit également la démonstration que l'on peut se relever de tout. L'étape fut une succession de résurrections de coureurs. En lutte avec eux-mêmes pour ne pas baisser les bras, spectres éparpillés. Comme Geraint Thomas, 4e de l'étape, mais surtout David Gaudu, qui n'avait pas pu tenir les roues des meilleurs dans le Galibier et qui, escorté par Michael Storer et Valentin Madouas, recolla à maintes reprises. Cinquième de l'étape, le Breton a même fini par doubler Pogacar, âme en peine dans les derniers kilomètres. Harcelé par les Jumbo, par les coups de poignard successifs de Roglic et Vingegaard, il ne s'était jamais démonté, avait répliqué dès que possible. Malgré le sourire à la caméra avant d'attaquer le dernier col, le taurillon était blessé, vulnérable… Pour la première fois, il a dévoilé une faille. Il a succombé aux sortilèges du Granon, comme Bernard Hinault, en 1986, qui avait laissé sa dernière tunique sur ces pentes surchauffées.

En difficulté dans les pentes du Granon, Tadej Pogacar perd son maillot jaune.

Classement général final

1. J. Vingegaard (DAN, TJV)	79 h 33'20''
2. T. Pogacar (SLV, UAD)	à 2'43''
3. G. Thomas (GBR, IGD)	à 7'22''
4. **D. Gaudu** (GFC)	à 13'39''
5. A. Vlasov (RUS, BOH)	à 15'46''
6. N. Quintana (COL, ARK)	à 16'33''
7. **R. Bardet** (DSM)	à 18'11''
11. **V. Madouas** (GFC)	à 35'59''
15. **T. Pinot** (GFC)	à 50'25''
37. **T. Gallopin** (TFS)	à 2 h 25'11''

1e mercredi 13	12e jeudi 14	13e vendredi 15	14e samedi 16	15e dimanche 17	lundi 18 - repos	16e mardi 19	17e mercredi 20	18e jeudi 21	19e vendredi 22	20e samedi 23	21e dimanche 24
lbertville > ol du Granon erre-Chevalier	Briançon > Alpe d'Huez	Le Bourg d'Oisans > Saint-Étienne	Saint-Étienne > Mende	Rodez > Carcassonne		Carcassonne > Foix	Saint-Gaudens > Peyragudes	Lourdes > Hautacam	Castelnau-Magnoac > Cahors	Lacapelle-Marival > Rocamadour	Paris La Défense Arena > Paris Champs-Élysées
1e étape (151,7 km) Vingegaard AN, V)	12e étape (165,1 km) T. Pidcock (GBR, IGD)	13e étape (192.6 km) M. Pedersen (DAN, TFS)	14e étape (192,5 km) M. Matthews (AUS, BEX)	15e étape (202,5 km) J. Philipsen (BEL, ADC)		16e étape (178,5 km) H. Houle (CAN, IPT)	17e étape (129,7 km) T. Pogacar (SLV, UAD)	18e étape (143,2 km) J. Vingegaard (DAN, TJV)	19e étape (188,3 km) C. Laporte (TJV)	20e étape (40,7 km ; c.l.m. ind.) W. Van Aert (BEL, TJV)	21e étape (115,6 km) J. Philipsen (BEL, AFC)
J. Vingegaard (DAN, TJV)	J. Vingegaard (DAN, TJV)	J. Vingegaard (DAN, TJV)	J. Vingegaard (DAN, TJV)	J. Vingegaard (DAN, TJV)		J. Vingegaard (DAN, TJV)	J. Vingegaard (DAN, TJV)	J. Vingegaard (DAN, TJV)	J. Vingegaard (DAN, TJV)	J. Vingegaard (DAN, TJV)	J. Vingegaard (DAN, TJV)

Profitant d'un coup de moins bien de Pogacar, Vingegaard attaque et s'envole dans le col du Granon.

TOUR DE FRANCE

Lourdes - Hautacam 18e étape / 143,2 km

Comme des géants

Jonas Vingegaard et Tadej Pogacar se sont battus jusqu'au bout du bout dans les Pyrénées, mais le Danois était intouchable.

Pogacar (à g.) et Vingegaard main dans la main après la chute du Slovène dans une descente.

L'ÉQUIPE DU 22 JUILLET 2022

ALEXANDRE ROOS

Le rêve de triplé de Tadej Pogacar s'est envolé en haut d'Hautacam. Après trois jours de montagne magiques dans les Pyrénées, il a déposé les armes là-haut, tibia gauche nappé d'un coulis de sang, les battants de son maillot ouvert sur un petit torse soudain trop étriqué pour absorber les coups de gong qui frappaient à l'intérieur. Mais en paix avec lui-même.

« Il n'y avait pas de meilleure façon de perdre le Tour », lâcha-t-il dans un élan de sagesse qu'on ne lui connaissait pas, lui le chien fou qui zébulonne d'ordinaire dans tous les sens. Sa défaite a été scellée en haut du dernier col de cette édition, mais sa reddition eut lieu plus tôt, dans cette descente de Spandelles granuleuse, décidé à pousser Jonas Vingegaard dans ses retranchements.

Le Maillot Jaune avait d'ailleurs failli partir à la faute, dans un virage à gauche où sa roue arrière avait bondi, l'obligeant à enclencher une procédure d'urgence et à déclipser sa chaussure gauche. Pogacar continuait son forcing, mais c'est lui-même qu'il allait piéger un peu plus loin. Il entrait trop large dans une courbe et au moment de relancer, il glissa sur les gravillons du bas-côté et bascula dans le fossé. Le Danois se releva et l'attendit, dans un moment de grâce, rappel que les champions sont des bêtes délicates, qu'ils découpent leurs adversaires avec la manière. Pogacar et Vingegaard se tapèrent dans la main, un pacte de non-agression, mais aussi une capitulation.

Le double vainqueur du Tour n'avait plus grand-chose dans les socquettes, il avait déjà lâché trois pétards dans la montée de Spandelles et, avec la temporisation, Vingegaard reçut même du soutien de l'arrière avant d'aborder l'ascension finale vers Hautacam, qui ressemblerait à un dernier passage dans l'essoreuse Jumbo. Un succès de prestige pour Vingegaard, tunique jaune sur les épaules.

Tiesj Benoot, ou plutôt son grand-père, assura le premier relais, puis Sepp Kuss, et le Maillot Jaune avait encore le luxe de disposer de Wout van Aert à l'avant, qu'il récupéra à 5 km du sommet. Tous les cierges de Lourdes n'y auraient rien changé pour Tadej Pogacar et c'est même le maillot vert qui le fit craquer pour de bon, le symbole que le Slovène était autant tombé dans ce Tour devant la domination de Vingegaard que sous les coups de la puissance collective de son équipe.

TOUR DE FRANCE **21e et dernière étape** 115,6 km

Paris La Défense Arena - Paris Champs-Élysées

Van Aert et les choses impossibles

Vainqueur de trois étapes, artisan de la victoire finale de son leader et dynamiteur de ce Tour, le Belge, « meilleur coureur du monde », ne mise pas tout sur son physique.

L'ÉQUIPE DU 25 JUILLET 2022

PIERRE CALLEWAERT

Le cerveau du coureur est un mystère. Celui de Wout van Aert (Jumbo-Visma) n'échappe pas à la règle. Il était intéressant, à Rocamadour, après sa victoire en contre-la-montre, qu'il lève un coin de voile sur ce potentiel mental. Questionné à ce sujet, il a répondu : *« Mentalement, on diminue ses capacités à croire certaines choses impossibles. J'essaie d'affronter les choses impossibles. »* Son attaque-gag lancée, le dernier jour en banlieue, avec Pogacar et Vingegaard résume bien son Tour sans limite. Une plaisanterie qui donnait au trio presque une minute d'avance sur les grognards des gros sprinteurs dont on se demandait s'ils goûteraient cet humour tant les trois petits cochons les ont *« ridiculisés »* (dixit Jasper Philipsen) depuis Copenhague. Il y a un an, on pensait l'impossible atteint. Van Aert avait déjà livré une partition en trois mouvements : vainqueur au Ventoux, contre la montre à Saint-Émilion et au sprint à Paris. Le blues d'après-Tour se nourrit d'un paradoxe : l'homme du Tour de France ne l'a pas gagné. Van Aert (27 ans) a été le plus fort. Et pas seulement à Calais, Lausanne ou Rocamadour. Il est *« le meilleur coureur au monde »*, selon Jonas Vingegaard, qu'il a aidé à décrocher le maillot jaune. En se portant à l'avant dès qu'il le pouvait, il a soulevé autant de fascination que d'interrogations. Parfois, les échappées-fleuves de Van Aert ne paient pas. *« Et alors ?* répondait-il à Longwy après 146 km d'échappée. *Il y a des jours où on essaie, et ça ne marche pas, c'est ainsi. »*

Questionné sur le dopage la veille de l'arrivée, Van Aert avait froncé un sourcil noir et rappelé l'épreuve fondatrice qui l'a façonné lors du Tour 2019. Gravement blessé lors du contre-la-montre de Pau, il a gardé une cicatrice de 21 centimètres sur la jambe droite. Avant de gagner Milan-San Remo un an plus tard, en 2020, il s'était remis sur pied après un profond travail psychologique. Dès ses 10 ans, ses confrontations avec des phénomènes comme Mathieu van der Poel en cyclo-cross avaient entretenu la pression et, naturellement, l'importance du travail mental l'a imprégné très tôt. *« J'ai pris conscience très jeune de l'importance du mental,* racontait-il à *Vélo Magazine* il y a un an. *Mais je constate que c'est loin d'être acquis dans le cyclisme. Alors que c'est aussi important que le physique. »*

Grâce à sa victoire sur le contre-la-montre à Rocamadour, Wout van Aert signe, comme en 2021, trois victoires d'étapes sur le Tour.

Gaudu, l'élastique a tenu

Lors de chaque étape de montagne, ou presque, le Breton de Groupama-FDJ, 4e au général, a géré son effort et terminé très fort.

L'ÉQUIPE DU 22 JUILLET 2022

YOHANN HAUTBOIS (AVEC P. ME. ET G. SC.)

Tous les matins des étapes de montagne, David Gaudu a rembobiné le film de la veille. Et tous les matins, il a appuyé sur la touche lecture pour s'enquiller le même scénario. En montant vers Hautacam, comme au Granon, à L'Alpe d'Huez ou à Peyragudes, le petit Breton a regardé de loin les deux grands de la cour de récré – Jonas Vingegaard et Tadej Pogacar – se mettre des tartes. Mais le grimpeur a évité le malaise sous la tôle pyrénéenne, se concentrant sur son Tour de France à lui. Dans l'ultime ascension du Tour vers Hautacam, avec encore dix kilomètres à gravir, son équipier Valentin Madouas, *« un 4 × 4 »* selon son manager Marc Madiot, a réanimé tous les sens de son leader pour coller à la route Nairo Quintana, finalement relégué à plus de deux minutes au général.

« On s'est vite rendu compte que ça allait être un peu dur à la pédale face aux trois morceaux devant. Même (Geraint) *Thomas a toujours été un petit cran au-dessus de David »*, reconnaissait Thierry Bricaud, un des directeurs sportifs. *« Si on m'avait dit ça, je pense que j'aurais signé. Beaucoup disent : "Ouais, faire quatrième, cinquième ou sixième, on s'en fout, ça sert à rien." Ils ne se rendent pas compte de l'effort et de l'intensité qu'il faut »*, signale Gaudu.

Pour Bricaud, son leader a répondu aux attentes : *« C'est surtout la façon dont il a géré ces trois semaines qui me plaît. Il n'a jamais paniqué. Même quand ça n'allait pas fort, il a bien limité la casse. »* L'élastique a tiré mais tenu.

"C'est la plus belle journée de ma carrière. Beaucoup de Français attendaient cette victoire et je suis heureux de la leur apporter. Au briefing, les choses étaient claires : il fallait se précoccuper de Jonas (Vingegaard) jusqu'aux 3 km. Et à cinq kilomètres, Wout (van Aert) m'a dit : « C'est pour toi aujourd'hui, je m'occupe de Jonas ». On m'a donné carte blanche"

CHRISTOPHE LAPORTE, SEUL VAINQUEUR FRANÇAIS D'UNE ÉTAPE (LA 19e), À CAHORS

La première pour Van Vleuten

À 39 ans, la Néerlandaise garnit son incroyable palmarès d'une victoire dans le Tour de France, dont la première édition a marqué une nouvelle étape dans le développement du cyclisme féminin.

L'ÉQUIPE DU 1er AOÛT 2022

ALEXANDRE ROOS

Il ne fallait pas la chatouiller, Annemiek van Vleuten, elle n'aurait peut-être pas mis autant de hargne à s'imposer en haut de la Super Planche des Belles Filles, deuxième victoire d'étape au lendemain de son succès au Markstein. Dans le dernier épisode de ce Tour de France, ses concurrentes ont saisi la seule nano-chance qu'elles avaient de renverser la course, un peu avant le ballon d'Alsace, quand la Néerlandaise connut des ennuis mécaniques et dut changer de vélo à trois reprises.

Les SD Worx de Demi Vollering et les Trek d'Elisa Longo Borghini embrayèrent pour tenter d'en profiter, mais la Maillot Jaune revint facilement, une pâquerette entre les dents, et elle attendit ensuite tranquillement l'heure de sa revanche. À six kilomètres du sommet de la Planche des Belles Filles, elle alluma un pétard et, comme la veille, personne ne put prendre sa roue. Les positions furent d'ailleurs vite les mêmes qu'en Alsace : Vollering, la dauphine, partit en contre, mais sans réussir à boucher le trou ; Katarzyna Niewiadoma et Juliette Labous en troisième rideau, inséparables. Van Vleuten resta irrésistible dans la partie non asphaltée, où elle fit même plier une moto de la télé, qui se coucha dans les pourcentages brutaux avant la ligne d'arrivée.

Supérieure à ses adversaires en montagne, Annemiek van Vleuten a remporté le Tour lors des deux dernières étapes dans les Vosges.

Injouable sur le dernier week-end en montagne

À 39 ans, alors qu'elle avait gagné tout ce qui était disponible en magasin sauf un titre olympique sur la course en ligne, la leader des Movistar remporte ainsi ce premier Tour de France rénové. Logique, puisqu'elle en était la grande favorite avant le départ de Paris, notamment après ce qu'elle avait démontré lors de sa victoire sur le dernier Giro. Van Vleuten a déjà annoncé sa retraite à la fin de la saison 2023, elle n'en a donc pas encore fini avec le Tour, mais la nouvelle réjouit toute la jeune génération. Vollering, 25 ans, et les autres n'ont pas encore trouvé les moyens de la faire trébucher, elles vont progresser et, d'ici un an, l'ogresse néerlandaise ne pourra plus les éclipser. Il faut dire que la consécration de Van Vleuten, indiscutable, s'est tout de même réalisée au détriment du suspense, tant elle était injouable sur le dernier week-end en montagne.

Cette première levée aura offert un large tableau d'où en est le cyclisme féminin, avec un public qui a répondu présent crescendo. C'est un beau clin d'œil de voir que les « anciennes », Marianne Vos et Van Vleuten, qui ont fait le plus gros de leur carrière sans Tour de France et trépignaient à l'idée de pouvoir le disputer, ont été à la hauteur de ce rendez-vous et que leur palmarès gloutonnesque ne pâtira pas de lignes blanches sur l'épreuve : elles ont annexé la course avec, à elles deux, quatre victoires d'étape et les maillots jaune et vert. En revanche, ce Tour aura aussi mis en lumière les disparités de niveau, un manque de densité, avec seulement une quinzaine de coureuses qui boxaient dans la même catégorie, et une, Van Vleuten, dans une autre galaxie. C'est le défi qui s'ouvre désormais : élargir le nombre de femmes en mesure de jouer la gagne.

C'est désormais moins un problème de structures, car il y a de plus en plus d'équipes très bien organisées – pour certaines adossées à des organisations masculines – qu'un souci de réservoir et, donc, de détection et de formation. Pour empêcher que les figurantes soient trop nombreuses et que les groupements les plus modestes ne tirent pas trop la langue au moment d'honorer le calendrier des compétitions. Il faut créer des vocations chez les plus jeunes et espérons que la vitrine du Tour fonctionnera au-delà de ces huit jours de course.

Classement	
1. A. Van Vleuten (HOL, MOV)	26 h 55'44"
2. D. Vollering (HOL, SDW)	à 3'48"
3. K. Niewiadoma (POL, CSR)	à 6'35"
4. J. Labous (DSM)	à 7'28"
5. S. Persico (ITA, VAL)	à 8'
6. E. Longo Borghini (ITA, TFS)	à 8'26"
7. C. Ludwig (DAN, FSF)	à 8'59"
8. É. Muzic (FSF)	à 13'54"
24. C. Demay (AUB)	à 35'31"
26. M. Vos (HOL, JVW)	à 36'56"

4

coureuses se sont partagé les huit étapes de ce premier Tour de France femmes. Annemiek van Vleuten (7e et 8e), Marianne Vos (2e et 6e) et Lorena Wiebes (1re et 5e) en ont remporté deux chacune. Cecilie Ludwig (3e) et Marlen Reusser (4e), les deux restantes.

EURO 2022 quarts de finale

France 1-0 a.p. Pays-Bas

Le plafond de rêve

Kadidiatou Diani a été un poison constant pour la défense néerlandaise et a finalement provoqué le penalty de la gagne en prolongation.

Après cinq échecs en quarts de finale lors de grandes compétitions, les Bleues ont vaincu la malédiction mais ont eu besoin d'une prolongation.

L'ÉQUIPE DU 24 JUILLET 2022

NATHAN GOURDOL

Quand on a vu le petit filet du but néerlandais bouger sur le penalty d'Ève Périsset, à la 102e minute, on a eu le réflexe assez idiot de se demander si c'était vraiment du bon côté. Il ne pouvait pas en être autrement vu d'où le ballon était parti, mais la soirée inconséquente au New York Stadium de Rotherham, qui s'est conclue par une victoire des Bleues sur les Néerlandaises (1-0), n'en aurait pas été à sa première bizarrerie.

La joie rageuse de la future joueuse de Chelsea, qui a pris ses responsabilités à la place de l'habituelle capitaine Wendie Renard, a rapidement levé le doute. Son visage déformé par tant d'émotions tranchait alors avec l'expression d'une Corinne Diacre pétrifiée par une joie tellement intense qu'elle n'a pas pu s'exprimer. Mais il témoignait d'une libération, encore plus visible au coup de sifflet final, quand on a vu un groupe uni autour d'elle célébrer la fin d'une malédiction.

Après dix ans d'échecs en quarts de finale lors de grandes compétitions, cinq désillusions d'affilée à ce même stade (2013, 2015, 2016, 2017, 2019), les Bleues

Corinne Diacre a rempli l'objectif que lui avait fixé la Fédération française de football : mener les Bleues dans le dernier carré.

ont enfin pu enfoncer la porte d'un dernier carré qu'elles n'avaient plus atteint depuis les Jeux Olympiques de Londres, en 2012. Champions d'Europe en 2017 et vice-champions du monde en 2019, les Pays-Bas n'ont jamais vraiment existé dans la rencontre. Mais les Françaises ont malgré tout trouvé le moyen de faire face à leurs démons, avec une inefficacité souvent incroyable.

Le forfait de Marie-Antoinette Katoto (genou) n'a offert qu'une explication partielle à cette soirée de l'angoisse, puisque l'attaque a fait des différences assez nettes, dans le sillage de Kadidiatou Diani. Mais il semblait écrit que le scénario ne serait pas si simple. Comme un copier-coller de leur premier tour, les Françaises ont mis une énorme pression d'entrée. À un détail près : elles n'ont pas réussi à marquer, alors qu'elles avaient jusqu'ici inscrit tous leurs buts à l'Euro avant la pause. Les gros ratés de Sandie Toletti (23e) et Grace Geyoro (87e), le poteau de Cascarino (27e), les sauvetages de Van der Gragt (37e, 41e), et surtout la performance incroyable de la gardienne Daphne van Domselaar (22 ans), auteure de 10 arrêts, ont commencé à faire flotter un vilain sentiment, la sensation que le mauvais œil était revenu, comme par hasard, le mauvais soir.

Bacha a changé la mentalité de l'équipe

Mais tandis qu'elle alignait son équipe type pour la première fois depuis le début de l'Euro, Diacre a eu la bonne idée de lancer deux avions pour aller à bonne destination. Selma Bacha (21 ans), meilleure illustration de la jeunesse tricolore sans complexe, a changé la mentalité de l'équipe, et l'ingénieure Clara Mateo (24 ans) a fait le reste, d'une passe ciselée pour envoyer Diani chercher le penalty de la gagne. Alors qu'elle jouait une grosse partie de son avenir, la sélectionneuse a réussi la première moitié de son pari, la plus importante sur le plan personnel. Elle a atteint l'objectif du dernier carré fixé par le président de la FFF, Noël Le Graët, et cette qualification accrédite la thèse de la voir rester jusqu'à la Coupe du monde 2023 en Océanie, au moins.

Le mauvais souvenir de la Coupe du monde 2019 à la maison, et l'élimination contre les États-Unis dans la touffeur du Parc des Princes (1-2), ne sera jamais totalement effacé. Mais les Françaises ont enfin franchi un cap important. Le plafond de verre s'est enfin brisé, disséminant des milliers d'éclats de soulagement. Et même si les Bleues rappellent qu'elles n'ont encore rien gagné, ce succès laisse à penser que les rêves les plus fous ne sont désormais plus entravés. Cette équipe a fait tomber une digue.

Ève Périsset (à g.) a pris le relais de Wendie Renard (à dr.) pour inscrire le penalty de la victoire contre les Pays-Bas.

Le but égalisateur provoqué par Diani (3e en partant de la g.) n'a pas suffi face à l'Allemagne.

Il manquait encore un truc

Trop tendres face à la férocité allemande, incarnée par l'incroyable Alexandra Popp, les Bleues ont chuté aux portes de la finale.

L'ÉQUIPE DU 28 JUILLET 2022

NATHAN GOURDOL

Bras sur les hanches, regards dans le vide, les Bleues ont semblé se figer en entendant le coup de sifflet final de Mme Foster à Milton Keynes. Les larmes n'ont même pas coulé, la déception s'est exprimée par une immense incompréhension, comme si tous les maillons déboussolés cherchaient à savoir où était la chaîne. À côté, les Allemandes étaient déjà en train de porter en triomphe leur incroyable capitaine, Alexandra Popp, auteure d'un doublé de patronne pour récompenser une domination implacable. Celle du vécu.

Après avoir cassé le plafond de verre des quarts, les Bleues se sont cognées sur le toit en plomb des demi-finales. Si leur histoire est remplie de revers cruels, ce dernier n'était pas de ceux-là. Il a vu une équipe prometteuse, mais encore en gestation, tomber sur une machine rodée, pleine de certitudes et portée par une leader charismatique.

3

La France s'est inclinée lors de ses trois demi-finales de tournoi majeur. Les deux premières fois, c'était face aux États-Unis lors de la Coupe du monde 2011 (1-3), puis contre le Japon aux Jeux de Londres en 2012 (1-2).

Une autorité diluée chez les grandes

Le bras de fer, rude à l'image des coups d'épaule toniques de Wendie Renard, s'est décanté sur les fameux détails mais a penché lentement puis inexorablement du côté allemand. Encore jamais menée au score dans cet Euro, la France a cédé une première fois devant l'irrésistible Popp, qui a surgi devant Périsset (40e). Mais à l'inverse du quart contre les Pays-Bas où elle avait eu besoin de 33 tirs pour marquer, elle s'est contentée d'une miette d'occasion pour revenir.

Bloquée à droite, Diani est venue dans l'axe pour décocher un tir qui a fait mouche avec l'aide du poteau puis du dos de Frohms (45e). Zéro tir cadré mais un score nul, les Bleues étaient alors vernies. On a même cru que le sort était du bon côté pour s'imposer à l'allemande, quand Clara Mateo a rejoint l'autre « supersub » Selma Bacha sur le terrain. La magie a un peu opéré, mais pas assez. Kathrin-Julia Hendrich a bloqué Bacha (63e), avant deux parades d'une Merle Frohms dans la lignée des grandes gardiennes d'outre-Rhin (64e, 66e). Popp, dans sa propre caste, a ensuite fait le nécessaire pour grimper sur la tête de Griedge Mbock et régaler le virage allemand (2-1, 76e).

Une buteuse de sa trempe aurait fait du bien aux Françaises, et on s'est dit que le MK Stadium portait bien mal son nom en l'absence de Katoto, gravement blessée au genou droit. Pour combler le vide en pointe, Corinne Diacre avait maintenu Melvine Malard, et le même onze de départ qu'en quarts de finale. Mais ce choix n'a pas été payant.

L'équipe de France reste une nation très bien classée au niveau mondial, la reine de la récré lors des matches amicaux ou de qualifications, mais son autorité s'est encore diluée chez les grandes. On a bien vu un changement de ton dans cet Euro, avec une nouvelle génération sans complexe, prête à donner de la voix. Mais il reste du chemin. Comme Renard l'a si bien rappelé, on ne retient que les titres. Et finalement, après avoir mis un sacré coup de pied dans la fourmilière, avec les mises à l'écart d'Amandine Henry et Eugénie Le Sommer, Corinne Diacre n'était pas si loin d'avoir raison. Mais il faudra pousser davantage pour faire de cette équipe autre chose qu'un loser magnifique. Le temps est compté à l'approche des trois prochains grands rendez-vous : Coupe du monde 2023, JO de Paris 2024 et Euro 2025.

EURO 2022 finale

Angleterre 2-1 a.p. Allemagne

Nouvelles reines d'Angleterre

Dans une atmosphère parfois crispée mais finalement incandescente à Wembley, les Anglaises ont fait tomber les Allemandes. Elles remportent leur première grande compétition et mettent fin à cinquante-six ans d'échec national.

L'ÉQUIPE DU 1er AOÛT 2022

NATHAN GOURDOL

Et soudain, elle a tombé le maillot. D'un clin d'œil très appuyé au geste mythique de l'Américaine Brandi Chastain en finale de la Coupe du monde 1999, Chloe Kelly (24 ans) n'a pas trouvé mieux pour exprimer son émotion folle, après avoir libéré tout un peuple à la 110e minute d'une finale étouffante. L'image restera, forcément, et Kelly aura le droit à *« des tournées de pintes gratuites à vie »*, à en croire l'expérience de Chastain. Mais la mémoire collective aura l'embarras du choix pour la remplacer par d'autres scènes de liesse, tant la soirée, dans un Wembley merveilleusement frénétique, en a débordé.

Moments d'émotion collective

Pour le saisir, il faut d'abord rappeler que les Three Lionesses ont refermé une parenthèse de cinquante-six ans sans trophée pour une sélection senior anglaise, qui durait depuis la finale du Mondial 1966 masculin (4-2 a.p.), en battant le même adversaire que leurs aînés, au même endroit. *« La malédiction est brisée »*, hurlait à tue-tête une fan aux 60 ans bien tassés, qui avait l'air d'en savoir quelque chose. Si toute l'Angleterre a gagné, les joueuses anglaises ont décroché le premier trophée majeur de leur propre histoire. Tout un stade, trop habitué aux espoirs fracassés, a alors sombré dans une ivresse méritée. Avec 87 192 spectateurs dans les tribunes de Wembley, le record d'affluence d'un Euro, hommes et femmes confondus, qui tenait depuis Espagne-URSS en 1964 (79 115 personnes à Madrid), a été pulvérisé, et ça ne pouvait pas mieux tomber.

Ce pays est unique pour fêter ses champions et célébrer le sport, et il n'a pas manqué de le rappeler, profitant de l'instant pour balayer, au moins un peu, les images des débordements de la finale de l'Euro masculin perdue contre l'Italie, déjà à Wembley, à l'été 2021 (1-1, 3-2 aux t.a.b.). À peine l'arbitre ukrainienne Kateryna Monzul a-t-

Du bout du pied droit, Chloe Kelly inscrit le but victorieux en prolongation.

Les Anglaises célèbrent leur premier titre international au coup de sifflet final.

Les deux buteuses anglaises, Chloe Kelly (à g.) et Ella Toone, soulèvent le trophée.

elle sifflé la libération que la sono a craché les tubes du triomphe pour contenter une foule massée devant le stade dès la mi-journée. Jamais le *Football's coming home* n'avait si bien résonné ici. Et le *Sweet Caroline* qui a suivi, avec 23 joueuses les bras en croix, a donné du souffle pour la suite. Le meilleur (ou pas) du rock anglais a accompagné ces moments d'émotion collective, tandis que les actrices du sacre ne savaient plus quoi inventer pour exprimer leur fierté.

> **"On a changé la société, c'est ce qu'on voulait. C'est tellement plus que du football"**
>
> SARINA WIEGMAN, SÉLECTIONNEUSE DE L'ANGLETERRE

Tout a semblé s'accorder parfaitement, du rayon de soleil qui a percé le ciel gris au moment où le trophée était gravé, jusqu'au sourire béat du Prince William lors de la cérémonie de remise des médailles, en passant par les larmes d'émotion de Sarina Wiegman, pensant très fort à sa sœur disparue pendant la préparation. La technicienne néerlandaise a poursuivi sa légende à l'Euro (12 matches, 12 victoires) avec un sacre à la tête de l'Angleterre au pays du football, après celui aux Pays-Bas sur le banc orange en 2017. Son coaching superbe tout au long du tournoi, et encore plus à Wembley, a validé son pari et celui de la Fédération anglaise.

Celle-ci a massivement investi dans le football féminin, convainquant les gros clubs et les sponsors de s'engager, et ce sacre vaut réponse et encouragement à poursuivre dans cette voie. L'Angleterre n'a pas toujours bien joué lors de « sa » finale. On a même cru que l'Allemagne et son incroyable état d'esprit, incarné par le poison Lina Magull, allaient climatiser toute l'enceinte. Mais tout était fait pour lui sourire. La blessure musculaire de la star allemande Alexandra Popp (6 buts à l'Euro), dès l'échauffement, a illustré ce sentiment, et la *« main claire dans la surface »* de Leah Williamson (26e), non sanctionnée par le VAR, l'a confirmé.

L'Allemagne n'avait jamais perdu une finale (8 sur 8), et la série s'est donc arrêtée. Mais à en croire les déclarations recueillies, c'est toute une discipline qui a gagné, lors d'un Euro suivi comme jamais (574 875 spectateurs en cumulé, plus du double du précédent record de 2017). *« On a changé la société, c'est ce qu'on voulait. C'est tellement plus que du football »*, glissait Wiegman, voix cassée et gosier rafraîchi par sa première bière depuis des lustres.

Comme un écho à la formule de Williamson, la veille, selon laquelle *« ce n'est pas la fin du parcours, c'est le début d'un autre »*. Quand on a vu entrer la capitaine et ses coéquipières dans la salle de presse pour danser autour de la sélectionneuse, on a bien compris que quelque chose avait changé. Et pas seulement parce que le football était revenu dans sa maison.

tableau **Euro 2022 féminin**

1/4		1/2		Finale	
Angleterre	2 a.p.	Angleterre	4	Angleterre	2
Espagne	1	Suède	0	Allemagne	1 a.p.
Suède	1	Allemagne	2		
Belgique	0	France	1		
Allemagne	2				
Autriche	0				
France	1 a.p.				
Pays-Bas	0				

Kevin Mayer rejoint son idole Ashton Eaton au rang des doubles médaillés d'or aux Mondiaux en décathlon.

Mayer en sauveur

Avec 8 816 points, Kevin Mayer a décroché le seul titre – et la seule médaille – de la délégation française. À la peine en première journée, il s'est ensuite sublimé.

L'ÉQUIPE DU 26 JUILLET 2022

ANNABELLE ROLNIN

À force de le suivre, de l'écouter, avant, pendant et après les compétitions, on commence à le connaître. *« On peut dire qu'aujourd'hui tout va bien*, disait Kevin Mayer à deux jours de son entrée en lice. *Je ne suis pas plus stressé que la moyenne. »* Il faut dire que la pression est en moyenne déjà très élevée chez lui. De l'appréhension ? Oui, les JO de Tokyo, disputés avec un dos bloqué, avaient été une expérience douloureuse malgré la médaille d'argent. *« La pression pour une médaille, je me la mets déjà »*, rappelait le trentenaire. Or, au départ de son 100 m, les Bleus n'avaient encore aucun podium au compteur. Et il lui revenait (encore) d'y monter pour éviter un zéro funeste. D'autant qu'avec la suspension du n°1 des bilans, l'Américain Garrett Scantling, la porte s'était entrouverte.

Après une première journée où il s'est parfois senti à côté de ses pointes, il cessait pourtant son bluff. Non, Mayer n'arrivait pas lancé comme il l'aurait voulu. *« J'essaie d'être très confiant, mais, au fond de moi, je me dis qu'on ne peut pas avoir les mêmes armes qu'après une saison complète »*, avouait-il. Des tendons d'Achille douloureux avaient pourri sa préparation, son hiver avait été amputé des Mondiaux en salle et il n'avait pu recourir à l'entraînement que début juin.

Il avait ainsi pu filer sur le 100 m, en 10''62, à la fraîche, puis réussir l'enchaînement avec la longueur (7,54 m). Mais le lancer de poids, où son camp de base est fixé à plus de 16 mètres, vint gripper la machine (14,99 m). Impuissant face à ce corps qui refusait d'obéir, il semblait perdre pied. Il fallut les discours de motivation de son entourage et les mains de fée de sa compagne, kiné. Il fallut surtout qu'il se retrouve à tenter un 3e essai à 2,02 m à la hauteur pour qu'il sorte de *« la brume »* matinale. Et la décharge était assez puissante pour enchaîner à 2,05 m.

Treize essais à la perche

Et puis, le coup du destin. Son 400 m pas travaillé à l'entraînement et avalé en 49''40 était un moindre mal. La blessure de Damian Warner, son principal rival, touché aux ischio-jambiers gauches, fut le vrai tournant. Une simple crampe fau-

Kevin Mayer s'est arraché face aux haies et au javelot le deuxième jour pour passer en tête.

chait le champion olympique, leader de la compétition et grand favori.

Un boulevard s'ouvrait à Mayer, supérieur en deuxième journée à tous ses adversaires. Encore fallait-il l'emprunter sans déraper. Le lendemain, avant que la température ne monte, Mayer soignait la trajectoire sur le 110 m haies (13''92) et au disque (49,44 m). Le coup de chaud attendrait la perche : 5 m au troisième essai seulement, avec une belle marge, avant de grimper ensuite jusqu'à 5,40 m. *« À Londres* (en 2017), *j'avais failli faire zéro et, après, je n'avais passé aucune barre. Là, je me suis remobilisé, j'ai fait 12 essais* (13, en fait), *c'est rare »*, appréciait-il.

Ne restait plus qu'à envoyer du gros au javelot, mais ça, il sait faire (70,31 m), pour dérouler un 1 500 m de sacre en 4'41''44 pour un total de 8 816 points, qui lui offrait, à 30 ans, un deuxième titre mondial, cinq ans après Londres. Seules Marie-José Pérec (400 m, 1991 et 1995) et Eunice Barber (heptathlon, 1999 et longueur, 2003) peuvent en dire autant. Avec ses deux argents olympiques et son incroyable record du monde (9 126 points en 2018), le voilà installé en bonne place parmi les « légendes » du sport français qu'il prétend rejoindre.

La révolution McLaughlin

À 22 ans, l'Américaine Sydney McLaughlin, qui a explosé son record du monde du 400 m haies en 50''68, a donné un gigantesque coup de fouet à sa discipline. Jusqu'où peut-elle aller ?

L'ÉQUIPE DU 24 JUILLET 2022

STÉPHANE KOHLER

En athlétisme, il est toujours délicat de faire des comparaisons d'une épreuve à une autre, et même d'une époque à une autre. Pourtant, en voyant Sydney McLaughlin laisser un gouffre entre elle et ses poursuivantes au terme d'une finale du 400 m haies outrageusement dominée, certains flashes revenaient pourtant en mémoire. Bob Beamon à la longueur aux Jeux Olympiques de 1968, Usain Bolt et ses éclairs à ceux de Pékin en 2008 puis l'année suivante aux Mondiaux de Berlin, Karsten Warholm sur 400 m haies en 2021 à Tokyo...

La liste n'est pas exhaustive, mais ce qu'a réussi l'Américaine de 22 ans à Eugene a d'abord laissé sans voix. En améliorant son record du monde de 73 centièmes pour le porter à 50''68, McLaughlin a laissé K.-O. toutes ses rivales (Femke Bol est 2e en 52''27, Dalilah Muhammad 3e en 53''13), mais qui aurait pu penser à une telle marge ? C'est la quatrième fois en treize mois que l'athlète, entraînée depuis deux ans par Bob Kersee, établit un record du monde, dont trois dans l'écrin du Hayward Field. Edwin Moses, autre légende américaine du 400 m haies, avait lui réussi cette passe de quatre en... sept ans.

McLaughlin a l'habitude d'accélérer le temps. Née en 1999 à New Brunswick (New Jersey), elle affole les chronos dès l'adolescence et touche presque à tout : 400 m haies, mais aussi 100 m, 100 m haies, longueur, sans être jamais battue, ou presque. À 16 ans, elle devient la plus jeune Américaine à se qualifier pour les JO depuis 1972 et, à Rio, elle termine cinquième de sa demi-finale (56''22).

Sa réputation dépasse déjà le petit cercle des amateurs américains d'athlétisme. En 2018, après avoir raflé tous les titres universitaires possibles, elle passe professionnelle et signe un très gros contrat avec New Balance. C'est l'année suivante, aux Mondiaux de Doha, qu'elle prend une dimension supplémentaire, arrachant la deuxième place derrière sa compatriote Dalilah Muhammad, qui s'empare du record du monde en finale.

> **"Ce qu'a réussi McLaughlin, c'est la plus grande performance de l'histoire de l'athlétisme, toutes disciplines confondues. Mieux que les records de Bolt. Une course inimaginable. Sur 400 m, elle peut faire 48''00 et elle serait championne olympique et du monde ! "**
>
> LAURENT MEWLY, ENTRAÎNEUR DE FEMKE BOL, 2^E^ DE LA COURSE

Les duels entre les deux Américaines vont ensuite tourner à l'avantage de McLaughlin, qui s'oriente début 2021 vers Bob Kersee, l'entraîneur d'Allyson Felix.

Avec son chrono, elle aurait disputé la finale du 400 m plat

Modifiant certains aspects techniques de sa course et travaillant sa vitesse sur 60 m haies avec son nouvel encadrement, elle prend le leadership sur les haies basses, laissant Muhammad derrière elle aux Trials puis aux JO, avec à chaque fois un record du monde à la clé.

Pourtant, pas d'euphorie au retour du Japon. Au contraire. Dans une vidéo postée sur Instagram, elle explique en larmes ne pas vouloir *« être célèbre »*, vivant très mal les critiques ou le simple fait d'être scrutée en permanence.

Cela n'a pas empêché la double championne olympique (400 m haies et 4 × 400 m) de vendre au magazine *People* les photos de son mariage avec l'ancien footballeur américain Andre Levrone Jr il y a quelques semaines. Peu expansive avant et après ses courses, loin de la décontraction d'une Shelly-Ann Fraser-Pryce, McLaughlin se départit rarement d'une certaine froideur, comme si elle se protégeait presque en permanence. *« On m'a donné un talent et une plateforme pour l'exprimer, mais je ne cours pas pour la gloire personnelle*, disait-elle à Eugene. *Ma foi m'aide. »*

Pour ne pas tomber dans une certaine facilité ou routine, que peut maintenant viser l'Américaine ? *« La course parfaite n'existe pas, j'ai fait des erreurs techniques lors de cette finale et on peut toujours s'améliorer. »* Viser la barre des 49 secondes peut être un objectif. Changer de terrain de jeu aussi. Avec son chrono de 50''68, elle aurait été septième de la finale du 400 m plat ! *« On a discuté avec Bob de l'opportunité de changer d'épreuve, pourquoi ne pas essayer le 400 plat ou le 100 m haies à l'avenir*, glisse-t-elle. *Ou continuer le 400 m haies et doubler avec une autre discipline. Bob a toujours de nouvelles idées. On verra. Sky is the limit ! »*

McLaughlin a relégué sa rivale Dalilah Muhammad (à l'arrière-plan) à plus de deux secondes.

ARMAND DUPLANTIS
SUÈDE
22 ans, saut à la perche
Déjà assuré de la médaille d'or, Armand Duplantis a battu à son deuxième essai son propre record du monde, l'améliorant d'un petit centimètre pour le fixer à 6,21 m.

ÉTÉ BRÛLANT

Anciennes gloires, jeunes loups ou divines surprises, nombreux ont été les athlètes à briller sur la piste et les tremplins d'Eugene (États-Unis), à faire trembler les records, quand ces derniers n'ont pas été battus.

SHERICKA JACKSON
JAMAÏQUE
28 ans, 200 m
Archi-favorite, la Jamaïquaine a survolé le demi-tour de piste pour signer le deuxième chrono de l'histoire (21''45) à onze centièmes du record du monde.

FRED KERLEY
ÉTATS-UNIS
27 ans, 100 m
Vainqueur en 9''86, Fred Kerley a raflé son premier titre mondial devant ses compatriotes Marvin Bracy (9''88) et Trayvon Bromell (9''89).

JAKOB INGEBRIGTSEN

NORVÈGE

21 ans, 5 000 m

Surpris sur 1 500 m *(voir plus bas)*, le jeune prodige scandinave s'est facilement imposé sur 5 000 m. C'est sa toute première médaille d'or lors de Mondiaux.

NOAH LYLES

ÉTATS-UNIS

25 ans, 200 m

Comme Jackson avant lui, Noah Lyles a signé un temps supersonique sur le demi-tour de piste en finale (19''31), réalisant le troisième chrono de l'histoire.

SHELLY-ANN FRASER-PRYCE

JAMAÏQUE

35 ans, 100 m

La sprinteuse de 35 ans a remporté son cinquième titre mondial sur la ligne droite en égalant la meilleure performance mondiale de l'année (10''67).

JAKE WIGHTMAN

GRANDE-BRETAGNE

28 ans, 1 500 m

Outsider, le demi-fondeur britannique a trompé la vigilance du Norvégien Jakob Ingebrigtsen dans les 200 derniers mètres pour créer la surprise.

WIMBLEDON Grand Chelem gazon

finale hommes

L'herbe de vie

Novak Djokovic a sorti une finale de haut niveau pour dominer Nick Kyrgios en quatre sets et remporter son septième Wimbledon, le quatrième de suite. Le Serbe, 21 Majeurs, talonne de nouveau Nadal.

Djokovic	4	6	6	7
Kyrgios	6	3	4	6

L'ÉQUIPE DU 11 JUILLET 2022

DAVID LORIOT

Ne rien lâcher, ne rien galvauder. Garder la foi, s'arc-bouter, planter ses certitudes et avancer. Novak Djokovic a réalisé une partie assez remarquable pour s'adjuger son septième Wimbledon en huit finales disputées et entrer dans le club des cinq (avec Björn Borg, Roger Federer, Pete Sampras et Rafael Nadal) à avoir décroché au moins quatre fois de suite un même Majeur à l'ère Open. Avec 21 tournois du Grand Chelem au tableau, le Serbe (35 ans) reprend le sillon de Rafael Nadal (36 ans), qui ne le précède plus que d'une unité. Et qu'il fasse cela à Wimbledon, sa terre de renaissance, son herbe de vie, est éminemment symbolique. *« Dans ma carrière, Wimbledon a toujours été une étape importante. En 2018, quand je débute l'année avec une opération à un coude, c'est le premier Chelem que je gagne et il me sert de tremplin »*, rappelait Djokovic, pour décrire ce lien particulier.

Alors oui, le Serbe était le favori dans ce Temple où il a aligné un 28e succès de suite et n'a plus perdu depuis son retrait, sur blessure, face à Berdych en 2017. Oui, Djokovic avait l'expérience et les galons pour se défaire de l'Australien Nick Kyrgios, qui faisait ses premiers pas avec les grands. Seulement, le rendez-vous était crucial. Privé de Grand Chelem calendaire par Daniil Medvedev à l'US Open 2021, interdit de jeu à Melbourne, cloîtré puis expulsé sans ménagement d'Australie en janvier car non-vacciné, Djokovic a payé la note au prix fort.

« Cela m'a affecté dans les mois qui ont suivi. Je ne me sentais pas très bien mentalement, émotionnellement », confessait-il. Il aurait pu s'affaisser, ne jamais se relever. *« Ce qu'il a vécu a été un choc. La façon dont il a surpassé cela est héroïque pour moi »*, avouait son entraîneur, Goran Ivanisevic. Le Serbe sait que dans ce contexte sanitaire changeant d'une frontière à l'autre, il est un champion qui n'a plus les moyens de tout posséder et dont l'avenir est incertain. Chaque rendez-vous est donc une quête plus absolue. Son élimination face à Nadal en quarts à Roland-Garros fut une meurtrissure. Mais il s'en est relevé.

> **"Tu ne peux pas préparer un match contre Kyrgios. C'est un génie du jeu"**
>
> GORAN IVANISEVIC, COACH DE NOVAK DJOKOVIC

Le Serbe aura, cependant, mis un set à lire le service fracassant de l'Australien, entré le plus proprement du monde dans sa finale. Sans esbroufe, sans gourmandise inutile, le 40e mondial livrait un premier acte épuré à 14 coups gagnants et 4 fautes directes seulement. *« Tu ne peux pas préparer un match contre Nick Kyrgios. C'est un génie du jeu et il ne sait pas lui-même ce qu'il va faire sur le point suivant. Novak devait juste être concentré sur ce qu'il avait à faire »*, arguait Ivanisevic.

Passé ce premier set, le Serbe le fit très bien. Lui qui n'avait encore jamais battu, ni même breaké Kyrgios, prenait blanc le service de l'Australien, à 2-1 dans le deuxième set, sur un revers qui embrassait la bande. Alors, le momentum changea. Djokovic décryptait la première balle à plat du serveur compulsif et alignait en perles les retours à vingt centimètres de la ligne de fond, comme le meilleur relanceur du monde qu'il est.

Sans jamais s'égarer totalement, Kyrgios sortait tout de même de la zone. Il pestait auprès de l'arbitre contre une femme alcoolisée au premier rang, passait plusieurs fois sa frustration sur son clan, tandis que Djokovic, lui, restait dans sa bulle, parfait gestionnaire de l'événement. Il chassait la grosse frayeur à 5-3, 0-40, écartait quatre balles de débreak pour revenir à un set partout. Le Serbe se posait alors en patron du lieu et Kyrgios quittait le gazon la tête un peu à l'envers.

HOMMES

1/4	1/2	finale	1/2	1/4
DJOKOVIC, 6-2, 4-6, 6-1, 6-2	DJOKOVIC, 5-7, 2-6, 6-3, 6-2, 6-2	**DJOKOVIC, 4-6, 6-3, 6-4, 7-6 (3)**	Kyrgios, 6-4, 6-3, 7-6 (5)	Garin, 6-2, 7-5,7-6 (3), 6-4,7-6 (6)
SINNER, 6-1, 6-4, 6-7 (10), 6-3		DJOKOVIC, 2-6, 6-3, 6-2, 6-4 / Kyrgios, forfait		Kyrgios, 4-6, 6-4, 7-6 (2), 3-6, 6-2
Goffin, 7-6 (7), 5-7, 5-7, 6-4, 7-5	NORRIE, 3-6, 7-5, 2-6, 6-3, 7-5		NADAL, 3-6, 7-5, 3-6, 7-5, 7-6 (4)	FRITZ, 6-3, 6-1, 6-4
NORRIE, 6-4, 7-5, 6-4				NADAL, 6-4, 6-2, 7-6 (6)

En capitales, les têtes de série.

Harmony Tan et Alizé Cornet ont la main verte

Révélation tricolore de la quinzaine anglaise, Harmony Tan a gâché le retour sur le circuit de Serena Williams au 1er tour (7-5, 1-6, 7-6) avant de se hisser jusqu'en huitièmes de finale.

Alizé Cornet peut avoir le sourire : elle a mis fin à la série de 37 victoires consécutives de la Polonaise Iga Swiatek (6-4, 6-2) au 3e tour avant de tomber, elle aussi, en huitièmes de finale.

finale femmes

Un soupçon d'émotion

Victorieuse de son premier titre en Grand Chelem, à 23 ans, Elena Rybakina a fait entrer le tennis kazakh dans le grand monde. Sans effusions.

Rybakina	3	6	6
Jabeur	6	2	2

L'ÉQUIPE DU 10 JUILLET 2022

DAVID LORIOT

Ni secousse, ni tremblement. Juste une perle de frisson lors des remerciements. Au milieu du Temple, Elena Rybakina a écrit la plus somptueuse page de sa jeune carrière. La native de Moscou, naturalisée kazakhe en 2018, a remporté son premier titre du Grand Chelem.

À 23 ans, alors qu'elle était arrivée en banlieue londonienne sans penser voir le deuxième lundi, elle a tout envoyé valser jusqu'à se faire remettre le plateau par la duchesse de Cambridge, Kate Middleton, parée d'une étincelante robe jaune.

Pourtant, quand Ons Jabeur a enchaîné trois fautes directes pour finir, Rybakina n'eut pas le moindre rictus de bonheur. Elle ne leva ni le bras, ni le poing, ni la raquette. Une certaine retenue, peut-être, de la part de cette Moscovite de naissance, vis-à-vis des Russes, bannis cette année. La Kazakhe a eu le triomphe assez silencieux et la fête fut vite finie. *« C'était si inattendu. En général, je suis toujours très calme quand je gagne. Mais là, c'était un vrai choc ! Peut-être qu'un jour vous verrez une réaction incroyable de ma part... »*, expliquait-elle en souriant. Que retenir de cette finale, qui n'aura pas bouleversé grand-monde, pas même la vaincue, au ton très positif à la sortie ?

Ons Jabeur, qui sentait dans son dos depuis plusieurs jours le souffle de l'Afrique, de la Tunisie et du monde arabe réunis, n'estimait pas avoir été happée par les attentes : *« Honnêtement, je ne me mettais pas de pression. J'ai tout fait pour gagner, je ne suis pas déçue. Une finale à Wimbledon, c'est énorme quand même. Je reste positive. »*

1/4	1/2	finale	1/2	1/4
		FEMMES		
Tomljanovic, 4-6, 6-4, 6-3	RYBAKINA, 4-6, 6-2, 6-3	**RYBAKINA 3-6, 6-2, 6-2**	JABEUR, 3-6, 6-1, 6-1	Bouzkova, 7-5, 6-2
RYBAKINA, 7-5, 6-3	RYBAKINA, 6-3, 6-3		JABEUR, 6-2, 3-6, 6-1	JABEUR, 7-6 (11), 6-4
HALEP, 6-1, 6-2	HALEP, 6-2, 6-4		Maria, 4-6, 6-2, 7-5	Maria, 5-7, 7-5, 7-5
ANISIMOVA, 6-2, 6-3				Niemeier, 6-2, 6-4

En capitales, les têtes de série.

Plus jeune lauréate depuis 2011

Entre deux joueuses sans palmarès en Grand Chelem, le titre est donc revenu à la plus audacieuse. Après un set initial à 17 fautes directes, Rybakina n'a pas changé ses plans, devenant la première depuis Amélie Mauresmo en 2006 à l'emporter après avoir perdu la première manche. Elle a frappé juste (29 coups gagnants), a bien défendu pour aller chercher les amorties slicées de la Tunisienne et s'est appuyée sur un service à plat providentiel, notamment à 3-2, 0-40, seul moment où elle fut en difficulté dans le troisième set.

Devenir la deuxième joueuse la moins bien classée (23e) à remporter Wimbledon après Venus Williams (31e en 2007) et la plus jeune depuis Petra Kvitova en 2011 ouvre des perspectives. *« Maintenant, je connais la route »*, assurait Rybakina, toujours maître de ses émotions deux heures après... Jusqu'à ce que ses parents s'immiscent dans ses pensées. *« Je ne les ai pas encore eus, mais je pense qu'ils sont super fiers »*, glissa-t-elle, laissant cette fois couler les larmes.

Elena Rybakina est devenue la première Kazakhe à remporter un Grand Chelem.

Cannone, confirmation XXL

L'ÉQUIPE DU 20 JUILLET 2022

LOUIS BOULAY

Romain Cannone s'est débarrassé, sur les pistes égyptiennes, de ce petit truc, cette étiquette de *« coup d'un jour »* qui traînait derrière lui depuis un an. *« Ça y est, je ne suis définitivement plus une surprise ! »*, triomphait le nouveau champion du monde, avec un sourire grand comme ça, mimant une danse locale parfaitement chorégraphiée. Une main devant, l'autre derrière. En cadence.

Son titre olympique à Tokyo, en 2021, avait surpris tout le monde. Lui le premier. À 24 ans, celui qui n'était que 47e mondial s'est retrouvé du jour au lendemain avec l'or autour du cou. Le rêve d'une vie, comme ça, qui tombait d'un coup. *« Et là, il y a deux options*, dirait Hugues Obry, l'entraîneur national de l'épée masculine. *Quand un mec décroche le Graal sans s'y attendre, tu as le champion et les autres. Si ce n'est pas un champion, il se plante derrière. Romain a bossé comme un taré. Désormais, personne ne pourra lui dire que ce n'est pas un champion. »*

Prouver. Sans cesse. Descendu de son nuage olympique, Cannone a dû composer avec ce costume que certains prédisaient bien trop grand. *« Il y a eu des hauts et des bas »*, ne manque jamais de préciser l'épéiste quand on l'interroge sur ses douze derniers mois. Les hauts, c'est un podium (3e) à Berne (Suisse) en ouverture de la Coupe du monde. Son premier. Ou encore sa première victoire en mai à Heidenheim (Allemagne). Anomalie effacée et légitimité qui grandit. Et il y a aussi son nom tout en haut du classement mondial depuis mars.

> **"J'ai assumé tous mes choix. C'était le seul moyen d'aller au bout"**
> ROMAIN CANNONE

Cannone insiste aussi systématiquement sur un point. Il s'entraîne dur. Mais il a aussi repris ses études après Tokyo et validé son mémoire de fin de cursus à la Skema Business School. Depuis janvier, il jongle même entre l'entraînement et son boulot de contrôleur de gestion chez EDF. *« J'ai besoin de cet équilibre pour ne pas être 100 % sur le sport, sinon je deviendrais fou*, précise-t-il. *Mais ça m'a pris de l'énergie et je l'ai payé. »*

Parce que si les hauts l'ont emmené très haut, les bas n'étaient pas loin. Bouffé par le stress avant la Coupe du monde à Paris en avril, Cannone avait montré des failles. *« On ne sait pas trop comment il a réussi à finir 5e, mais il s'en était sorti »*, raconte Obry. Le couperet tombe en juin, aux Championnats d'Europe d'Antalya (Turquie). *« Fatigué mentalement »*, son parcours s'arrête au bout d'un tour. Dur à avaler. En stage de préparation aux Mondiaux, *« j'ai eu une vraie discussion avec lui, histoire de remettre tout en place »*, raconte Obry. C'est donc libéré d'un poids que l'épéiste est arrivé au Caire. Prêt à faire du Cannone. Touches au pied, à la main, va-et-vient incessants. Le champion olympique est *« retourné sur le nuage des JO »*. *« J'ai assumé tous mes choix. Je savais que c'était le seul moyen d'aller au bout. »* C'est-à-dire tenter une touche au pied en demi-finales à 14-14 contre le Belge Neisser Loyola, son bourreau d'Antalya, accepter de voir son avance de six touches en finale fondre à vue d'œil, et tenter des flèches et des contre-attaques. *« Je ne voulais qu'une chose : être moi-même, rien de plus. »* Champion olympique et du monde, rien de plus.

Romain Cannone (à dr.) est venu à bout en finale du Japonais Kazuyasu Minobe (15-11) pour obtenir son premier titre mondial à l'épée.

Les équipes en force

Au cours de ces Mondiaux, les Bleus ont glané huit médailles, dont quatre par équipes.

Or : Romain Cannone (épée hommes), épée hommes par équipes, Ysaora Thibus (fleuret femmes), Enzo Lefort (fleuret hommes).

Argent : Maxime Pianfetti (sabre hommes), sabre femmes par équipes.

Bronze : fleuret par équipes hommes et femmes.

Lame d'un guerrier

Champion du monde en titre, Enzo Lefort a conquis une deuxième couronne d'affilée en passant trois fois à une touche de la sortie !

L'ÉQUIPE DU 21 JUILLET 2022
LOUIS BOULAY

Vous pouvez gagner une fois 15-14. Ça arrive. Mais pas deux. Bon allez, c'est vrai, vous pouvez gagner deux fois 15-14. C'est rare, mais dans un bon jour, c'est jouable. Mais pas trois. Impossible. Pas avec cette énorme pancarte de tenant du titre. Pas après un forfait aux Championnats d'Europe et six semaines de rééducation. S'il y avait eu une quatrième victoire 15-14 à aller chercher, Enzo Lefort (30 ans) semblait si irrésistible que ce scénario ne nous aurait pas étonné.

« *Je suis trop nerveux pour ces conneries*, plaisantait Émeric Clos, l'entraîneur national du fleuret masculin, après le renversant succès du Guadeloupéen, en finale face à l'Italien Tommaso Marini, battu sur le fil (15-14). *Il n'y a qu'Enzo pour faire un truc pareil. Il est incroyable.* »

Bien entré dans sa compétition avec un premier succès sans appel (15-2), Lefort se retrouvait mené 5-0 puis 10-1 par le Néerlandais Daniel Giacon, 36e mondial. Dans son box, Clos fulminait et maltraitait sa boule antistress. Après un calvaire de trois minutes, Lefort revenait en bout de piste pour une minute de pause, en retard de huit touches. « *Je le connais depuis quinze ans*, argumentait Clos. *Je me suis vite énervé car j'ai tout de suite senti qu'il n'était pas dedans. Je devais le porter.* »

Blessure et rechute

Méconnaissable, le champion du monde en titre retrouvait son agressivité et balançait ses banderilles. Une par une, sans se précipiter. Sans jamais avoir été devant au score, il finissait par s'en sortir.

Au pied du podium, son masque de pharaon sous le bras, Lefort assurait que cette grosse frayeur était le déclic. Avant de se raviser : « *C'est le tournant, mais en regardant plus loin, j'ai eu plein de tournants ces derniers mois, un tas de choses qui ont rendu ce deuxième titre possible.* » Tout avait commencé avec l'or olympique par équipes, décroché à Tokyo, qu'il fallait digérer. « *Il a pris le temps de bien le célébrer*, ne manque pas de préciser Clos. *Il a repris vraiment en décembre, et encore je suis gentil.* » Et Lefort a passé la saison à courir derrière ses sensations. « *Il a tenu grâce à un mental de dingue*, reprend Clos. *Escrimement parlant, il était nul.* » Mais le Guadeloupéen se déchire le mollet gauche à un mois des Championnats d'Europe, puis rechute juste avant le départ.

Lefort, hyperactif, en profite, en marge de ses soins, pour organiser une expo dans une galerie parisienne pour la sortie de son deuxième livre de photos retraçant l'épopée olympique japonaise. Et se marie… « *Je n'allais pas me foutre dans un bloc de glaçons et attendre que ça se passe*, assume-t-il. *Je suis sans cesse dans le moment présent. J'essaye de profiter de tout ce que je fais à 100 %.* » Son ambition, en arrivant au Caire, n'était pas de « conserver » son titre. « *Le titre de 2019 est acquis, on ne me l'enlèvera pas*, prévenait-il. *Je m'entraîne pour en conquérir un autre, c'est différent.* » Qu'il appelle ça comme il veut, conquête ou reconquête, c'est toujours lui le plus fort.

Enzo Lefort, avec sa coiffe égyptienne en main, symbole du règne du fleurettiste.

Fleuret femmes

L'ÉQUIPE DU 20 JUILLET 2022
LOUIS BOULAY

Thibus, reine d'Égypte

Quatre ans après sa première finale mondiale perdue, celle qui est devenue, entre-temps, médaillée d'argent olympique par équipes, s'est offert un retentissant succès.

Il devait être 18 h 30, peut-être 40. À quelques minutes de la finale du fleuret féminin, la salle d'entraînement du Cairo Stadium sonnait creux. Pas un bruit. Calme plat seulement trahi par deux silhouettes, là-bas dans le fond. Sans dire un mot, Ysaora Thibus, qui s'apprêtait à disputer sa deuxième finale mondiale après celle perdue en 2018, récitait ses gammes en face de Race Imboden.

Son compagnon américain, double médaillé olympique, menait la leçon. Ni masque, ni fleuret, ni paroles en l'air. Juste un regard, un « *let's go* ». La Guadeloupéenne était prête pour le combat, dans cette bulle qu'elle construit depuis des années.

Éloignée de l'Insep depuis son retour des JO de Rio en 2016, Thibus a bâti son chemin vers cette finale à Los Angeles, Bologne, et plus récemment à Avignon. « *Au fond de moi, j'ai toujours été persuadée que c'est comme ça que j'y arriverais*, estimait-elle après son récital en finale face à l'Italienne Arianna Errigo (15-10). *Sans me fixer de limite, en tentant, en voyageant.* »

Après son échec individuel aux Jeux de Tokyo (9e), malgré l'argent par équipes, Thibus a pensé tout arrêter : « *Je ne savais plus pourquoi je m'entraînais et si j'en avais vraiment envie. Ça demande un tel engagement… J'avais peur d'être encore déçue. Je devais couper.* »

Première championne du monde depuis 1971

Loin des pistes, la Guadeloupéenne se recentre « *sur des choses importantes dans* [son] *équilibre de vie* », prend le temps de poursuivre le développement de son média, EssentiElle Stories, plateforme Instagram dédiée à la mise en avant du sport féminin. Passionnée de mode, elle écume aussi les fashion weeks, « *un tas de choses que je n'avais pas le temps de faire avant et qui m'ont fait un bien fou* ».

De retour en janvier, Thibus partage son temps entre les assauts à l'Insep avec les Bleues et les leçons individuelles à Avignon avec le maître d'armes italien Giulio Tomassini, une référence, coach historique de la légende Valentina Vezzali. Et tant pis s'il faut croiser le fer avec « *des cadets et des juniors. Ça ne m'a jamais dérangé. C'est une force, ça me confronte à plein de styles différents, j'apprends beaucoup.* » Absent en Égypte (positif au Covid), Tomassini a confié à Imboden la mission de mener sa compagne au titre.

Et, en face d'elle en finale, ce n'était pas la tireuse du coin qui allait lui disputer l'or mondial. Errigo (34 ans), deux titres en 2013 et 2014, arrivait avec son CV long comme le bras : argent olympique en 2012, deux ors européens et 54 podiums en Coupe du monde. Qu'importe, Thibus n'avait qu'un objectif : devenir la première fleurettiste française championne du monde depuis Marie-Chantal Demaille en 1971. Vite devant, elle faisait mieux que prendre sa revanche sur celle qui l'avait battue aux Championnats d'Europe à Antalya (Turquie). 15-10, sans contestation possible. Ça valait le coup de continuer.

Ysaora Thibus a vu tous ses choix récompensés aux Mondiaux en Égypte.

10 JUILLET

CYCLISME **TOUR D'ITALIE.** Annemiek van Vleuten s'est parée de rose sur le Giro pour la troisième fois après 2018 et 2019, le tout en ayant enlevé deux étapes en prime. Elle rejoint sa compatriote Marianne Vos (2011, 2012, 2014) et la Suissesse Nicole Brändli (2001, 2003, 2005) parmi les triples lauréates de l'épreuve.

31 JUILLET

FORMULE 1 **GRAND PRIX DE HONGRIE.** Pourtant parti en dixième position sur la grille de départ, Max Verstappen a mis à profit une bonne conduite, les bons choix stratégiques de son équipe et les ratés de Ferrari pour s'imposer à nouveau. Le Néerlandais devance les deux Mercedes de Lewis Hamilton et George Russell.

3 JUILLET

ATHLÉTISME **MEETING DE LA CHAUX-DE-FONDS.** Troisième du 100 m sur la piste suisse, nichée à 1 000 mètres d'altitude, Méba-Mickaël Zeze est devenu le quatrième Français à briser la mythique barre des 10 secondes sur la ligne droite (9''99, vent de + 1,6 m/s) après Ronald Pognon, Christophe Lemaitre et Jimmy Vicaut.

30 JUILLET

CANOË-KAYAK **CHAMPIONNATS DU MONDE.** Champion du monde en titre de kayak (K1), Boris Neveu s'est cette fois contenté du bronze en slalom, l'or revenant au Tchèque Vit Prindis. Un résultat toutefois de bon augure en vue de Paris 2024. Chez les dames, Camille Prigent a échoué au pied du podium (4e) dans la même épreuve.

31 JUILLET

TENNIS **TOURNOI DE VARSOVIE.** Caroline Garcia a soulevé en Pologne son deuxième trophée de la saison. Après avoir battu la numéro 1 mondiale Iga Swiatek en quarts de finale (6-1, 1-6, 6-4), la Lyonnaise est allée au bout en disposant aisément de la Roumaine Ana Bogdan (6-4, 6-1). C'est son neuvième titre sur le circuit WTA.

24 JUILLET

VOLLEY-BALL **LIGUE DES NATIONS.** Au bout d'une finale folle, remportée face aux États-Unis (25-18, 25-17, 23-25, 24-26, 15-13), les Bleus se sont offert le 5e titre de leur histoire après les éditions de 2015 et 2017, le titre européen en 2015 et le sacre olympique en 2021. MVP du tournoi avec 22 points, Ervin Ngapeth a été déterminant.

Dans le même bassin romain que César Cielo avant lui, David Popovici a battu le record du monde du 100 m.

Veni, vidi, Popovici

C'est un incroyable record du monde du 100 m que le Roumain David Popovici (17 ans) a établi en 46''86, treize ans après celui du Brésilien César Cielo en tout polyuréthane (46''91).

L'ÉQUIPE DU 14 AOÛT 2022

CÉLINE NONY

On l'attendait, sans trop oser y croire. Après une série en 47''20, David Popovici avait déjà frappé fort en devenant le quatrième homme à descendre sous les 47 secondes (46''98) en demi-finales. *«C'est un pas dans la bonne direction. Ça me semble normal d'avancer pas à pas et d'améliorer mes temps»*, disait alors le gringalet de 17 ans. Mais en finale, le jeune Roumain a provoqué un coup de tonnerre. En 46''86, il est devenu champion d'Europe en effaçant le record du monde tout polyuréthane que le Brésilien César Cielo avait établi dans ce même bassin en 2009 et qui n'a pas tardé à féliciter l'impétrant sur les réseaux sociaux. *«Il n'y a pas beaucoup d'adjectifs que je puisse utiliser pour décrire ce que je ressens. Je suis juste heureux de battre ce record mythique»*, explique David Popovici.

Ce n'est pourtant pas lui, mais Maxime Grousset qui était parti le plus vite, flashé en 22''72 aux 50 m. Le Français a tenté de bousculer le schéma de son cadet pour espérer le perturber, ce qu'il avait déjà essayé en juin, ne lui abandonnant le titre mondial qu'à la touche. Cette fois, le Néo-Calédonien a calé. Et il a même buté sur ce podium historique (4e en 47''78) qu'ont gravi le Hongrois Kristof Milak (47''47) et l'Italien Alessandro Miressi (47''63).

Quant à Popovici, il est prêt à admettre qu'il a approché la course parfaite. *«Je pense que c'est probablement la meilleure course que j'aie jamais faite»*, souriait le jeune homme, révélé à Rome (déjà) lors de l'Euro juniors 2021. *«Il a un rapport poids-puissance exceptionnel*, observe Denis Auguin, l'ancien entraîneur d'Alain Bernard. *Je ne parle pas de force athlétique pure, mais de sa capacité à transmettre un maximum de force, de vitesse dans l'eau.»* David Popovici, qui a également remporté le 200 m, ne dit pas autre chose: *«Ce qui me différencie, je crois, c'est ma technique, son efficacité et le jeu mental bien sûr.»*

La natation, c'est «fun»

Pour s'en convaincre, il suffit de questionner son entraîneur, Adrian Radulescu. Il a vu débarquer un gamin de 9 ans aux cheveux longs, qui n'écoutait pas grand-chose et avait envie de s'amuser, quitte à tricher si besoin. Mais il a très vite compris que son esprit allait le singulariser. Lors d'un stage, le coach avait lancé un jeu: à chaque 25 mètres nagés, le dernier du groupe était éliminé. *«Systématiquement, David a fini avant-dernier, alors que deux autres garçons, qui étaient plus forts, voulaient montrer leur valeur. Eux se sont tellement épuisés à chaque tour, que c'est David qui a fini par gagner»*, sourit Radulescu. L'adolescent, devenu star absolue en Roumanie, est curieux, gourmand. Il étudie dans une école internationale, ce qui explique qu'il parle parfaitement l'anglais, s'ouvre à la philosophie et se revendique des Stoïciens. *«La base du stoïcisme, c'est de vivre une vie heureuse. Je l'utilise dans ma vie de tous les jours. Quand je veux me motiver à plonger dans l'eau froide, quand je n'ai plus envie de ne rien faire...»*

Il a beau dire, il sait qu'il consent à de nombreux sacrifices, mais avec son regard posé sur les choses, sa maturité, il interpelle quand même son auditoire avec ce côté *«fun»* de la natation. *«Tout est fun: le sport, se mettre dans une fatigue extrême, pas loin de vomir. Avoir des lactates partout, le sang qui remonte dans la tête... C'est fun! Enfin, pour moi. Après trente minutes, quand tu ne veux plus tuer personne et que tu comprends que cette vie d'ascète en vaut la peine.»*

Yohann Ndoye-Brouard a réalisé son meilleur temps pour s'offrir son premier titre européen.

Enfin à l'or

À 21 ans, Yohann Ndoye-Brouard est devenu champion d'Europe sur 200 m dos (1'55''62). Un premier titre pour ce grand habitué des mésaventures.

L'ÉQUIPE DU 14 AOÛT 2022

CÉLINE NONY

Il grimpe sur la ligne, ouvre grand les bras au ciel. Il frappe l'eau et laisse exploser une joie immense. Intense. À 21 ans, Yohann Ndoye-Brouard vient de s'offrir le titre. *«C'est une première* Marseillaise *pour moi»*, indique-t-il surtout. Vainqueur du 200 m dos en 1'55''62, l'Annecien savait qu'il devrait améliorer son propre record de France (1'56''10 l'an dernier) pour se parer d'or. Il a su répondre à l'enjeu.

«Mais je n'ai pas senti grand-chose, raconte-t-il. *J'ai viré aux 150 m et je me sentais frais. J'ai vu que j'étais avec tout le monde. Je me suis mis en ligne, j'ai tourné les bras, j'ai mis les jambes... Je sais que les derniers 50, c'est ma force. Je sens que je suis devant, que je vais toucher le premier. Je me suis dit: "Tu vas être champion d'Europe, profite!"»* S'il peine encore à se concentrer à l'entraînement, il aime la compétition. *«Il n'y a pas grand-chose qui peut le perturber, sauf peut-être la confiance en lui*, relève Michel Chrétien, son entraîneur à l'Insep. *On sait depuis longtemps qu'il est capable de tout, mais il n'a jamais eu le loisir de le prouver. Il est surprenant, il lui arrive toujours quelque chose.»*

> **"Jusqu'en 2017, je nageais moins vite que Marie Wattel"**
> YOHANN NDOYE-BROUARD

Personne n'a oublié sa disqualification en demi-finales des Jeux de Tokyo pour un virage raté. Une image rarissime: il avait heurté le mur avec le bras, puis la tête. Face aux moqueries, il avait révélé souffrir d'un kératocône, maladie dégénérative des yeux qui déforme la cornée. Il a, depuis, réglé le problème en subissant en septembre une opération au laser pour stopper l'évolution et porte, dans l'eau, des lunettes spécialement conçues pour lui. Impossible également de ne pas évoquer sa mésaventure en demi-finale quand, au départ, son cale-pied a cassé. Yohann Ndoye-Brouard a alors obtenu le droit de renager en fin de session. Seul. Une histoire qui en appelle d'autres.

Formé par sa maman à Annecy, il a d'abord papillonné. *«Jusqu'en 2017, je nageais moins vite que Marie Wattel, qui s'entraînait aussi à Annecy»*, avoue-t-il, hilare. Mais c'est bien sur le dos qu'il a appris à exceller. Sur quelle distance? Jusque-là, on lui imaginait un avenir sur le 100 m dos (4e des Mondiaux, alors qu'il s'était arrêté en demies sur 200 m dos).

«Mais cette victoire conforte mon idée que c'est justement sur le 200 dos que je vais pouvoir faire des podiums plus tard, estime-t-il. *Je montre que je peux monter sur la boîte des Jeux. Si je m'améliore encore, je pense pouvoir rivaliser avec les meilleurs. Mais avec ce temps-là, je n'aurais pas été médaillé à Budapest.»* L'Américain Murphy s'était imposé en 1'54''52, le bronze nécessitant un chrono de 1'55''35. Pour l'avenir, dit-il, et *«pour faire une grosse semaine aux JO, il faudra être plus polyvalent»*. Et s'inventer de nouveaux incidents.

Le bilan des Bleus

La France a récolté un total de treize médailles.

Or (3): Yohann Ndoye-Brouard (200 m dos), Analia Pigrée (50 m dos), relais 4 x 100 m nage libre mixte.
Argent (7): Maxime Grousset (50 m papillon), Charlotte Bonnet (100 m), Marie Wattel (50 m et 100 m papillon), relais 4 x 100 m 4 nages F, relais 4 x 100 m 4 nages H, relais 4 x 200 m mixte.
Bronze (3): Damien Joly (1 500 m), Yohann Ndoye-Brouard (100 m dos), relais 4 x 200 m H.

50 m dos

Du baptême à la confirmation

Six semaines après sa médaille de bronze mondiale, Analia Pigrée a été sacrée championne d'Europe sur 50 m dos.

L'ÉQUIPE DU 15 AOÛT 2022

CÉLINE NONY

Elle a chaussé ses lunettes, se tient bien droite sur la plus haute marche du podium. Médaille d'or autour du cou, bouquet de fleurs entre ses mains jointes. Elle sourit à cette *Marseillaise* qui retentit pour elle dans le ciel de Rome. À 21 ans, Analia Pigrée savoure l'instant, visage illuminé par un immense sourire. Au lendemain du sacre de Yohann Ndoye-Brouard, le dos a donc offert un second titre européen à la natation française. *«Le record de France, mon meilleur temps...* (elle souffle) *Trop bien! Je suis trop contente. C'était vraiment une belle course.»*

La Guyanaise n'en finit plus de se révéler. Six semaines après avoir décroché le bronze mondial sur 50 m dos, à Budapest, elle a parfaitement assumé son statut naissant et son désir annoncé de s'imposer sur son exercice de prédilection. En 27''27 (deux centièmes de mieux que son précédent record), elle a relégué à 26 centièmes de seconde sa dauphine italienne Silvia Scalia, éteignant provisoirement l'euphorie débordante du public.

> **"Une femme pleine de ressources et d'énergie, qui se donne toujours les moyens pour arriver à son objectif"**
> PHILIPPE SCHWEITZER, SON ENTRAÎNEUR

«À l'entraînement, je m'étais sentie super bien. J'étais très haute sur l'eau, tout allait bien. Je me suis dit: pourquoi pas?» Alors qu'elle était tombée en panne de sensations la veille, en demi-finale, avec l'impression de ne pas réussir à pousser (27''68)... *«C'est une jeune femme pleine de ressources et d'énergie, qui se donne toujours les moyens pour arriver à son objectif»*, apprécie Philippe Schweitzer, son entraîneur depuis deux ans. C'est lui, quand il l'a prise sous son aile à Font-Romeu, qui l'a incitée à basculer sur le dos. Analia Pigrée a d'abord renâclé, mais a appris à apprécier cette nage. *«Au moins, tu n'as pas la tête sous l'eau, j'aime bien cette différence»*, lâche-t-elle avec un naturel désarmant. Elle se verrait bien développer aussi ses capacités en crawl. *«Parce que le 50 dos n'est pas une discipline olympique»*, rappelle-t-elle en riant.

Analia Pigrée (à dr.) dans les bras de sa dauphine sur 50 m dos, Silvia Scalia.

Timmy Gillion, âgé de seulement 20 ans, a lancé l'équipe de France masculine de vitesse vers la médaille d'argent, bien suivi ici par Sébastien Vigier et Rayan Helal.

La piste aux étoiles

Les Bleus ont idéalement lancé leur compétition européenne, raflant quatre médailles dont deux titres.

Benjamin Thomas décroche son troisième titre européen sur la course aux points.

L'ÉQUIPE DU 13 AOÛT 2022

MARC VENTOUILLAC

Une palette complète de médailles. De l'or (par deux fois), de l'argent et du bronze. Les pistards français ont bien lancé leurs Championnats d'Europe sur le vélodrome de 200 mètres érigé au sein du palais des expositions de Munich. Dans une compétition disputée à guichets fermés, les Bleus ont plus que rempli leur contrat.

L'équipe de France de poursuite masculine était la favorite pour l'or, et c'est donc sans surprise que les Bleus ont revêtu le maillot étoilé de champion d'Europe. Pourtant, les Danois ne sont pas tombés sans combattre. Ce sont eux qui ont pris le meilleur départ, comptant jusqu'à 718 millièmes d'avance aux 1 200 mètres. Ils ne devaient pas pousser leur avantage plus loin et, aux 2 500 mètres, Thomas Denis, Valentin Tabellion et Benjamin Thomas (Quentin Lafargue s'était relevé depuis longtemps) prenaient la première place pour ne plus la lâcher, bouclant les 4 000 m en 3'50''507 contre 3'51''692 aux Scandinaves.

> "Je ne pouvais pas lâcher les gars avant la finale"
>
> BENJAMIN THOMAS

«*Les Danois sont partis très vite, ça s'est un peu joué au bluff, c'était un vrai beau match*, explique Tabellion. *Deux jours avant, on se disait avec Thomas qu'on avait fait des petites erreurs techniques, des erreurs de trajectoire, de relais… On a réussi à rectifier!*»

«*C'est une piste particulière ici*, reprend Quentin Lafargue, *une 200 m alors que la majorité des compétitions se courent sur une 250. Techniquement, un passage de relais n'a rien à voir. On s'est réglés, on s'est fait peur sur la première course, mais les deux autres étaient de mieux en mieux et on a réussi à ajuster.*»

Sur le podium, Benjamin Thomas n'a pas pris le temps d'apprécier le moment car engagé dans la course aux points (épreuve non olympique) où, vêtu du maillot arc-en-ciel, il remporta son deuxième titre de la journée. «*Celui qui a le plus de saveur, c'est la poursuite par équipes, qui est la chose à laquelle on tenait*, déclara le Tarnais. *Quand j'avais discuté avec Steven Henry* (entraîneur national) *sur ces Championnats, il avait dit: "Tu feras la poursuite pour te débloquer mais tu ne feras peut-être pas la finale pour te concentrer sur la course aux points." Mais je me suis dit que je ne pouvais pas lâcher les gars avant la finale et j'avais à cœur de récompenser tout un groupe qui travaille depuis des années et des mois.*»

Si les poursuiteurs étaient favoris de leur discipline, ce n'était pas le cas des sprinteurs. En finale par équipes, Timmy Gillion, Rayan Helal et Sébastien Vigier avaient à affronter les ogres néerlandais, champions olympiques et du monde. Là non plus, il n'y a pas eu vraiment match. En 34''639 contre 35''516 aux Bleus, les «Oranje» n'ont pas tremblé.

La troisième place de Victoire Berteau, Marion Borras, Clara Copponi et Valentine Fortin fut finalement la médaille la plus facilement acquise de la journée, les Bleues rattrapant les Britanniques après 2 700 mètres dans la poursuite par équipes. «*Nous avons eu du mal à digérer* (l'élimination en demi-finales), raconte Victoire Berteau. *Une heure avant le match pour le bronze je cogitais encore, mais on a su se remobiliser.*»

«*C'est notre première médaille*, positivait Clara Copponi. *C'est une équipe en construction, on est toutes jeunes. La qualification pour la finale se joue à rien du tout mais il y a quelques mois on se faisait passer dessus par ces filles-là, on se prenait six secondes dans la gueule!*» L'avenir annonce un ciel encore plus bleu.

Vigier sur son nuage

Déjà titré en individuel, le Français a été bluffant en finale du keirin pour s'offrir une deuxième médaille d'or. Le doyen des Bleus, 25 ans, incarne une jeune génération ambitieuse, qui a fait le plein de confiance avec 15 médailles.

Déjà double champion d'Europe à Berlin en 2017, Sébastien Vigier totalise désormais quatre maillots étoilés.

L'ÉQUIPE DU 17 AOÛT 2022

DORINE BESSON

Maillot à étoiles sur le dos, il glisse cette phrase avec un sourire en coin : « *Pourtant, on n'avait pas préparé ce Championnat.* » Sébastien Vigier a toutefois bien chanté du coin des lèvres la *Marseillaise* à deux reprises depuis l'ouverture des Championnats d'Europe et le début de la razzia française (15 médailles au total), dans un vélodrome à guichets fermés où des supporters français ont réussi à faire voler quelques drapeaux tricolores parmi le public allemand. En plus, les deux podiums sont partagés avec bonheur au côté d'un coéquipier, Rayan Helal en individuel, Melvin Landerneau en keirin.

Après son sacre en individuel, le sextuple médaillé mondial parlait déjà de « *résurrection* », lui qui a tant couru après un nouvel or européen depuis ses premiers titres prometteurs en 2017. Cinq ans plus tard, sa barbe et ses cheveux roux ont poussé et le pistard, 19e aux JO de Tokyo en keirin, n'est toujours pas rassasié : « *Avant la finale, j'étais hyper stressé, je voulais vraiment le titre, même si j'en avais déjà un et que mes Championnats étaient réussis. Je me sentais le plus fort, ç'aurait été un échec pour moi de ne pas concrétiser.* »

Pourtant, il est passé tout près de la douche froide en demi-finales, se hissant en finale au dernier coup de reins, d'un rien sur la ligne. « *J'ai eu beaucoup de chance que ça passe à la fin car j'ai très mal couru*, précise-t-il. *En finale, je m'en suis servi, j'ai patienté.* » Rien n'a pu l'arrêter. Surtout pas un tirage au sort peu chanceux. « *La piste est très difficile* (200 mètres au lieu de 250 habituellement) *et il a tiré le numéro 6… Quand j'ai vu ça, je me suis dit, le pauvre, ça va être compliqué*, raconte Thomas Boudat, heureux médaillé d'argent sur l'américaine avec Donavan Grondin. *Finalement, il a fait un gros jump au bon moment et il avait quand même une jambe au-dessus de tout le monde.* » Calé à l'extérieur de la piste et encore avant-dernier à deux tours de la fin, Vigier a produit un impressionnant effort pour s'imposer devant l'Allemand Maximilian Dörnbach.

> **"Greg insuffle vraiment cette culture du haut niveau. Il est dur avec nous, ça paie aujourd'hui"**
> SÉBASTIEN VIGIER

Encore frais même le dernier jour à Munich, Vigier pense avoir fait la différence sur ses concurrents notamment grâce au travail de récupération : « *Je ne vais pas dire exactement ce qu'on fait, mais on a des récups plus sérieuses qu'avant. Ça change beaucoup. On l'a vu, les Français, on a tous bien fini le tournoi de vitesse.* » Quand on évoque ce sujet avec Grégory Baugé, l'entraîneur du sprint sourit malicieusement. Satisfait. « *Ils récupèrent de mieux en mieux*, confirme le quadruple médaillé olympique. *J'espère qu'il a compris que, même avec des grosses qualités, un sprinteur a besoin de faire des choses que moi-même je ne faisais pas forcément.* » « *Greg insuffle cette culture du haut niveau*, ajoute Vigier. *Il est dur avec nous, mais ça paie aujourd'hui.* »

Doyen à seulement 25 ans de cette jeune équipe de France, Vigier incarne une génération ambitieuse, mais qui avait besoin de faire le plein de confiance au bon moment. Avant les prochains Mondiaux et aussi dans la perspective de Paris 2024. « *Un Seb Vigier, une Mathilde Gros* (vice-championne d'Europe) *ont des qualités plus importantes que la norme, mais ces dernières années, ça n'a pas été facile pour eux*, pointe Baugé. *Ils ont besoin de sentir qu'ils ne sont pas seuls. Le haut niveau, ce n'est pas juste appuyer à fond sur les pédales. C'est un tout.* » Baugé veut « *des guerriers* », Vigier semble un bon soldat.

Les 15 de France

La délégation bleue à Munich a récolté quinze médailles, dont six titres.

Or (6) : Melvin Landerneau (kilomètre), Sébastien Vigier (vitesse individuelle, keirin), poursuite par équipes hommes (Thomas Denis, Thomas Boudat, Benjamin Thomas, Quentin Lafargue, Valentin Tabellion), Benjamin Thomas (course aux points), Donavan Grondin (omnium).

Argent (5) : américaine (Thomas Boudat, Donavan Grondin), vitesse par équipes (Timmy Gillion, Rayan Helal, Sébastien Vigier, Melvin Landerneau), Mathilde Gros (vitesse individuelle), Clara Copponi (omnium), américaine (Clara Copponi, Marion Borras).

Bronze (4) : Melvin Landerneau (keirin), Rayan Helal (vitesse individuelle), Victoire Berteau (course aux points), poursuite par équipes (Victoire Berteau, Valentine Fortin, Clara Copponi, Marion Borras).

KILOMÈTRE
Le solo de Landerneau

Au lendemain du sacre de Vigier en individuel, c'est Melvin Landerneau qui a lancé une nouvelle journée faste. Déjà argenté par équipes, le Martiniquais, dernier à s'élancer sur le kilomètre, a obtenu son premier titre international en solo à 24 ans. « *J'attendais cette* Marseillaise *depuis longtemps, je suis passé par des moments difficiles, des blessures et des contre-performances*, rembobine-t-il. *J'ai dû travailler très fort pour revenir à un niveau comme celui-ci. Quand je suis revenu des Jeux* (remplaçant), *j'ai passé de longs mois à m'entraîner seul, je ne voulais pas faire les choses à moitié. Pour vivre des moments comme ça.* »

Ce genre d'instant rare, quand tout le vélodrome vibre à donner des frissons. Comme celui de l'ultime tour haletant de Donavan Grondin sur l'omnium et son tout dernier sprint : jusque dans les derniers instants, trois pistards roulaient pour le titre européen. « *Je regardais de temps en temps le tableau. La dernière fois que je l'ai vu, j'étais troisième*, raconte le champion du monde 2021 du scratch. *Quand, au dernier sprint, je suis ex æquo avec les deux autres, je pensais juste que je jouais une médaille. En passant la ligne, je ne savais même pas que j'avais gagné. Le dernier sprint, je l'ai fait à la vie à la mort.* » **D.B.**

Sur la bande d'arrêt d'urgence

Avec seulement neuf médailles et aucun titre, la France est restée loin du compte à Munich. L'élan voulu pour lancer l'olympiade vers Paris est quasi inexistant.

Sans or

Argent (4) : Rénelle Lamote (800 m), Pascal Martinot-Lagarde (110 m haies), Wilfried Happio (400 m haies), 4 x 100 m (Méba-Mickaël Zeze, Pablo Matéo, Ryan Zeze, Jimmy Vicaut).

Bronze (5) : Yann Schrub (10 000 m), Just Kwaou-Mathey (110 m haies), 4 x 400 m (Gilles Biron, Loïc Prévot, Téo Andant, Thomas Jordier), Jules Pommery (longueur), Jean-Marc Pontvianne (triple saut).

L'ÉQUIPE DU 22 AOÛT 2022

ROMAIN DONNEUX

Il y avait pourtant tout pour briller et voir les poils se hérisser sous les combinaisons. Le stade Olympique de Munich a offert, toute la semaine, un terrain de jeu idéal, avec un mélange de densité sportive mesurée et une ambiance folle. Pénétrer sur cette piste est une expérience, que ce soit pour Kevin Mayer, qui n'y a fait que 60 m à fond lors de son décathlon, ou pour la jeune Manon Trapp, sur 5000 m, logiquement dépassée face au mur des tribunes et ce bruit assourdissant quand les locaux s'ébrouaient dessus. Ça s'appelle l'expérience et ça se prend, partout, tout le temps.

C'était d'ailleurs le but de la manœuvre, avec 99 partants au sein de l'équipe de France. Donner du vécu, offrir de premières capes, est toujours une bonne idée et la sélection très resserrée des Mondiaux d'Eugene ayant été suffisamment critiquée, on ne va pas reprocher à la Fédération française d'athlétisme (FFA) d'avoir emmené du monde, même si cela a donné un peu de chair à canon aux autres nations. *« Je prends de l'expérience, j'espère que je ferai mieux la prochaine fois »*, a été la phrase la plus entendue en zone mixte. Elle fonctionne très bien pour les premiers capés comme Alexa Lemitre (3000 m steeple), Jean-Baptiste Bruxelle (marteau) ou encore Yanis Meziane (800 m), mais on l'a entendu dans beaucoup trop de bouches briefées.

La spontanéité doit être encouragée et non pas freinée

Cela reste quand même loin de l'ambiance pesante de Eugene ou chaque mot, même banal, semblait pouvoir devenir une bombe à retardement. Là, on conseillerait juste de laisser glisser, ce serait bien mieux pour tout le monde. La spontanéité d'une Rénelle Lamote, médaillée d'argent sur 800 m, ou la fraîcheur d'un Jules Pommery, en bronze à la longueur, doivent être encouragées et non pas freinées. Car des freins, malheureusement, il y en a encore beaucoup. Avant ces Championnats d'Europe, l'objectif non annoncé de la FFA se trouvait à dix breloques, soit un poil plus que la moyenne historique (8,4 depuis 1946). Là, on n'y est même pas (9), alors que les Russes et les Biélorusses (soit une bonne dizaine de médailles laissées libres) sont interdits de compétition et que le rendez-vous munichois était le deuxième tome de l'été, voire le troisième pour la Grande-Bretagne, avec ses Jeux du Commonwealth. C'est évidemment trop peu quand on voit que l'Allemagne, malade elle aussi un mois plus tôt (2 médailles, une en or et une en bronze), a survolé son affaire devant son public (16 médailles, dont 7 en or). L'équipe de France, elle, repart de Ba-

Deuxième du 800 m, Rénelle Lamote fut l'une des seules satisfactions des Championnats.

Yann Schrub a surpris son monde sur 10 000 m en se parant de bronze au sprint.

vière sans titre, chose qui n'était arrivée que deux fois depuis 1946 (en 1958 et 1982). Alors oui, comme l'indiquait Romain Barras, le directeur de la haute performance à la FFA, *« l'athlétisme est un sport de centimètres et de millièmes »*. Ils n'ont pas été souvent du côté bleu. Mais le 4 x 100 m féminin, en clôture de ces magnifiques Jeux européens, a été le symbole de la dynamique actuelle, avec un témoin bleu resté bloqué après 100 m de course et une Allemagne triomphante. La France est 22e au classement des médailles (6e au total de médailles), derrière l'Albanie ou la Roumanie, exemples choisis pour appuyer là où ça fait mal.

Tout le monde est d'accord pour dire que Just Kwaou-Mathey (en bronze sur le 110 m haies), Sasha Zhoya, Wilfried Happio (en argent sur 400 m haies), Benjamin Robert, Gabriel Tual ou Yann Schrub ont des qualités qui devraient les faire revenir très vite dans le haut du panier. Ils ne sont cependant pas nombreux, or le taux de conversion à très haut niveau est famélique. Pascal Martinot-Lagarde – si son corps le veut bien –, Renaud Lavillenie – qui a encore quelques sauts haut perchés dans son étui –, Quentin Bigot – qui n'en aura pas toujours plein le dos au marteau – , et Kévin Mayer, bien sûr, sont des piliers sur lesquels s'appuyer.

Pour le reste, la France peut compter sur un collectif qui, à défaut d'avoir du talent à tous les étages, a une énergie et une envie de vivre ensemble. Les soirées débutées au Club France se sont toujours finies tard dans la nuit. Après tout, un groupe qui vit bien, à l'image des relais masculins qui ont retrouvé des couleurs, notamment grâce à un agenda mieux maîtrisé, est un facteur de réussite, ce qui laisse un Barras *« optimiste et réaliste »*. Ça ne suffit pas, on l'a bien vu. Mais ça peut, peut-être, permettre de reprendre la route.

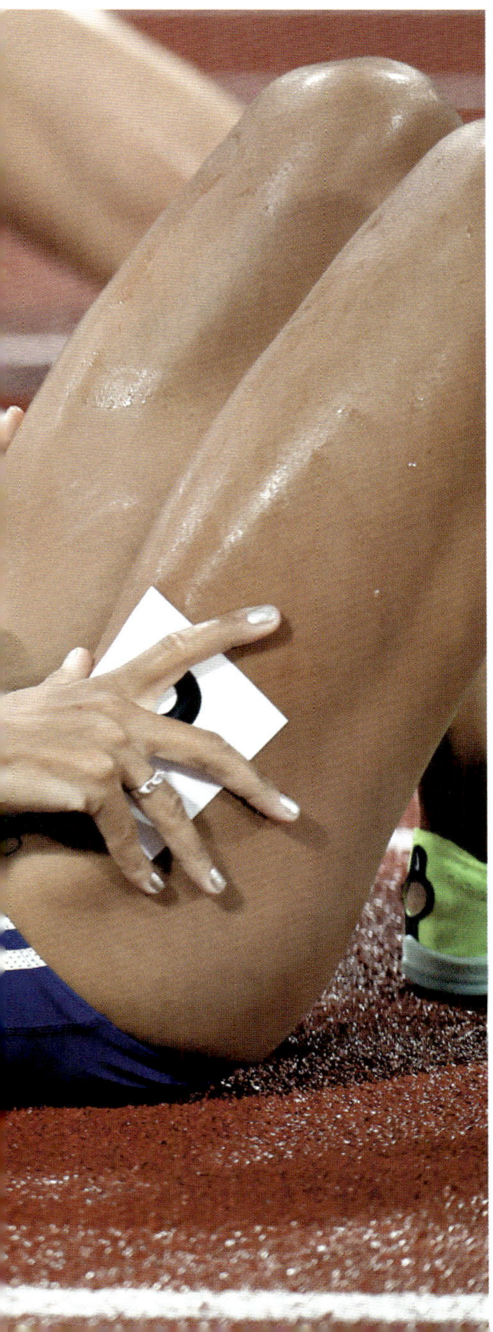

Instants fraîcheur

3

En 1'59"49, Rénelle Lamote a obtenu sa troisième médaille d'argent européenne sur 800 m après celles de 2016 et 2018.

1

Médaillé d'argent sur 110 m haies (13"138), Pascal Martinot-Lagarde a raté la plus haute marche du podium pour un seul millième de seconde, « battu » par l'Espagnol Asier Martinez (13"137) !

1"44

Distancé de 1"44 sur 400 m haies, Wilfried Happio (48"56) ne l'a peut-être pas emporté mais il est le premier des « autres », c'est-à-dire le meilleur derrière l'extra-terrestre norvégien Karsten Warholm (47"12). Et c'est déjà un bel exploit.

3

Trois athlètes ont profité de ces Championnats d'Europe pour réaliser des doublés. Il s'agit de Jakob Ingebrigtsen (NOR, 1 500 m, 5 000 m), Femke Bol (HOL, 400 m, 400 m haies, et même relais 4 x 400 m) et Antigoni Drisbioti (20 km et 35 km marche).

Pommery pétille

Longtemps quatrième, le jeune Français (21 ans) a profité de l'annulation d'un saut d'un adversaire pour s'adjuger une troisième place rafraîchissante à la longueur.

L'ÉQUIPE DU 17 AOÛT 2022

ROMAIN DONNEUX

Quelques centimètres dans le sable, une pointe posée trop près d'une planche, et tout change. Récapitulons. La nuit était déjà bien tombée sur Munich quand le concours de longueur approchait de son dénouement. Jules Pommery (21 ans), troisième depuis son quatrième essai (8,06 m), attendait le saut du Suédois Thobias Montler. Ce dernier s'élançait et retombait à 8,06 m, la même marque que le Français et le Britannique Jacob Fincham-Dukes. Le classement se tenait alors sur le meilleur des deuxièmes essais et, à ce jeu, c'est Pommery qui récupérait la place du con.

Bon en sprint, en hand, en tout

Un peu secoué, le champion d'Europe juniors 2019 demandait que soit réanalysé le premier saut du Britannique, jugé mordu par le staff bleu. Réclamation acceptée et longue attente. *« Troisième ou quatrième, ce n'est pas grave, je reste content de ce que j'ai fait, même si c'est frustrant »*, lâchait Pommery, encore dans l'incertitude à 22 h 30. Sauf qu'en coulisses, le contre-appel des Britanniques retardait l'ouverture du champagne. Avant la libération officielle à 23 h 40. Le Français savourait enfin sa première médaille en grand Championnat pour sa première sélection : *« Je n'ai pas eu mon tour de piste avec le drapeau, mais je préfère avoir la médaille. »*

Belle histoire que celle du gamin de Parigny-les-Vaux (Nièvre). Très vite, ses qualités physiques sont remarquées. Bon en cross, en sprint. En tout, en fait. C'est en sport scolaire, au collège, qu'il découvre le hand, sa nouvelle passion. L'ailier fait des merveilles, décollant de tous les côtés du terrain, se retrouvant parfois à *« juste pousser la balle »* dans le but tant il est près de la cage en sautant. Les centres de formation (Saint-Raphaël, Nîmes, Créteil) veulent le voir de plus près et les sections sportives s'arrachent ce garçon évoluant à la fois en athlétisme et en handball. Et c'est le bac à sable qui l'emporte. Champion de France cadets, il rencontre Robert Emmiyan, recordman d'Europe, et tout change : *« Dès le début, ça a bien matché avec Robert. J'étais le seul à sauter en extension, comme lui, ça nous a rapprochés. J'aimais bien sa manière d'expliquer le saut. Je ne savais pas qui il était mais je voyais que c'était un soleil. »* Quelques mois plus tard, Pommery est champion d'Europe juniors : *« J'ai ressenti, à ce moment-là, des sensations que je n'avais jamais eues dans le hand. Même si, en général, le hand c'est mieux car on joue. En athlé, il y a des pics d'émotions. »* Comme à Munich.

Jules Pommery s'est envolé pour décrocher la première médaille tricolore à Munich.

Pauline Ferrand-Prévôt a fait cavalier seul dès le premier tour pour s'imposer avec 1'35" d'avance sur la deuxième.

PFP, à la lettre

Pauline Ferrand-Prévôt a récolté aux Gets le fruit d'une année de travail en décrochant son quatrième titre mondial. Un défi réussi après un pari risqué.

L'ÉQUIPE DU 29 AOÛT 2022

BENOÎT FURIC

Un drapeau tendu à bout de bras en passant la ligne d'arrivée, l'exaltation du protocole pour revêtir son quatrième maillot de championne du monde de la discipline, quelques larmes perdues de-ci de-là. Depuis plusieurs mois, Pauline Ferrand-Prévôt avait donné rendez-vous ce dimanche d'août aux Gets (Haute-Savoie). Pas un autre jour. Elle a tenu parole.

Dans l'aire d'arrivée, elle enlace Julie Bresset, la complice de ses jeunes années, qui lui avait ouvert la voie. Et évidemment Fabien Boissonnet, son mécano depuis quatre ans, dont la famille constitue une part importante de la vie de Ferrand-Prévôt cette dernière année.

Depuis un an et demi, son doublé mondial 2019-2020 semblait à des années-lumière, rejeté loin dans le passé par les déceptions sportives et les écueils de l'existence, notamment cette endofibrose iliaque dont le diagnostic a peiné à être posé et qui l'a longtemps handicapée. Quelle pression, alors, de définir un objectif unique, un an après son échec aux Jeux Olympiques (10e). *« C'est risqué, c'est une pression supplémentaire. Mais j'en ai besoin pour rester motivée. Je suis une éternelle insatisfaite »*, reconnaît Ferrand-Prévôt. Pendant des mois, la réponse fut donc inflexible : Mondiaux et rien d'autre, quitte à paraître fantomatique ou en manque de forme en début d'année. Elle a tendu toute son énergie vers ce dimanche d'août, jusqu'à se retrouver seule en stage à Font-Romeu en plein été. *« Ce stage toute seule, c'était aussi pour me retrouver, apprendre encore à mieux me connaître et ça m'a plutôt réussi. Ces trois semaines, c'était un peu long, il ne faut pas se le cacher*, sourit-elle. *Il n'y a pas grand-chose à faire à part rouler mais c'était cool. »*

2

PAULINE FERRAND-PRÉVÔT A REMPORTÉ DEUX TITRES lors de ces Mondiaux. Elle s'était aussi imposée en short-track.

Rejointe, tout de même, la dernière des trois semaines par son mécano, précieux soutien cette année : *« On a fait notre petit cercle pendant les vacances, avec ma femme, mes filles. C'était focus sur la préparation : moi à la méca, ma femme à la cuisine. Je fais tout ce que je peux. »* Ce stage pyrénéen, c'était l'idée de PFP, mais aiguillonnée par Barry Austin, coach sud-africain qui l'accompagne depuis plusieurs années : *« On était convenus qu'elle devait faire un stage d'altitude, on a regardé le calendrier, on a défini que pour que ce soit le plus efficace pour les Mondiaux, ça devait débuter à telle date et durer tant. Je n'interfère pas plus, elle décide ensuite. »* Un fonctionnement qui responsabilise l'athlète. Pour preuve, le choix de son vélo, envisagé bien en amont des Mondiaux : un semi-rigide, plus léger de plus d'un kilo que la concurrence, tout-suspendus. Avantage dans les montées (deux sévères talus parsemaient le parcours) mais un pari pour les descentes, où elle aurait moins de vitesse.

Sur le podium, Pauline Ferrand-Prévôt profite de son sacre acquis devant le public français.

"Elle est de ces personnes que les gens ne comprennent pas forcément sur le moment, comme Einstein, Tesla"
BARRY AUSTIN, COACH

L'anticipation a payé. PFP a laissé peu de place au suspense. *« C'est parti vite, mais c'était la tactique parce qu'il y a de grosses montées où on peut faire la différence, mais le mieux c'est d'être en tête dans les descentes. Elle a eu raison de faire ça »*, jugeait sa coéquipière chez les Bleus, Loana Lecomte (4e). *« Elle a un destin particulier*, explique Yvan Clolus, le manager des Bleus. *C'est au-delà d'une sportive de haut niveau et d'une championne. »* Une description qui trouve écho chez Barry Austin, qui répète souvent : *« Elle est de ces personnes que les gens ne comprennent pas forcément sur le moment, comme Einstein, Tesla. Elle est parfois en avance sur les gens normaux. »*

En descente, les Bleus triplent

Les vététistes tricolores ont réalisé un triplé inédit en descente lors de ces Championnats du monde aux Gets (Haute-Savoie). Loïc Bruni a décroché son cinquième titre mondial, suivi par deux autres Bleus : Amaury Pierron et Loris Vergier.

Garcia, la renaissance

Au bout d'une semaine époustouflante, la Française (28 ans) a remporté le tournoi de Cincinnati face à Petra Kvitova. Après des années de galères et de doutes, elle fait un retour fracassant au premier plan.

Garcia	6	6
Kvitova	2	4

L'ÉQUIPE DU 22 AOÛT 2022

QUENTIN MOYNET

> "Pendant la cérémonie, la chanson « Girl on fire » passait. Je me suis dit que c'était la meilleure façon de la décrire"
>
> PETRA KVITOVA, BATTUE EN FINALE

Radieuse, Caroline Garcia récolte son troisième trophée de la saison.

Les nuages qui crachaient leurs caprices depuis deux jours se sont soudainement écartés pour laisser une fine bande de lumière éclairer le visage de Caroline Garcia. La Française venait de s'écrouler de tout son long sur le dos, bras en croix. Une émotion qu'elle avait parfois imaginée ne plus jamais pouvoir savourer. Et elle a définitivement repris son envol, quatre ans après être entrée dans une zone de turbulences qui l'aura fait tanguer à maintes reprises.

Malgré l'avant-bras et la cuisse gauches qui grinçaient au bout d'un marathon de huit matches en neuf jours, Garcia, qui avait dû se bagarrer pour ne pas quitter l'Ohio dès le premier tour des qualifs face à sa jeune compatriote Diane Parry (4-6, 6-3, 6-2), a remporté le WTA 1000 de Cincinnati en terrassant Petra Kvitova (6-2, 6-4).

Tout au long d'une finale à sens unique, la Lyonnaise de 28 ans a pris la Tchèque à la gorge, l'agressant au retour et au filet. Présente à chaque moment clé, pour chiper trois fois l'engagement de son adversaire et sauver les huit balles de break obtenues par Kvitova. Rien à voir avec celle que le doute rongeait, que les critiques extérieures et les mauvais résultats entravaient ; déboussolée tactiquement, tentée par une émancipation hors du cocon familial sans oser franchir le pas, et fragilisée par un corps qui ne lui laissait aucun répit. Le dos puis, ces deux dernières saisons, les pieds. Au point, au plus bas de sa confiance et d'un classement en chute libre (79e en mai, son pire rang depuis huit ans), de craindre d'avoir définitivement lâché le bon wagon, celui qu'elle avait brillamment accroché en 2017 lors d'une fabuleuse tournée en Chine : onze victoires en quinze jours et deux titres d'affilée (Wuhan et Pékin) face au gratin du tennis féminin (Kerber, Cibulkova, Svitolina, Kvitova, Halep...). Depuis cette quinzaine de rêve, Garcia a perdu l'insouciance. L'an passé, elle a enfin coupé le cordon avec son entraîneur de père, Louis-Paul, pour se mettre à l'heure espagnole, d'abord à la Rafa Nadal Academy, puis à Alicante. Depuis, le paternel occupe un rôle de manager qui supervise de chez lui et laisse le quotidien à Bertrand Perret, devenu son coach en fin d'année dernière.

Caroline Garcia s'est appuyée sur sa qualité de frappe pour briller dans l'Ohio.

10

CINCINNATI EST LE 10e TITRE DE CAROLINE GARCIA, son troisième dans la catégorie WTA 1000 ou équivalent, après Wuhan et Pékin en 2017.

Elle n'avait jamais perdu sa qualité de frappe

À ses côtés, la Française a retrouvé son identité de jeu. Elle n'avait jamais perdu sa qualité de frappe, sa pureté technique ni ce feu dans le bras qui avaient subjugué Andy Murray et Martina Navratilova lors de sa défaite contre Maria Sharapova à Roland-Garros en 2011 (3-6, 6-4, 6-0), mais elle manquait d'un fil conducteur et de schémas solides sur lesquels s'appuyer. Ces derniers mois, elle a remis les pièces du puzzle dans l'ordre. Blessée à un pied entre mars et mai, elle s'est d'abord reconstruite physiquement avec Laura Legoupil, physiothérapeute et préparatrice physique qui l'accompagne toute l'année. Enfin, elle peut déployer son jeu d'attaquante, a développé ses approches au filet et amélioré sa qualité de volée. Et n'a sans doute jamais aussi bien servi.

Son titre en double à Roland-Garros avec Kristina Mladenovic, puis, trois semaines plus tard, son sacre sur le gazon de Bad Homburg, l'ont confortée et lui ont redonné la confiance qui la fuyait. La voilà, avec deux trophées supplémentaires, à Varsovie (le 31 juillet) et « Cincy », accompagnée d'un nouveau statut. *« Les attentes extérieures, ce n'est toujours pas quelque chose que j'aime, même si ça fait partie de la réussite,* glisse-t-elle. *Mais cette*

21 AOÛT

BOXE **POIDS LOURDS.** Un an après avoir détrôné Anthony Joshua (à dr.) en devenant champion WBA-WBO-IBF des lourds, l'Ukrainien Alexandre Usyk (à g.) a conservé ses ceintures en remportant la revanche face à l'Anglais à Djeddah (Arabie saoudite). Le boxeur de 35 ans s'est imposé aux points, deux juges à un en sa faveur.

8 AOÛT

ÉQUITATION **CHAMPIONNATS DU MONDE DE VOLTIGE.** Double ration d'or pour les Français : Manon Moutinho (en photo) a arraché son premier titre mondial, avant d'être imitée quelques instants plus tard par Lambert Leclezio chez les hommes, qui fête lui son 4e sacre. Deux jours plus tard, les Français seront couronnés en Coupe des nations.

13 AOÛT

TRIATHLON **CHAMPIONNATS D'EUROPE.** Deuxième mondial mais jamais victorieux en compétition, Léo Bergère a fait la différence lors de la course à pied pour décrocher son premier titre européen à Munich. Cerise sur le gâteau : le triathlète de 26 ans précède ses compatriotes Pierre Le Corre et Dorian Coninx pour un triplé inédit.

15 AOÛT

TENNIS DE TABLE **CHAMPIONNATS D'EUROPE.** Jianan Yuan et Emmanuel Lebesson ont apporté à la France un septième titre de champion d'Europe, le troisième en double mixte après 1984 et 1990. En finale, la paire tricolore, classée 3e mondiale, a disposé des Roumains Ovidiu Ionescu et Bernadette Szocs en quatre manches.

22 AOÛT

TENNIS **TOURNOI DE CLEVELAND.** Alizé Cornet s'est adjugé au 1er tour sa 500e victoire sur le circuit WTA contre l'Ukrainienne Dayana Yastremska (6-2, 6-1). La Niçoise, âgée de 32 ans, est la cinquième joueuse tricolore à atteindre cette barre symbolique après Nathalie Tauziat, Stéphanie Foretz, Amélie Mauresmo et Mary Pierce.

13 AOÛT

BMX **CHAMPIONNATS D'EUROPE.** Anthony Jeanjean, renversant en finale de freestyle, a remporté à Munich son troisième titre européen d'affilée après 2019 et 2021. Mis sous pression par le second run du Britannique Kieran Reilly (92,10 points), le Français a enchaîné les figures de haut vol pour s'emparer de la première place (93,60 points).

US OPEN Grand Chelem 3e tour
femmes

Les chiffres fous de la reine

Serena Williams a disputé le dernier match de son immense carrière au 3e tour de l'US Open, battue par Ajla Tomljanovic. Les statistiques de l'Américaine racontent sa légende.

Un palmarès hors norme

73 titres en simple, dont 23 du Grand Chelem, 5 Masters et 1 titre olympique.

Ses 23 titres du Grand Chelem en simple

OPEN D'AUSTRALIE — ROLAND-GARROS — WIMBLEDON — US OPEN

Open d'Australie : 7 (2003, 2005, 2007, 2009, 2010, 2015, 2017)

Roland-Garros : 3 (2002, 2013, 2015)

Wimbledon : 7 (2002, 2003, 2009, 2010, 2012, 2015, 2016)

US Open : 6 (1999, 2002, 2008, 2012, 2013, 2014)

Mais aussi ...

4 médailles d'or olympique
(1 en simple en 2012 et 3 en double dames avec sa sœur Venus, en 2000, 2008 et 2012)

14 titres du Grand Chelem
en double dames (avec Venus) et 2 en double mixte (avec le Biélorusse Max Mirnyi)

1 Fed Cup (1999)

Dans l'histoire du tennis, personne d'autre qu'elle n'a...

- Remporté tous les titres du Grand Chelem en simple et en double ET les JO en simple et en double.
- Remporté 10 titres du Grand Chelem en simple après 30 ans.
- Remporté au moins une fois chaque tournoi du Grand Chelem après 30 ans.
- Terminé 21 saisons à plus d'un million de dollars de gains en tournois.
- Remporté des titres sur le circuit principal au cours de quatre décennies (entre 1999 et 2020).
- Remporté trois tournois du Grand Chelem au cours desquels elle a sauvé au moins une balle de match (Open d'Australie 2003 et 2005 ; Wimbledon 2009).
- Occupé la première place mondiale aussi âgée (35 ans, 7 mois et 18 jours, à l'été 2017).

17 Son nombre de victoires contre la n°1 mondiale. La 1re fois contre Martina Hingis en 1999 ; la dernière en 2019 contre Simona Halep à Melbourne.

2 Il n'y a que deux joueuses contre lesquelles Serena Williams a joué plusieurs fois sans jamais réussir à gagner : la Canadienne Bianca Andreescu, victorieuse de l'US Open 2019 (0-2, dont un abandon) et l'Autrichienne Sybille Bammer, 19e WTA en 2007 (0-2).

20-2 Son bilan contre son adversaire préférée, Maria Sharapova. La deuxième adversaire qu'elle a battue le plus souvent est... Venus Williams (19-12). La troisième Victoria Azarenka (18-5).

Photos N. Luttiau, R. Martin, Pochat / *L'Équipe*

« L'Équipe » a consacré sa Une du 10 août à l'annonce de la retraite de Serena Williams

5 Le nombre de saisons que Serena Williams a terminées à la première place mondiale (2002, 2009, 2013, 2014, 2015).

11 Le nombre record de titres remportés au cours d'une même année, en 2013.

100 % Son taux de réussite dans les finales de double dames en Grand Chelem avec sa sœur (14/14).

TENNIS Laver Cup

La sortie d'un géant

En double avec Rafael Nadal, Roger Federer a disputé son ultime match contre la paire 100 % américaine Frances Tiafoe-Jack Sock.

Roger Federer a mis un point final à sa carrière exceptionnelle à Londres. Fêté par le public et célébré par ses rivaux lors d'une soirée qui restera gravée dans la mémoire des participants.

L'ÉQUIPE DU 24 SEPTEMBRE 2022

LUCILE ALARD

Le cœur qui s'emballe et les frissons qui saisissent l'échine. Celui d'un champion et ceux d'un public en communion. Dans une O2 Arena brûlante, Roger Federer a retourné une dernière fois les tripes des 20 000 témoins. La nostalgie guettait chacun et chacune, alors que défilaient dans leur mémoire les vingt-cinq ans d'une carrière exceptionnelle.

Privé par son genou d'un 1 527ᵉ simple – son dernier, et ce qui était alors sa dernière apparition, restera son revers à Wimbledon face à Hubert Hurkacz en 2021 –, il a poussé la porte de la retraite accompagné de son plus grand rival, Rafael Nadal. Une image symbolique pour un rendez-vous vibrant. Quand le speaker a présenté le Suisse de 41 ans, son nom est resté inaudible tant les gorges se sont déployées. Le maestro, lui, était souriant et vif en marquant son premier point sur une volée saluée par tous. Il a vite réussi un tour de magie en faisant passer une balle parfaitement au centre d'un petit trou au coin du filet. La ruse n'avait pas échappé à Jack Sock et Frances Tiafoe, les *« bad guys »* de la soirée comme ils s'étaient surnommés, et malgré les huées, le point a bien été accordé à la paire américaine.

Les *« Let's go Roger, let's go »* sont descendus un peu plus tard des travées. Et on a vu un fou furieux se lancer dans un strip-tease infini puisqu'il avait revêtu une bonne quinzaine de t-shirts griffés Nadal ou Federer. Mais sur le court, « Rafa » était fidèle à lui-même, pestant sur ses quelques fautes et serrant le poing sur chaque échange gagné comme si plus rien d'autre n'avait d'importance. C'était la force de cette soirée et de cette compétition, encore jeune, qui a su créer une alchimie entre les grands noms. Ils ont défilé en tout début de session, à 19 heures, et la salle s'est dressée pour accueillir le Suisse. Main levée, puis sur le cœur, il s'est avancé. La programmation avait bien fait les choses avec le local Andy Murray en chauffeur de salle. Le Britannique aux trois Majeurs a perdu mais a bien excité tout son monde avant même l'entrée sur le court de Federer et Nadal. Et le Suisse a fixé son ultime bandeau et appliqué son dernier grip.

La procession des fans

Plus tôt dans la journée, les deux hommes s'étaient retrouvés pour un ultime échauffement sur un court annexe. Instant tout en bonne humeur, auquel les fans ont pu assister depuis un étroit couloir, entre la paroi transparente et le filet de protection. Ils défilaient en procession, regard happé par les deux légendes et le portable brandi pour saisir l'instant ultime et unique.

Le préposé à la sécurité avait beau s'égosiller (*« Continuez d'avancer, soyez sympa pour les autres »*), ils ont pris leur temps. *« C'est l'un des plus si ce n'est le plus important joueur de l'histoire de ce sport, qui le quitte après une immense et très longue carrière »*, expliquait Nadal à la veille de partager l'affiche et ce double avec Federer. Il en a été le témoin privilégié, souvent bourreau, comme lorsqu'il déboulonna la statue à Wimbledon en 2008. Il a aussi été vaincu, à l'image de cet Open d'Australie 2017 placé à un rang à part dans la carrière de Federer, qui revenait après six mois loin du circuit.

Dans le panthéon de « RF », il y a tout en haut son premier Wimbledon, en 2003, porte d'entrée de tous ses autres sacres. Puis Roland-Garros 2009, le triomphe, enfin, sur une terre battue privatisée depuis quatre ans par Nadal. Federer, Nadal et puis Djokovic, lui aussi présent et à la pointe quand il s'agissait de saluer les inspirations de Murray ou de glisser des conseils tactiques à « Fedal ». Un Big 4 devenu Big 3 alors que trois monstres affolaient les chiffres et accéléraient l'histoire. Federer restera bloqué à 20 Grands Chelems mais son jeu sublime et son irréelle aura resteront uniques.

Roger Federer et Rafael Nadal saisis par l'émotion après le dernier match du Suisse.

Devant un parterre de photographes, Carlos Alcaraz a soulevé son premier Majeur.

Bien ancré dans le court, Carlos Alcaraz est parvenu à faire basculer la finale en déployant un jeu offensif.

Alcaraz, l'enfant roi

À 19 ans et 4 mois, l'Espagnol a gagné son premier Grand Chelem en dominant Casper Ruud. Il devient le plus jeune numéro 1 de l'histoire, à l'ascension vertigineuse, au jeu implacable, au futur radieux.

Ruud	4	6	6	3
Alcaraz	6	2	7	6

L'ÉQUIPE DU 13 SEPTEMBRE 2022

DAVID LORIOT

L'histoire se fiche bien d'annoter dans la marge que cette finale ne fut pas la plus transcendante de l'année. Sous un ciel gris percé par une pluie fine, Carlos Alcaraz a abattu les murs, devenant le premier joueur de moins de 20 ans numéro 1 mondial. Entre deux jeunes hommes de 19 et 23 ans (lui et Casper Ruud), lancés dans la plus incroyable quête de leurs jeunes carrières – un premier Grand Chelem doublé du trône ! –, ce dernier acte n'a pas toujours tutoyé les sommets.

Mais le rendez-vous était tel qu'il faisait forcément des nœuds dans le ventre. Il fallait juste pouvoir s'extirper du contexte. Et Alcaraz, avec cette grinta caractéristique, ce désir insatiable de tout croquer, a su s'enhardir un peu plus que Ruud, venant notamment chercher au filet (34/45, soit 75 % de réussite à la volée) les feux d'une gloire naissante qu'il veut étirer le plus longtemps possible.

Dès le lendemain du match, dans le lobby de l'Intercontinental de Times Square, la vie du Murcien avait tout d'un coup changé. Suivi de près par une meute de vidéastes et photographes, le môme déambulait pourtant dans le hall avec cet air de louveteau ravi qui ne l'a pas quitté de toute la quinzaine. Toujours léger mais plus affamé car son sacre a posé les bases futures d'un tennis mondial qu'il compte gouverner.

Il y a deux ans et demi, il était un ado rêveur de 16 ans, 490e mondial, qui ouvrait l'année 2020 sur le circuit ITF. À New York, l'Espagnol s'est adjugé le premier Grand Chelem de sa carrière. Il est devenu le plus jeune numéro 1 de l'histoire, à 19 ans et 4 mois, supplantant l'Australien Lleyton Hewitt (20 ans et 9 mois) de la première marche de ce podium des rois précoces.

Cela paraît insensé et naturel. Car cette ascension, qu'Alcaraz visait depuis son titre à Miami au printemps, est orchestrée par un staff dédié au développement du prodige murcien depuis plus de trois ans, sous l'œil visionnaire du coach Juan Carlos Ferrero.

Wimbledon sera son défi

« *Je ne suis pas surpris*, raconte ce dernier. *Bien sûr, cela va vite. Mais je suis presque sûr que si ça n'était pas arrivé cette année, cela aurait été l'année prochaine. Quand il est arrivé à 15 ans à l'Academy, il était fin comme un spaghetti, pas de muscles dans le dos ni les jambes. Mais j'ai tout de suite vu des choses différentes par rapport à d'autres garçons.»*

New York adule les super-héros. Que la fabuleuse aventure d'Alcaraz y démarre est dans l'ordre des choses, finalement. Les augures sont déjà très bons et laissent penser que l'histoire du surdoué espagnol pourrait être longue. Cela fait des mois déjà que l'on sait qu'Alcaraz a de multiples atouts dans son jeu, un tennis ultra-complet, un corps et une tronche pour durer. Techniquement, il semble capable de gagner partout. Sur terre et sur dur, il n'y a plus de doutes. Ses six titres remportés l'ont été sur ces deux surfaces. Pour s'exprimer pleinement sur gazon, une surface qu'il dit adorer, il devra bonifier son service, et plus précisément ses deux balles. En quarts puis en demies, Jannik Sinner puis Frances Tiafoe l'ont parfois bousculé dès le deuxième coup de raquette. *«Il est à 60% de ce que peut être son jeu. Le service, le revers, la constance, les quelques trous de concentration qu'il peut avoir parfois»*, résume Ferrero.

Plus jeune vainqueur en Grand Chelem depuis Nadal en 2005, Alcaraz sait qu'il n'est qu'au début. Son quart face à Jannik Sinner sera peut-être un moment fondateur. Outre la nuit magique, la balle de match sauvée, le duel gagné à 2h50 du matin dans un stade en transe, cette soirée l'a fait basculer dans le grand monde.

1/4	1/2	finale	1/2	1/4

HOMMES

1/4
- KYRGIOS, 7-6 (11), 3-6, 6-3, 6-2
- KHACHANOV, 4-6, 6-3, 6-1, 4-6, 6-3
- BERRETTINI, 3-6, 7-6 (2), 6-3, 4-6, 6-2
- RUUD, 6-1, 6-2, 6-7 (4), 6-2

1/2
- KHACHANOV, 7-5, 4-6, 7-5, 6-7 (3), 6-4
- RUUD, 6-1, 6-4, 7-6 (4)

Demi-finale
- RUUD, 7-6 (5), 6-2, 5-7, 6-2
- ALCARAZ, 6-7 (6), 6-3, 6-1, 6-7 (5), 6-3

Finale
- **ALCARAZ, 6-4, 2-6, 7-6 (1), 6-3**

1/2
- ALCARAZ, 6-3, 6-7 (7), 6-7 (0), 7-5, 6-3
- TIAFOE, 7-6 (3), 7-6 (0), 6-4

1/4
- SINNER, 6-1, 5-7, 6-2, 4-6, 6-3
- ALCARAZ, 6-4, 3-6, 6-4, 4-6, 6-3
- RUBLEV, 6-4, 6-4, 6-4
- TIAFOE, 6-4, 4-6, 6-4, 6-3

En capitales, les têtes de série.

Un quart qui restera

Le quart de finale opposant Carlos Alcaraz, 19 ans, à l'Italien Jannik Sinner, 21 ans, a été frappé du sceau de l'histoire. Deuxième match le plus long de l'US Open (5 h 15', après les 5 h 26' d'un Edberg-Chang en 1992) et terminé à l'heure la plus tardive jamais pointée (2 h 50 du matin), cette rencontre remportée par l'Espagnol (6-3, 6-7, 6-7, 7-5, 6-3) a été jugée, par la plupart de ses témoins, comme celle du tennis de demain. Le Arthur-Ashe, encore à moitié plein pour l'ace final du vainqueur, a hurlé, tremblé à mesure que les deux jeunes monstres sculptaient, à grand fracas de coups brutaux, un monument du tennis. Ce fut le match du tournoi, sans doute de l'année. Leur capacité à asséner des frappes d'une beauté, d'une férocité et d'une violence inouïes, à les répéter sans cesse, a impressionné. Durant plus de cinq heures, ces jeunes hommes ont tapé dans la balle avec un engagement total, une implication maximale. D'ailleurs, Alcaraz a déjà prévenu : *«Nous avons une longue carrière devant nous, mais aujourd'hui, Jannik et moi avons montré que nous sommes le présent.»* **D.L.**

Swiatek est la première joueuse à gagner deux Grands Chelems lors d'une même saison depuis Kerber en 2016.

Le Swiatek express

À nouveau au-dessus en finale, la numéro 1 mondiale a remporté le troisième Grand Chelem de sa carrière, à 21 ans seulement, en dominant Ons Jabeur (6-2, 7-6 [5]).

Swiatek	6	7
Jabeur	2	6

L'ÉQUIPE DU 11 SEPTEMBRE 2022

LUCILE ALARD

L'implacable est revenue. Elle a toujours le regard dissimulé par sa casquette, la voix qui déraille quand un micro se tend mais le bras est bien là et ne tremble pas. Iga Swiatek jouait le match le plus important de ses trois derniers mois, elle a produit, dans un sens parfait du timing, son meilleur tennis. Un jeu qu'elle avait plutôt camouflé ces dernières semaines.

Devant un Arthur-Ashe comble, la numéro 1 mondiale était juste venue chercher son dû, celui de la patronne. Une fin de deuxième set tendue ne l'a pas détournée de son but et elle est repartie avec son troisième titre en Grand Chelem, le premier sur dur.

Elle a étouffé la magie de Jabeur

L'équation va devenir un casse-tête impossible pour le reste du circuit. Swiatek reste sur dix finales sans perdre un seul set. Jabeur, en la poussant à l'extrémité du tie-break dans le deuxième, est même la seule à avoir réussi à lui prendre autant de jeux en finale (8).

La Tunisienne, qui vient de perdre, elle, sa deuxième finale de suite en Grand Chelem après Wimbledon, ne s'en consolera pas. Elle a été trop erratique dans le premier set (48% de premières balles) pour bien démarrer. La Polonaise attaquait ses slices en toute tranquillité et remportait même les points où Jabeur tentait de faire parler sa magie. Cette dernière a serré le jeu, dans un deuxième set bien plus équilibré où elle a réussi, deux fois, à refaire son retard au score.

Swiatek s'est forcément posé des questions, après ce smash balancé juste derrière la ligne que Jabeur, qui avait glissé, fêtait en levant les bras, allongée par terre. Mais la Polonaise a trop de certitudes dans son jeu pour perdre ses moyens. Elle a expliqué durant la quinzaine qu'elle ne paniquait plus. Et il faut avoir des nerfs d'acier pour envoyer ce coup droit pleine ligne alors que son adversaire mène 5-4 dans le jeu décisif. La Polonaise a serré le poing avant de s'écrouler, deux points plus tard, la tête dans les mains, pour savourer son nouveau triomphe.

Elle se savait pourtant moins souveraine en arrivant à New York. Swiatek, c'était six victoires seulement entre Roland-Garros et l'US Open et des inquiétudes sur sa capacité à rebondir après ses mois déments (37 victoires de suite de février à juillet) et sa saison immaculée sur terre battue. L'avoir capable de gagner en arrivant à plus petits pas la rend encore plus dangereuse. Cette certitude de pouvoir gagner ces Majeurs est désormais ancrée profondément en elle. Le tout à 21 ans seulement, puisque Swiatek est la plus jeune depuis Maria Sharapova en 2008 à en avoir remporté trois. Elle se place dans les pas des grandes.

1/4	1/2	finale	1/2	1/4

FEMMES

1/4
- SWIATEK, 2-6, 6-4, 6-0
- PEGULA, 6-3, 6-2
- KA. PLISKOVA, 7-5, 6-7 (5), 6-2
- SABALENKA, 3-6, 6-3, 6-2

1/2
- SWIATEK, 6-3, 7-6 (4)
- SABALENKA, 6-1, 7-6 (4)

Demi-finale
- SWIATEK, 3-6, 6-1, 6-4
- JABEUR, 6-1, 6-3

Finale
- **SWIATEK, 6-2, 7-6 (5)**

1/2
- **GARCIA**, 6-3, 6-4
- JABEUR, 6-4, 7-6 (4)

1/4
- GAUFF, 7-5, 7-5
- **GARCIA**, 6-4, 6-1
- JABEUR, 7-6 (1), 6-4
- Tomljanovic, 7-6 (8), 6-1

En capitales, les têtes de série, en gras la Française.

Garcia : « C'est vrai que, là, il s'est passé un truc »

Demi-finaliste de l'US Open, de retour dans le top 10, la Lyonnaise de 28 ans, qui marchait avec des béquilles au mois de mars, apprécie d'avoir retrouvé les moyens physiques pour pratiquer le tennis offensif qui lui ressemble.

L'ÉQUIPE DU 13 SEPTEMBRE 2022

ROMAIN LEFEBVRE ET JULIEN REBOULLET

Au lendemain de sa défaite en demi-finales de l'US Open contre Ons Jabeur (6-1, 6-3), après un fol été riche de trois titres (Bad Homburg, Varsovie et Cincinnati), Caroline Garcia s'est accordé une journée de RTT à New York avant de s'envoler pour Paris, où la 10e joueuse mondiale s'est confiée.

L'été américain
« La défaite est toujours douloureuse »

« J'ai encore besoin de quelques jours et de me retrouver un peu plus tranquille dans mes routines habituelles. L'enchaînement a été assez rapide et peu importe le nombre de matches que tu as gagnés, une fois que tu perds, on ne va pas dire que tout s'effondre, mais la défaite est toujours douloureuse. Tu vois ton match, ce que tu as mal fait, ce que tu aurais pu mieux gérer, tu te dis : *"Oui j'ai fait demies, mais il me restait deux matches à gagner, quatre jours à gérer."* En demi-finales, c'est horrible car tu commences à te rapprocher de la fin, tu as fait une bonne partie du chemin, mais le plus dur reste à faire. »

Le retour dans le top 10
« Je ne l'imaginais pas si tôt »

« Plus que le retour dans le top 10, c'est l'enchaînement des tournois, des matches de haut niveau et des victoires contre plusieurs tops 10, alors que j'avais déjà du mal à battre des filles dans les 20, qui me procure la meilleure sensation. Je produisais un niveau de tennis tout en maîtrise, ce qui donne plein de place pour continuer à progresser. Revenir dans le top 10, c'était l'objectif, mais je ne l'envisageais pas si tôt. Quand j'étais retombée 75e, il y a trois mois, je commençais à me faire du souci (*Rires*). Je me disais : *"Punaise, bientôt je ne vais plus rentrer dans les tournois, c'est la galère."* Maintenant je ne me pose plus trop la question. »

La blessure
« C'est vivre avec la douleur qui t'épuise »

« En mars, je n'aurais jamais pu croire à ce qui s'est passé ensuite. Impossible. On avait une problématique au pied qui durait depuis des mois, voire des années. Une déchirure de l'aponévrose. La mienne s'est abîmée au fur et à mesure. On a essayé de traiter mais on ne trouvait pas les solutions. J'ai énormément douté. Chaque fois que je rentrais sur le court, je commençais à sautiller, j'avais encore mal. Je n'arrivais plus à l'accepter. Au bout de dix minutes, je me mettais à pleurer. Mes proches ont vu ma détresse et c'est là qu'on a décidé de me soigner pour revenir quand je serais capable de faire quelque chose. »

Après sa victoire contre Coco Gauff (6-3, 6-4), Caroline Garcia est devenue la 8e Française à se hisser en demies d'un Grand Chelem.

Le titre en double à Roland-Garros
« Une vague d'énergie positive »

« Quand j'arrive à Roland, je n'ai fait que trois jours de points, c'est un peu léger quoi… C'était un tournoi de reprise, pour voir où on en était. Je ne peux pas parler pour Kristina *(Mladenovic, sa partenaire)* mais j'étais un peu surprise de me retrouver là. Après, tu te dis que c'est une finale de Grand Chelem, je peux gagner mon deuxième titre *(après celui de 2016)* à la maison. Ça a apporté toute une vague d'énergie positive, d'émotion. »

Les attentes
« Un engouement presque démesuré »

« J'ai été surprise, positivement, par l'engouement autour de mes résultats. C'est vrai que, là, il s'est passé un truc. Est-ce que le fait d'être un peu esseulée met plus de pression, je n'en sais rien. Moi j'essaye de jouer au tennis du mieux possible, avec mon style, ma personnalité. Il y a des gens qui accrochent, d'autres non. Quand tu commences à te poser, que tu te rends compte que tu n'as pas répondu aux trois quarts de tes messages, tu vois qu'il y a eu un engouement qui paraît presque, pas excessif, mais démesuré par rapport à la performance. Après, je ne me plains pas, je suis super contente, n'allez pas croire le contraire (*Rires*). »

Épatants

Déjà champions olympiques, Matthieu Androdias et Hugo Boucheron ont été couronnés champions du monde. Après, pourtant, une saison compliquée.

L'ÉQUIPE DU 26 SEPTEMBRE 2022

MARC VENTOUILLAC

Matthieu Androdias et Hugo Boucheron ont attendu avant de lever les bras au ciel. Épuisés. Crevés. Morts. Il a fallu attendre que la sono débite à fond *Les Champs-Élysées* pour qu'ils commencent à s'animer. Au-delà de Joe Dassin, les Champs Élysées étaient, dans l'Antiquité, l'équivalent de notre paradis contemporain, et c'est bien là que se sont trouvés les champions olympiques du deux de couple sur le plan d'eau de Racice, en République tchèque.

Déjà sacrés en 2018, les Lyonnais ont retrouvé le titre mondial en allant au bout de leurs forces, mais en produisant un véritable récital. Un copier-coller de leur demi-finale : entame à fond de train, grosse avance à mi-course (1''76 sur les Australiens Bartholot et Antill), et 2''19 à l'entame des 500 derniers mètres sur les Espagnols Garcia Pujolar et Conde Romero. Suffisant pour résister à leur enlevage et franchir la ligne avec 1''18 d'avance. Quant aux redoutables frères Martin et Valent Sinkovic, ils n'ont jamais été en position d'accoster au ponton d'honneur (une première depuis 2010 !).

Pour les Français, pourtant, ce ne fut pas facile. Boucheron raconte : *« J'étais bien concentré sur Matt, sur ce que je faisais, car j'avais moins de jus qu'en demie. J'étais stressé ces quatre derniers jours. Je sentais qu'on était bien par rapport aux Espagnols. Je commençais à voir aussi les Sinko, les Australiens… Je sentais qu'on était sur le bon tempo. J'ai essayé de ramer à l'économie car physiquement, j'étais un peu dans le dur. »*

> **"C'est une belle revanche sur la saison, mais c'est quand même une grosse surprise"**
> MATTHIEU ANDRODIAS

« J'ai vraiment du mal à y croire, enchaîne Androdias. *C'est une belle revanche sur la saison, mais c'est quand même, je ne vous le cache pas, une grosse surprise aussi d'avoir atteint à nouveau ce niveau sans aucune compétition en double. »*

Les deux hommes reviennent de loin, après une difficile digestion de leur titre olympique. *« Chacun de nous a vécu un après-Tokyo bouleversant*, confesse Androdias. *Un grand chamboulement. Le titre olympique est un rêve qui se réalise et n'a rien de neutre. J'ai eu ensuite un petit garçon. Ça a fait beaucoup de nouveautés. »* Extrêmement difficile pour Boucheron qui, à la fin de l'hiver, avait dévoilé sur Facebook souffrir d'une dépression qui l'avait amené à couper. *« Il y a trois ou quatre mois, je n'arrivais pas à faire un 500 sans vouloir m'arrêter*, dit-il. *Mentalement, je n'y étais pas du tout. »*

Les deux hommes ont eu la chance d'avoir un coach peu commun, Alexis Besançon, personnage d'une grande sensibilité, toujours à l'écoute des athlètes. Il a su les entourer. *« Avec beaucoup de patience*, dit-il, *le plus de compréhension possible. En les orientant, mais en leur laissant choisir. »* S'il y a eu un tournant, c'est à Lucerne (Suisse), début juillet. Alignés en skiff, Androdias se classe 6e et Boucheron remporte la finale B. Le DTN Sébastien Vieilledent organise alors une réunion avec eux, leur coach, et le patron des Bleus, Jürgen Grobler. Pour définir la suite. *« J'étais en pleine reprise, en manque de confiance*, se souvient Boucheron. *La discussion, c'était de savoir si Matt acceptait de remonter avec moi cette année ou s'il voulait partir en skiff. La question était de savoir si on avait assez d'énergie pour accepter les difficultés qu'on pouvait avoir. Le chemin ne serait pas facile. »*

Androdias n'hésite guère. Une décision est prise : impasse sur les Championnats d'Europe en août et priorité à l'entraînement. Les deux hommes sortent rincés de leur stage. *« On est arrivés ici en se disant qu'on pouvait faire un truc sympa*, confie Boucheron, *mais de là à gagner… »* Et entrer dans l'histoire, ce qu'ils ont réussi à faire, égalant Jean-Christophe Rolland, Michel Andrieux, Adrien Hardy et Jérémie Azou, seuls Français à posséder un titre olympique et deux mondiaux.

Malgré les doutes qui ont suivi leur titre aux JO en 2021, Boucheron (à g.) et Androdias ont décroché un deuxième sacre mondial.

CYCLISME Championnats du monde

Course en ligne Élite hommes

Le monde à ses pieds

Le Belge Remco Evenepoel, 22 ans, est devenu champion du monde au terme d'une démonstration et d'un raid de 26 kilomètres en solo, qui ont tué dans l'œuf toutes les velléités des autres favoris.

Dix ans après le dernier sacre d'un Belge aux Mondiaux, à savoir celui du néo-retraité Philippe Gilbert, Remco Evenepoel s'est brillamment imposé aux antipodes pour se vêtir d'arc-en-ciel.

L'ÉQUIPE DU 26 SEPTEMBRE 2022

ALEXANDRE ROOS

Remco Evenepoel a mis un monde entre lui et les autres, à Wollongong (Australie), pour aller cueillir son premier maillot arc-en-ciel, à 22 ans seulement, plus grand écart à l'arrivée d'un Mondial depuis le sacre de Vittorio Adorni en 1968, au terme d'une petite démonstration qui lui ressemble tellement et d'un séjour à l'autre bout de la planète où seule l'attaque d'une pie flûteuse sera parvenue à l'inquiéter. Il avait démarré sa semaine australienne par une médaille de bronze sur le chrono, c'était le signe de sa grande forme, qu'il n'avait pas perdu de jus depuis sa victoire dans la Vuelta *(voir page 145)*.

On ne pourra déterminer que d'ici à quelques années la place de cette saison 2022 dans le cheminement du Belge, s'il s'agit déjà d'une sorte d'apogée ou seulement du début de quelque chose d'encore plus grand, mais ce fut en tout cas une période de plénitude, la première d'une carrière encore bourgeonnante, après des débuts où il connut des pépins et dut apprendre à canaliser son tempérament impatient. Dans tous les cas, autant l'affirmer tout de suite, Remco Evenepoel est le coureur de l'année. Quinze succès, un Monument, un grand Tour et le Mondial la même année, seuls Alfredo Binda, Eddy Merckx et Bernard Hinault l'avaient réalisé jusque-là. Le parcours de Wollongong a couronné un sacré champion, mais au terme d'une course qui sera restée frustrante, car au moment où l'on pensait que la bataille allait s'enclencher dans la côte de Mount Pleasant, le Belge s'était déjà envolé, condamnant son équipier Wout van Aert à rester à la niche.

La France présente mais impuissante

En dehors d'une petite accélération de Tadej Pogacar à un peu plus de 40 km de l'arrivée, relayé par Valentin Madouas, on ne vit quasi rien d'autre. On ne saura ainsi jamais ce que Julian Alaphilippe avait vraiment dans les cannes et il rentrera en Europe avec le mystère sur sa forme toujours dans la valise.

Remco Evenepoel a l'habitude de plier les courses comme des cocottes en papier et ce fut donc étonnant que personne ne s'alarma de le voir se glisser dans un coup à une vingtaine d'éléments, à 76 bornes de la ligne. L'équipe de France eut le malheur de mettre le futur champion du monde sur orbite, car, comme depuis le début de la course, c'est elle qui était à la manœuvre et Quentin Pacher avait sifflé le début du final en plaçant une mine dans la bosse de Mount Pleasant.

Les hommes de Thomas Voeckler eurent ensuite tort de collaborer, mais Pacher et Florian Sénéchal, qui accompagnaient Romain Bardet, n'ont pas non plus roulé comme des forcenés, et Evenepoel, qui n'a pas chômé pour provoquer la décision et partir avec Alexey Lutsenko puis larguer le Kazakh dans la pente à 26 km du terme, avait aussi du personnel. On regrettera surtout que les Bleus n'aient pas réussi à placer un de leurs hommes forts dans ce coup. Les Français ont été la nation la plus entreprenante, mais ils n'ont pas su bénéficier de leur supériorité collective et des nombreuses cartes que leur jeu comportait.

La deuxième place de Christophe Laporte embellit bien sûr le tableau, mais ce n'était pas ce pour quoi les Français étaient venus. Au bout de deux ans, le règne de Julian Alaphilippe s'est donc achevé. Il donna une chaleureuse accolade à son équipier de chez Quick-Step juste après l'arrivée. L'arc-en-ciel ne sera jamais trop loin. Mais il sera à nouveau le coureur « normal » qu'il souhaitait tant redevenir.

Classement

1. R. Evenepoel (BEL)	6 h 16'8"
2. **C. Laporte**	à 2'21"
3. M. Matthews (AUS)	m.t.

Evenepoel ému au côté de Christophe Laporte (à g.) et de l'Australien Michael Matthews.

LA VUELTA **21e et dernière étape** 96,7 km

Las Rozas - Madrid

Le rouge avant l'arc-en-ciel

Avant les Mondiaux, Remco Evenepoel avait prouvé qu'il avait tout d'un champion en remportant la Vuelta, son premier grand Tour.

Evenepoel a pu compter sur son équipe Quick-Step pour conserver sa tunique rouge.

L'ÉQUIPE DU 12 SEPTEMBRE 2022

MANUEL MARTINEZ

Personne ne saura jamais si le destin de Remco Evenepoel sur la Vuelta aurait été le même si Primoz Roglic avait terminé l'épreuve. Le Slovène est reparti chez lui après une mauvaise chute à Tomares (16e étape) alors qu'il était deuxième du général et qu'il grignotait patiemment des secondes au jeune Belge. *« Je ne peux pas dire si les choses auraient été différentes pour moi avec Roglic*, explique Evenepoel avec simplicité. *Les chutes font partie du vélo, je suis bien placé pour en parler. »* Evenepoel n'a pas envie de refaire le monde. À Madrid, il est entré de plain-pied dans la cour des grands en remportant son premier grand Tour à seulement 22 ans. *« C'est le plus beau jour de ma vie*, s'exclame sans retenue le Belge. *La récompense des sacrifices endurés ces deux dernières années. Revenir comme ça après ma chute* (au Tour de Lombardie 2020) *n'a pas été évident. »*

> **"J'ai beaucoup de respect pour Merckx, mais je n'ai aucune relation avec lui "**
>
> REMCO EVENEPOEL

L'exploit d'Evenepoel a submergé la Belgique. Quarante-quatre ans après la victoire de Johan De Muynck sur le Giro, quarante-cinq après l'exploit de Freddy Maertens sur la Vuelta et quarante-six après la victoire de Lucien Van Impe sur le Tour, un enfant du Plat Pays a de nouveau triomphé sur un grand Tour. *« C'est forcément un honneur, mais que je ne mesure pas pour l'instant »*, indique sans fard le Flamand.

Le gamin a appris à avancer sans faire l'unanimité. Pendant trois semaines, Evenepoel a répété qu'il n'avait pas été épargné par les critiques. Il faisait notamment allusion à celles émises par Eddy Merckx, qui lui avait reproché son individualisme sur la course des Jeux de Tokyo tout en ajoutant qu'il devrait s'améliorer dans beaucoup de secteurs pour gagner un jour un grand Tour. *« Ses détracteurs peuvent désormais se taire*, a rétorqué le père de Remco, Patrick Evenepoel, ancien pro dans les années 1990, au micro de la RTBF. *Remco a prouvé qu'il pouvait gagner de grandes courses et un grand Tour. C'est une très bonne réponse. »* En cours de Vuelta, le prodige belge avait aussi répondu à une question sur le Cannibale, auquel il a souvent été comparé. *« J'ai beaucoup de respect pour Eddy Merckx, mais je n'ai aucune relation avec lui. »*

Longtemps, la vie d'Evenepoel semblait plutôt destinée à tourner autour du ballon rond. D'abord au RCS Anderlecht, son club de cœur, en passant par le PSV Eindhoven jusqu'à porter le maillot de l'équipe nationale belge dans les catégories moins de 15 ans, moins de 16 ans et moins de 17 ans. *« Un jour, je sentis que je n'avais plus la motivation et j'ai tout plaqué*, avoue-t-il. *J'avais besoin d'autres challenges. »* Son arrivée dans le cyclisme sera fracassante. En 2018, il explose les compteurs en devenant champion d'Europe juniors de la course en ligne et du contre-la-montre avant de réaliser un nouveau doublé deux mois plus tard aux Mondiaux. Du jamais vu !

Suffisant pour que Patrick Lefévère, le patron de l'équipe Quick-Step, se jette dessus et l'enrôle chez les pros sans passer par la case Espoirs. *« Je n'avais jamais vu quelqu'un comme lui*, affirme le technicien belge. *Je remercie ses parents de m'avoir fait confiance en le faisant signer. J'avais promis que je m'en occuperais comme d'un fils. »*

La fabuleuse histoire du prodige aurait pourtant pu s'arrêter en 2020 dans un ravin de la descente de Sormano sur le Tour de Lombardie. Une chute terrifiante. *« Il a perdu un an, mais il s'est accroché comme personne pour revenir*, confie Lefévère. *C'est la preuve de son mental. Sa récente victoire à Liège a été un déclic. Ce n'est pas évident à 22 ans de faire ce qu'il vient de faire. »*

Main sur le cœur, Evenepoel a mis fin à plus de quarante ans sans sacre belge sur un grand Tour.

2

Annemiek van Vleuten a complété sa razzia (Tour de France, Giro) en remportant l'or mondial. Son deuxième maillot arc-en-ciel.

Classement

1. R. Evenepoel (BEL)	80 h 26'59"
2. E. Mas (ESP)	à 2'2"
3. J. Ayuso (ESP)	à 4'57"
4. M. Angel Lopez (COL)	à 5'56"
5. J. Almeida (POR)	à 7'24"
... 17. T. Pinot	à 46'20"
31. R. Molard	à 1 h 23'20"
32. C. Champoussin	à 1 h 24'39"

BASKET Championnat d'Europe finale

Espagne 88-76 France

Le rêve brisé

Les Espagnols ont mis fin aux ambitions françaises de sacre européen, grâce à un réseau défensif impénétrable et au match majuscule des frères Hernangomez.

Les 23 points du capitaine Evan Fournier (à dr.) n'auront pas suffi à faire vaciller le collectif espagnol.

L'ÉQUIPE DU 19 SEPTEMBRE 2022

YANN OHNONA

Les jeunes loups Jaime Pradilla, Usman Garuba, Xabi Lopez-Arostegui, Alberto Diaz ou Dario Brizuela doivent secouer la tête et cligner des yeux, sous le feu des stroboscopes qui illuminent le parquet de la Mercedes-Benz Arena, pour y croire. Ils sont bientôt rejoints par les frères Hernangomez, Juancho et Willy, qui viennent de détruire méthodiquement le rêve bleu de décrocher au pied du mur de Berlin un second titre de champions d'Europe.

Une colère rentrée bouillonne en Guerschon Yabusele, qui finit par envoyer valser un panneau publicitaire. Evan Fournier prolonge ses derniers instants sur le parquet, mains sur les hanches, hébété, tandis que les larmes commencent à monter. Puis le capitaine part enlacer, un à un, ses coéquipiers et chaque membre de l'encadrement de l'équipe de France.

Sa génération n'avait *«pas trop souffert contre l'Espagne»*, disait-il la veille ? Elle sera désormais marquée au fer rouge. Celui avec lequel la Roja a imprimé une finale maîtrisée quasiment de A à Z (88-76), où les Français n'auront mené que 70 secondes au début du match (1-0), grâce à un lancer franc de Rudy Gobert, qui avait dans le même temps provoqué la première faute de Willy Hernangomez.

Des pertes de balle rédhibitoires

Depuis que les Espagnols s'étaient tirés des griffes de la Lituanie (102-94 a.p.), de la Finlande (100-90) et de l'Allemagne (96-91), à chaque fois en étant menés de plus de dix points, une phrase circulait en tribune de presse : *«Nunca muere Espana»* (l'Espagne ne meurt jamais). Les hommes du sélectionneur Sergio Scariolo, lequel affiche désormais un bilan de 12 victoires pour seulement une défaite (Mondial 2010) face à la France et Vincent Collet, en ont fait leur mantra, et l'éclatante démonstration en décrochant leur quatrième titre européen (2009, 2011, 2015, 2022), en ayant à chaque fois écarté les Bleus de leur chemin dans les matches couperets.

«C'est l'Espagne, résumait le sélectionneur français dans une évidence. *Ce n'est pas que Pau Gasol et Navarro, c'est autre chose. Ils vont toujours trouver une solution. Pour les battre, il faudra plus que ça. Leur façon de jouer en équipe, leur école et leur culture du jeu, expliquent beaucoup le résultat, malgré le courage de nos joueurs. On a manqué de maîtrise et de maturité.»*

Les Bleus sont retombés dans leurs travers, comme on dit, égarant 19 ballons, dont une pelletée non provoqués. Mais si l'on peut sortir miraculés deux fois, face à la Turquie (en huitièmes de finale, 87-86 a.p.) et à l'Italie (en quarts, 93-85 a.p.), l'Espagne, elle, a sanctionné, totalisant 35 points sur les balles perdues françaises. Rédhibitoire.

Parfaitement exécuté, le plan de jeu espagnol et son impressionnant réseau défensif ont permis d'annihiler Rudy Gobert (6 points, 6 rebonds, seulement deux tirs tentés !), à qui la finale laissera un goût très amer, et de mettre en valeur les points forts de la Roja. Le poison Lorenzo Brown a frappé de manière clinique (14 points, 11 passes, 0 balle perdue), tandis que les deux frères Hernangomez, Willy à l'intérieur (14 points, 8 rebonds) et surtout son frère Juancho, auteur d'un festival incroyable derrière la ligne à 3 points (6 flèches dans le seul deuxième quart, 7/9 et 27 points au final), ont envoyé les Français dans les cordes (26-47, 18e). Les Bleus ont ensuite sonné la révolte et, sur des exploits à répétition d'Evan Fournier (23 points), Thomas Heurtel (16 points, 7 passes) et Guerschon Yabusele (13 points), ont recollé sur un 20 à 2 (46-49, 23e). Insuffisant, malgré des pourcentages au tir très satisfaisants (76 % à 2 points, 39 % à 3 points).

Leur deuxième place à l'Euro reste une grosse performance pour les Bleus si l'on considère d'où ils étaient partis et leur destin pendant la compétition, ainsi qu'un témoin de leur permanence au plus haut niveau international. Mais la douleur d'échouer une deuxième année d'affilée en finale après les JO de Tokyo n'en sera pas moins difficile à effacer.

LES DIX DERNIERS VAINQUEURS

2022	Espagne
2017	Slovénie
2015	Espagne
2013	**France**
2011	Espagne
2009	Espagne
2007	Russie
2005	Grèce
2003	Lituanie
2001	Yougoslavie

Danemark 2-0 France

Une défaite au Danemark, une victoire en six matches avant de partir au Qatar, des performances individuelles sans la moindre continuité : l'équipe de France est sûre d'échapper à l'euphorie avant de partir défendre son titre.

L'ÉQUIPE DU 26 SEPTEMBRE 2022

VINCENT DULUC

Les semaines de plomb

Est-ce ainsi que se prépare un champion du monde, avec une défaite comme une gifle, moins de deux mois avant l'aventure ? Il n'y a jamais eu de règle, vraiment, mais de bonnes ou de mauvaises habitudes. En l'espèce, les Bleus ont lâché sur leurs standards en l'espace de trois jours, effaçant l'effet positif de leur victoire sur l'Autriche (2-0) par une soirée confuse et difficile au Danemark (0-2) qui les ramène au cœur des doutes et, parfois, des inquiétudes.

Ainsi s'esquisse une continuité troublante dans les résultats, puisque l'équipe de France aura seulement gagné un match sur six avant de partir au Qatar, la plus mauvaise séquence française pré-Coupe du monde depuis 1958. Bien sûr, s'il ne faut pas croire au hasard, on peut croire aux circonstances, et suggérer, considérant les quatorze absents, que cette défaite dit quelque chose des Bleus d'un soir un peu plus que de l'équipe de France en général.

Mais cette soirée danoise, très vaguement atténuée par le maintien des Bleus en Ligue A de la Ligue des nations, une performance que l'on n'aurait jamais imaginé célébrer, dit que la dynamique générale n'est pas vraiment positive.

Un constat tremblant pour qui va devoir se battre, au Qatar, contre la malédiction qui touche des tenants du titre au premier tour de la Coupe du monde. Elle dit, aussi, combien il est difficile pour un jeune joueur d'être bon deux fois de suite en équipe de France, ce qui souligne les limites de la jeunesse et du dégagisme au niveau international. Sans Lloris et Varane, notamment, il manquait des grands frères et du commandement, même si les Bleus n'ont pas été plus décevants en terminant le match avec 8 joueurs à 8 sélections et moins. L'équipe de France a cédé parce qu'elle n'a pas su se resserrer défensivement, après vingt premières minutes positives, et parce qu'elle n'a plus été capable de bien ressortir le ballon, prenant la pression, allongeant ses relances, perdant le ballon encore plus vite, éternel enchaînement des ennuis.

Il est un peu choquant, quand même, que les Bleus aient été incapables de résoudre par eux-mêmes les problèmes survenus à la réception de tous les corners d'Eriksen, avec un écran pour libérer un joueur, souvent Delaney, rien de mystérieux. C'est comme cela que le Danemark a inscrit son deuxième but, par Skov Olsen, les Bleus manquant autant d'agressivité que d'organisation (39e), mais ce n'est pas comme cela que les Danois avaient ouvert le score, sur un bon ballon de Damsgaard vers Dolberg entre Upamecano et Badiashile (33e).

> **3**
> Hors amicaux, la France a perdu trois matches en 2022 (3 fois en Ligue des nations). C'est d'ores et déjà son pire total sur une année civile (à égalité avec 1966, 1981, 2008 et 2010)

Le retour des absents doit permettre de reconstruire

Avec les entrées de Clauss et Fofana au repos, les Bleus ont pris un peu plus d'initiatives et ils auraient pu revenir dans le match, sur quatre énormes occasions concentrées entre la 67e et la 70e minute (trois pour Mbappé, une pour Griezmann), toutes sauvées par Kasper Schmeichel, dont le frère joue à Nice. Mais les Bleus ont manqué de justesse et de méchanceté, deux vertus dont ils ne devront pas se séparer, dans deux mois.

Que sait-on de plus, au fond ? Que la hiérarchie chez les joueurs classés de 18 à 25 est assez floue. Qu'il faudra que huit ou neuf absents reviennent pour avoir une chance de rebâtir une équipe de très haut niveau. Et que la candidature naturelle d'Olivier Giroud fait plus ou moins de bruit selon les jours de la semaine.

Mais il faut déjà passer à une autre logique, celle de l'équipe de départ contre l'Australie, le 22 novembre, quatre jours avant de retrouver le Danemark. Lorsque les Danois croiseront de nouveau les Bleus, l'idéal, franchement, serait qu'ils ne les reconnaissent pas.

Alphonse Areola, malgré une belle claquette sur un corner, a concédé deux buts.

15 SEPT.

TENNIS **COUPE DAVIS.** Richard Gasquet n'a pas suffi. Vainqueur de son simple face à Jason Kubler, le Biterrois n'a pas pu empêcher la défaite de la France face à l'Australie (2-1). La deuxième de suite après celle contre l'Allemagne la veille (2-1). Conséquence : la troupe de Sébastien Grosjean est éliminée dès la phase de groupes.

7 SEPT.

VOLLEY-BALL **CHAMPIONNAT DU MONDE.** Déjà vainqueure sur un fil en huitièmes contre le Japon (3-2), l'équipe de France s'est inclinée en cinq sets en quarts contre l'Italie (24-26, 25-21, 23-25, 25-22, 15-12). Trop laborieux en attaque (49 fautes), les champions olympiques ont finalement craqué face aux futurs champions du monde.

28 SEPT.

TIR **CHAMPIONNATS DU MONDE.** Carole Cormenier a tiré juste pour arracher le titre mondial en fosse olympique. La Française de 32 ans, 12e des derniers JO, troisième des « Europe » en 2021, a eu besoin de l'arbitrage vidéo sur son avant-dernier tir pour être départagée avec l'Espagnole Fatima Galvez et s'offrir un grand bonheur.

11 SEPT.

FORMULE 1 **GRAND PRIX D'ITALIE.** À Monza, sur les terres de Ferrari, Max Verstappen (Red Bull) ne s'est pas fait prier pour décrocher sa 11e victoire de la saison et se rapprocher du titre. Arrivé derrière la voiture de sécurité, le Néerlandais a devancé le pilote de la Scuderia Charles Leclerc et George Russell (Mercedes).

22 SEPT.

FOOTBALL **LIGUE DES NATIONS.** Avec un onze remanié (Badiashile et Fofana) en raison d'une cascade de blessures, l'équipe de France a séduit et obtenu une victoire quasi décisive dans la course au maintien en Ligue A contre l'Autriche (2-0). Mbappé a ouvert le score sur un exploit personnel (56e) avant que Giroud (en photo) ne prenne le dessus de la tête sur Lienhart et trompe Pentz (65e).

25 SEPT.

HANDBALL **LIDL MOLY STARLIGUE.** Après une invincibilité de 17 mois et une vertigineuse série de 37 victoires consécutives, le PSG est tombé. Le club de la capitale s'est lourdement incliné à Toulouse lors de la 3e journée de Championnat (35-27). Une défaite qui ouvre, peut-être, la voie à une saison plus serrée que la précédente.

25 SEPT.

ATHLÉTISME **MARATHON DE BERLIN.** Comme il y a quatre ans, sur le même parcours, Eliud Kipchoge a battu le record du monde du marathon. Profitant d'un parcours ultra-roulant et de conditions climatiques idéales, le Kényan a retranché 30 secondes tout rond à la précédente meilleure marque qu'il avait fixée. Son temps : 2h1'9''.

L'ÉQUIPE DU 10 OCTOBRE 2022

FRÉDÉRIC FERRET

Insubmersible

Max Verstappen a coiffé sa deuxième couronne mondiale de rang. Dans des conditions chaotiques mais qui, cette fois, ne souffrent aucune contestation. Son règne est parti pour durer.

Classement

1. M. Verstappen (HOL, Red Bull)........................3 h 01'44''
2. S. Perez (MEX, Red Bull)................................à 27''066
3. C. Leclerc (MON, Ferrari)................................à 31''763
4. **E. Ocon** (Alpine)...à 39''685

... 18. P. Gasly (Alpha Tauri)...........................à 1'48''091

Abandon de C. Sainz (ESP, Ferrari)

Max Verstappen s'est assuré son deuxième sacre à quatre courses de la fin de saison.

Max Verstappen ne fait décidément rien comme les autres. C'est la marque des grands de savoir se distinguer mais lui le fait à des hauteurs vertigineuses. En accrochant un deuxième Championnat du monde d'affilée à son palmarès, le Néerlandais (25 ans) a clairement montré qu'il faisait partie de ces pilotes qui deviendront des légendes. Et il est en train d'écrire la sienne de manière unique.

Sa première couronne avait été conquise dans des conditions discutables et encore très discutées aujourd'hui. Max Verstappen, bien malgré lui, a été sacré pour la seconde fois dans la confusion, plusieurs minutes après l'arrivée. Cette fois, heureusement, son sacre hésitera entre le cocasse – pour lui – et le ridicule – pour l'instance réglementaire, noyée dans ses textes courtelinesques et ses décisions plus que critiquables concernant les éléments et les sorties de grue, surtout sur une piste qui coûta la vie à Jules Bianchi pour ces mêmes raisons.

Sans rival en 2022

Le titre 2022 aura au moins été officialisé. Dans des conditions quelque peu ubuesques que peu ont compris sur l'instant. Max Verstappen répondait tranquillement aux questions de Johnny Herbert lorsque l'écran géant du podium passa du bleu nuit du vainqueur au blanc éclatant du champion. Le panneau numéro 2 installé devant la Ferrari de Charles Leclerc était brutalement poussé vers la Red Bull de Sergio Perez. Pour avoir court-circuité la chicane, le Monégasque, qui avait franchi la ligne d'arrivée en deuxième position, écopait de cinq secondes de pénalité. Ce qui reléguait donc le pilote Ferrari en troisième position, synonyme de sacre pour le vainqueur du Grand Prix. L'intervieweur était interloqué, tout comme le pilote Red Bull. Durant quelques secondes, la confusion régna, avant que Verstappen ne se précipite vers sa fiancée pour longuement l'embrasser. Avant d'être félicité par son patron, Christian Horner, et d'être enlacé par Helmut Marko, l'homme qui crut en l'adolescent de 17 ans en 2014. *« Ce fut un peu confus,* avouait d'ailleurs le Néerlandais. *Même dans l'équipe, ils n'en étaient pas certains. »*

113 points d'avance à 4 GP de la fin

Après 19 Grand Prix sur 22, Max Verstappen ne pouvait, mathématiquement, plus être rejoint et possédait alors 113 points de plus que son coéquipier Sergio Perez, alors 2e.

Maintenant que tout le monde en est assuré, il est temps de célébrer dignement le talent d'un grand en train de devenir immense. Il est loin le temps où, sous l'habileté du génie naissant, se cachait la colère du gamin bouillant. Il cassait tout, s'énervait tout le temps et gâchait parfois ses chances de, déjà, tout écraser. Depuis trois ans, Max Verstappen est patiemment devenu une magistrale machine, écrasant peu à peu tout sur son passage. L'an dernier, le combat dantesque avec sa majesté Lewis Hamilton, revenu de nulle part pour le pousser à Abu Dhabi dans ses derniers retranchements, ainsi que la décision controversée de la direction de course, avaient occulté le changement de niveau du Néerlandais en 2021.

LES CINQ DERNIERS VAINQUEURS

- **2022** Verstappen (HOL)
- **2021** Verstappen
- **2020** Hamilton (GBR)
- **2019** Hamilton
- **2018** Hamilton

Cette année, cette capacité presque robotique à ne rien laisser passer fut aussi éclatante que sa seconde couronne. *« Le premier titre est bien sûr le plus émouvant mais celui-ci est le meilleur à cause des performances réalisées tout au long de l'année »*, glissait Verstappen avec ce calme de l' animal à sang glacé qu'il est devenu. Verstappen a d'ailleurs rendu hommage, avec justesse, à son équipe pour lui avoir fourni la meilleure voiture du plateau. *« Cette saison, nous avons été excellents en tant qu'équipe*, poursuivait-il. *Nous n'avons commis aucune erreur. »*

À Suzuka, dans des conditions plus que difficiles, il envoya la concurrence, toute la concurrence, à des années-lumière. Vingt-sept secondes sur ses deux poursuivants du jour, Sergio Perez et Charles Leclerc, soit ses deux seuls rivaux pour la couronne tant il fut intouchable. À Suzuka comme sur toute la saison.

Verstappen est définitivement un extraterrestre, capable de penser et d'exécuter ce qui, physiquement, ne serait pas possible. Et c'est pour cela qu'il est un grand. Installé parmi les doubles champions, il grandira sûrement vu son jeune âge. Le parcours tourmenté de Fernando Alonso n'est pas pour lui. Il est chez Red Bull pour longtemps : au moins jusqu'en 2028.

Un temps prétendant au titre en début de saison, Charles Leclerc (à g.) n'a rien pu faire face à la régularité de Max Verstappen.

JUDO Championnats du monde + 78 kg femmes

Après l'Europe, le monde

Pour ses premiers Mondiaux, Romane Dicko a été couronnée, après une journée pourtant entamée poussivement, grâce à une victoire expéditive. À seulement 23 ans.

Romane Dicko n'a eu besoin que de 65 secondes pour remporter sa finale.

L'ÉQUIPE DU 13 OCTOBRE 2022

ANOUK CORGE

«Allez! Avec mes deux gardes du corps!» À l'invitation de Romane Dicko, Séverine Vandenhende pose pour la photo, entre la nouvelle reine du monde des +78 kg et Julia Tolofua, sa compatriote, bronzée chez les «lourdes». L'entraîneuse nationale a jonglé toute la journée pour assister l'une comme l'autre. Sauf lors de la demi-finale, où elles se sont affrontées. Mais elle a respecté leur rituel dans la chambre d'appel: *«J'ai massé les trapèzes de Romane et mis des tapes assez fortes dans le dos de Julia. Après, je leur ai dit: "Maintenant, je vous laisse et bonne baston!"»*

Et quelle bataille! Après 21 secondes de duel, Dicko a collé une sacrée beigne à sa copine. *«J'avais honte, je me sentais trop mal»*, raconte la jeune femme de 23 ans, qui s'est empressée de voir si tout allait bien. *«Toujours dedans, reste concentrée»*, lui hurle son père depuis les tribunes. *«On sait que c'est une demi-finale mondiale, il faut vite se remettre dedans»*, assure Romane Dicko, pourtant bizuth du genre. Et victorieuse aux pénalités de ce duel franco-français. À la sortie du tapis, Romane a attendu Julia pour la réconforter. *«Ça ne pouvait que se finir comme ça»*, estime le père, inspirateur de la carrière de sa fille. C'est en regardant Audrey Tcheuméo, aux origines camerounaises comme eux, aux JO 2012 à Londres (3e en -78 kg) que la gamine de 13 ans accroche avec ce sport.

Être la seule fille dans le cours d'adultes, où le prof du club de Villeneuve-le-Roi (Val-de-Marne) l'envoie du fait d'un gabarit inadapté aux enfants de son âge, ne la dérange pas plus que ça. Ensuite tout s'enchaîne vite. Elle intègre le pôle Espoirs de Brétigny-sur-Orge, à 16 ans. *«Elle avait déjà un physique hors norme, avait des lacunes techniques logiques puisqu'elle a commencé le judo tard»*, confie Nicolas Mossion, entraîneur au PSG Judo, et en tribunes à Tachkent.

En 2016, pas encore ceinture noire et encore cadette, Romane Dicko est championne de France seniors et déboule à l'Insep. Son premier titre européen, en 2018, est suivi par deux ans de blessures. *«Mon physique n'était sans doute pas assez fort et mon corps a dit stop. Ça n'a pas été deux années de perdues, aujourd'hui mon corps est prêt»*, confiait-elle après son deuxième sacre continental en 2020. Bonheur triplé le 1er mai dernier en Bulgarie.

> **"Ce matin, elle m'a dit: «Je vais être championne du monde»"**
> SÉVERINE VANDENHENDE, ENTRAÎNEUSE DE L'ÉQUIPE DE FRANCE

Après une entrée poussive contre Su Xin (menée waza-ari, la Française a ipponisé la Chinoise sur immobilisation), plus grand monde ne pouvait l'arrêter. Pas plus la Néerlandaise Marit Kamps (ippon) que Julia Tolofua et enfin la Brésilienne Beatriz Souza, immobilisée après 1'5'' de combat. *«Une fois en finale, elle a été libérée, soulagée d'y être parce qu'elle n'a pas fait sa meilleure journée, elle a commis des erreurs, manqué de lucidité sur certains combats»*, analyse Séverine Vandenhende. *«Pour un premier Championnat du monde, tirer le dernier jour, l'attente est longue. En plus, la dynamique de l'équipe n'était pas facile»*, sait bien la coach. Elle a beau avoir les épaules larges, Dicko n'a que 23 ans et était l'une des sept bizuths du clan bleu à Tachkent. Mais les premières, c'est son affaire: médaille d'or à l'Euro 2018, de bronze aux JO 2021 et l'or aux Mondiaux, donc. *«Ce matin, elle m'a dit: "Je vais être championne du monde"»*, révèle Vandenhende.

En salle d'échauffement, quelques minutes avant l'ultime combat, Romane Dicko en était à deviser sur l'utilisation du subjonctif, après un câlin à son doudou et une pause musicale avec Céline Dion. En chambre d'appel, elle a proposé à Julia Tolofua de lui asséner ses fameuses tapes dans le dos, le match pour le bronze étant programmé avant. *«Quand j'ai vu Romane gagner, j'avais les larmes aux yeux, trop contente pour elle. Je lui ai dit que j'étais super fière. Elle le mérite. Même si on est concurrentes, ça reste une amie»*, assure Tolofua. Et Vandenhende de conclure, pas mécontente de cette concurrence saine: *«C'est une catégorie dense. Romane ne peut pas se reposer sur ses lauriers, pour nous, c'est parfait.»*

Dicko a parfaitement appréhendé ses premiers Mondiaux en remportant un premier titre planétaire.

Un palmarès hors norme à 23 ans

Triple championne d'Europe (2018, 2020, 2022)
Championne du monde (2022)
Championne olympique par équipes mixte (Tokyo 2021)
Médaillée de bronze olympique (2021)

Une cuvée modeste

Sans Teddy Riner ni Clarisse Agbégnénou, les Bleus ont signé quatre podiums à Tachkent.
Voici le bilan:
Or (1): Romane Dicko (+78 kg)
Argent (1): épreuve par équipes mixte
Bronze (2): Amandine Buchard (-52 kg), Manon Deketer (-63 kg), Julia Tolofua (+78 kg)

Sur le toit du monde

Mathilde Gros a réalisé une prouesse incroyable en étant sacrée championne du monde de vitesse individuelle, devant un public en délire, battant les favorites allemandes. Une métamorphose depuis les JO de Tokyo.

L'EQUIPE DU 15 OCTOBRE 2022

RALF WOODALL

En remportant le titre mondial en vitesse individuelle, Mathilde Gros a écrit l'une des plus belles pages du cyclisme sur piste tricolore, qui n'avait plus entendu la *Marseillaise* résonner pour cette épreuve depuis le dernier titre mondial de Félicia Ballanger en 1999, l'année de naissance de Gros.

Dans un vélodrome surchauffé, qui scandait « *Mathilde, Mathilde* » à tout va, elle aurait pu craquer sous la pression. Mais la Française a répondu présent. Et de quelle manière. Elle avait la rage, l'a montré à ses adversaires du jour, les Allemandes Emma Hinze (en demies) et Lea Sophie Friedrich (en finale) qui avaient écrasé le concours de vitesse par équipes en battant le record du monde.

Quand elle défia longuement du regard Hinze, Gros avait l'attitude d'une boxeuse qui rendrait coup pour coup. Après une petite erreur technique dans la première manche, la Française ne laissa ensuite aucune chance à la vice-championne olympique. La leçon avait été retenue.

> "C'est une émotion énorme. Surtout devant un tel public"
>
> MATHILDE GROS

Dans les deux derniers matches, elle prit le commandement et imposa son rythme à Hinze. En finale, Gros atomisa Friedrich en deux manches – avec deux tactiques différentes, d'abord en chasseuse pour sauter l'Allemande sur la ligne, puis en chassée en résistant à la remontée de son adversaire. « *J'ai hurlé quand j'ai vu que j'avais gagné, je pense que tout le monde l'a entendu* », lâcha-t-elle. En fait, pas vraiment, les cris des 5 000 spectateurs emplissaient le Vélodrome national d'un vacarme qui couvrait tout.

En quatorze mois, Gros s'est métamorphosée. Après une anonyme 9e place en vitesse individuelle et une 13e en keirin aux JO de Tokyo, elle avait fini la saison 2021 au bout du rouleau, démoralisée. « *Il y avait beaucoup de déception. Après les Jeux, on a tout de suite enchaîné avec les Championnats d'Europe puis du monde à Roubaix et c'était un trop plein. Depuis Tokyo, j'ai énormément changé, sur pas mal de choses.* » Adolescente, Mathilde Gros a très vite montré d'énormes capacités. Elle n'a que 16 ans quand elle intègre le groupe élite et 17 ans quand elle devient championne de France du 500 m et du keirin, ce qui lui vaudra d'être désignée comme la future Félicia Ballanger. Un fardeau un peu lourd à porter pour une athlète qui a encore tout à prouver. Contrairement à la reine du sprint mondial dans les années 1990, qui s'appuyait sur Magali Humbert et Natalie Lancien, comme partenaires, Mathilde Gros a très longtemps été la seule femme à évoluer au sein du groupe sprint qui s'entraîne à Saint-Quentin-en-Yvelines.

« *L'arrivée de Marie-Divine* (Kouamé) *et Julie* (Michaux) *au sein du groupe a aussi fait beaucoup de bien, c'est stimulant*, estimait Florian Rousseau, directeur du programme olympique à la FFC, avant ces Mondiaux. Ce titre est sûrement le déclic que Gros attendait depuis longtemps. « *Je ne visais pas le titre mais je suis heureuse d'avoir ce maillot. C'est une émotion énorme. Surtout devant un tel public. Grégory* (Baugé, son entraîneur) *me l'avait dit, quand il parlait des Mondiaux de 2015, que c'était incroyable d'avoir ce public qui te pousse. Là, je me dis que ce sera tellement bien dans deux ans pour les Jeux.* » Car ce premier sacre mondial n'est qu'une étape. Son objectif, le vrai, c'est le titre olympique.

Mathilde Gros a dû s'employer en demi-finales contre Emma Hinze (ci-dessous) avant d'aller chercher sa plus belle victoire.

Piste Championnats du monde / *américaine hommes*

Kouamé triomphe aussi

Au lendemain du succès de Mathilde Gros en vitesse individuelle, et à tout juste 20 ans, Marie-Divine Kouamé a enflammé le vélodrome de Saint-Quentin-en-Yvelines en devenant championne du monde du 500 m départ arrêté. Son temps canon (32''835), améliore son record de France (33''860) et est tout proche désormais du record du monde (32''268). Mais au-delà de ce chrono monstrueux dans une discipline non olympique, la jeune Française a succédé au palmarès de la discipline à Félicia Ballanger, la dernière Bleue à avoir été médaillée d'or sur la distance en 1999 lors des Mondiaux de Berlin.

7

Le nombre de médailles des Français lors des Mondiaux (3 ors, 3 argents, 1 bronze). C'est le meilleur bilan comptable depuis ceux de 2015, déjà à Saint-Quentin-en-Yvelines (5 ors, 2 bronzes)

Main dans la main, Benjamin Thomas (à g.) et Donavan Grondin ont utilisé leurs qualités respectives pour se parer d'or devant leur public.

En maîtres tacticiens

Benjamin Thomas et Donavan Grondin ont conclu les Championnats en apportant un troisième titre à la France. Combinant au mieux la science de la course de l'un et les charges de l'autre, ils se sont imposés au métier.

L'EQUIPE DU 17 OCTOBRE 2022

RALF WOODALL

Rien de tel pour finir en beauté que d'offrir un feu d'artifice au public. C'est ce qu'ont fait Benjamin Thomas et Donavan Grondin, le duo français engagé sur la course à l'américaine, qui ont enflammé le Vélodrome national pour la dernière journée de ces Championnats du monde à domicile. Médaillés de bronze l'an passé aux Jeux de Tokyo, d'argent en août aux Championnats d'Europe (Grondin et Boudat), les Français sont, cette fois, allés chercher l'or dans une ambiance survoltée.

À mesure que les tours défilaient, le public donnait de plus en plus de voix. *« Les derniers tours étaient vraiment exceptionnels, on était dans une situation où on a pu pleinement savourer »*, racontait Thomas. Ils avaient alors fait le trou, comptant jusqu'à 27 points d'avance avant le dernier sprint (qui compte double). Et, pendant que Britanniques, Belges, Italiens et Néerlandais bataillaient jusqu'à la ligne pour les dernières places sur le podium, Thomas et Grondin saluaient la foule.

Grondin le détonateur, Thomas la locomotive

Le second a remporté son deuxième titre mondial après celui du scratch en 2021 à Roubaix. À 22 ans seulement, le Réunionnais a été décisif dans ce succès. C'est lui qui a lancé la charge après des premiers tours très discrets. *« Au début, j'ai eu du mal à me mettre dedans, après l'omnium* (la veille, où il avait gagné la médaille d'argent), reconnaissait Thomas. *On était un peu derrière. Donavan a fait d'énormes sprints. Il m'a vraiment mis en confiance. Quand je lui demandais si ça allait, il répondait toujours oui alors que je voyais les adversaires sombrer. Quand je lui ai dit d'y aller, il y est allé. C'était la course parfaite. »*

Benjamin Thomas, désormais quintuple champion du monde, a conclu sa longue saison de la plus belle des manières. Victorieux sur route à l'Étoile de Bessèges en février, le coureur de l'équipe Cofidis repart des Mondiaux huit mois plus tard avec un nouveau titre sur piste à son palmarès.

Avec son titre sur l'américaine et sa deuxième place sur l'omnium, il a tenu son rang parmi les Bleus. *« Benjamin est la locomotive de l'équipe*, explique Steven Henry, l'entraîneur national d'endurance. *Mais l'approche des Mondiaux a été compliquée. Il est arrivé avec la boule au ventre au vélodrome, sur les freins. Je ne l'ai pas reconnu sur le scratch* (la première épreuve de l'omnium) *puis, au fur et à mesure, il s'est libéré. »*

S'il n'avait pas tout à fait les jambes, Thomas avait toujours toute sa tête. À 27 ans, il a encore démontré sa science de la course. *« Ça fait vraiment plaisir de faire équipe avec quelqu'un comme ça, qui sent la course et qui est un grand tacticien »*, saluait Grondin. Le moment décisif a eu lieu quand les Italiens ont bougé. *« Les autres avaient fait des efforts avant, les Danois avaient attaqué, les Allemands avaient attaqué, nous on s'était fait ramener un peu*, commentait Thomas. *Les Italiens, qui n'avaient pas bougé, y vont. Je me suis dit : ce sont des coureurs frais qui ne vont pas se coucher. J'ai passé le relais à Donavan et il a sauté dans la roue, il a tout de suite fait l'effort. Après, c'était de la gestion. »* Bien vu. Quand la France empocha les 20 points de bonus pour avoir pris un tour au peloton, le titre était dans la poche.

Cette victoire sur la piste des Jeux de 2024, qui plus est dans une discipline olympique, est un bon signal. Pourtant, Thomas ne veut pourtant pas en tirer de conclusion définitive : *« Aux Jeux, ça roulera plus vite, on aura aussi des adversaires différents. Là, le contexte est particulier, c'est la fin de saison, beaucoup de coureurs sont fatigués. C'est une belle référence, mais on ne va pas s'enflammer. Pour les Jeux, il faudra rester compétitifs et continuer à travailler. »*

MONDIAUX PARACYCLISME
Les Français à la fête

Dans le sillage d'Alexandre Léauté – 4 titres, 3 records du monde – la France a brillé lors des Mondiaux de paracyclisme avec 17 breloques, terminant 3e au classement des médailles.

Voici le bilan :

Or (6) : Alexandre Léauté (omnium, kilomètre, poursuite, scratch en C2), Dorian Foulon (omnium, poursuite en C5).

Argent (5) : Marie Patouillet (omnium, 500 m en C5), Heïdi Gaugain (poursuite en C5), Dorian Foulon (scratch en C5), vitesse par équipes hommes.

Bronze (6) : Marie Patouillet (scratch en C5), Heïdi Gaugain (omnium en C5), Christelle Ribault (scratch en C1-C2), poursuite par équipes femmes, Dorian Foulon (kilomètre en C5), vitesse par équipes mixte.

Alexandre Léauté

L'ÉQUIPE DU 18 OCTOBRE 2022

HUGO GUILLEMET

L'or en héritage

Il en avait rêvé à l'adolescence et le voilà couronné : Karim Benzema a soulevé le Ballon d'Or 2022 à Paris, au terme d'une soirée émouvante, entouré de ses proches et de ses idoles, Zidane et Ronaldo.

Vingt-quatre ans après Zidane, l'un de ses modèles, « KB9 » a soulevé le Ballon d'Or.

Un but dans le Clasico le dimanche, un voyage à Paris pour récupérer le Ballon d'Or le lundi : ainsi va la vie du meilleur joueur de football de la planète. Vingt-quatre heures après avoir lancé le Real Madrid sur le chemin du succès face au FC Barcelone (3-1), Karim Benzema a été couronné de la récompense suprême au théâtre du Châtelet, devant un parterre inédit d'anciens lauréats, dont certains, comme Ronaldo « Fenomeno » et Zinédine Zidane, étaient venus pour lui.

Karim Benzema s'est assis au premier rang, plein centre, entre Kevin De Bruyne et Sadio Mané, ce qui dessinait déjà un podium de choix. Juste derrière, Jean-Michel Aulas et Florentino Pérez, les deux présidents de sa vie de footballeur, se disputaient en rigolant la paternité du joyau. L'attaquant du Real, ensuite, a montré ses premières émotions de la soirée au moment d'applaudir chaleureusement Thibaut Courtois, vainqueur du trophée Yachine récompensant le meilleur gardien.

Au cœur d'une saison record, survolée dans le jeu et dans les stats, Karim Benzema a pris le plus grand club du monde sur ses épaules, au printemps, au cours d'une épopée en Ligue des champions à la narration parfois surnaturelle dont il a terminé meilleur joueur et meilleur buteur (15 réalisations). En portant son équipe de cette manière, il s'est aussi assuré un triomphe personnel : après la finale remportée face à Liverpool (1-0), il n'y avait plus de doute pour personne.

> **"Les promesses à ma mère ont été tenues et je suis très fier de ça"**
> KARIM BENZEMA

La fin de soirée était attendue, mais la salle a quand même frémi, à 22 heures, au moment de l'annonce faite par Zinédine Zidane. Le champion du monde 1998 était presque aussi heureux que le lauréat, qui a mis plusieurs minutes à prendre la parole. *« Je suis très heureux, très ému, un rêve de gamin s'accomplit,* a-t-il dit. *Il ne faut pas parler que des moments faciles, il y a aussi eu des moments compliqués, notamment la période où je n'étais pas en sélection. C'était très difficile pour moi et tous mes proches, mais j'ai beaucoup travaillé. Je m'entraîne beaucoup plus que les autres, je suis devenu meilleur. Je ne pense pas qu'à marquer des buts, je cherche surtout à m'amuser sur le terrain et à aider mes coéquipiers. Le Ballon d'Or, c'est une récompense individuelle mais selon moi, ça reste du collectif. Donc pour moi, ce Ballon d'Or est celui du peuple. »*

Il y a pire, comme existence, que d'être adoubé face au monde entier par ses deux idoles d'enfance. Quand il avait 10 ans, Karim Benzema voulait être Ronaldo. Recevoir le Ballon d'Or des mains de Zidane, à qui il succède au palmarès des Français, restera aussi un souvenir inoubliable. L'attaquant français a toujours assumé ce lien avec les deux ex-Galactiques du Real. Mais il n'a pas fait qu'admirer ses modèles, il s'en est inspiré, il leur a pris ce qu'il était en capacité de leur prendre et il est devenu ce joueur singulier, un buteur complet, un attaquant total.

L'avant-centre des Bleus ne s'est jamais détourné de ses rêves, de ses souvenirs, de la famille, du quartier et des copains d'enfance à Bron. Entouré durant la soirée de tous ses proches et de son agent de toujours, Karim Djaziri, Karim Benzema a enfin brandi son trophée, celui qu'il convoitait le plus, et tout le monde s'est mis à pleurer.

Quand il avait 16 ans, le Lyonnais nourrissait secrètement trois rêves : acheter une maison avec cheminée à sa maman, jouer au Real Madrid, et remporter le Ballon d'Or. Tout le monde a compris, désormais, que le gone du Terraillon ne se berçait d'aucune d'illusion, à l'époque. *« Les promesses à ma mère ont été tenues et je suis très, très fier de ça »*, a lâché l'homme de la soirée, et de l'année.

5

Karim Benzema est le 5e Français à remporter le Ballon d'Or après Raymond Kopa (1958), Michel Platini (1983, 1984, 1985), Jean-Pierre Papin (1991) et Zinédine Zidane (1998).

Putellas double la mise

Privée d'Euro (blessure au genou) après une saison magnifique avec le Barça, Alexia Putellas n'en est pas moins devenue la première joueuse à remporter le Ballon d'Or féminin pour la deuxième fois de suite. La joueuse de 28 ans s'est signalée en inscrivant 18 buts lors de son sixième titre national en Liga. Surtout, elle a terminé meilleure buteuse (11 réalisations) de la C1 où elle a buté sur l'OL en finale (3-1).

Palmarès 2022

Ballon d'Or masculin : Karim Benzema (34 ans, Real Madrid)
Ballon d'Or féminin : Alexia Putellas (ESP, 28 ans, FC Barcelone)
Trophée Kopa : Gavi (ESP, 18 ans, FC Barcelone)
Trophée Yachine : Thibaut Courtois (BEL, 30 ans, Real Madrid)
Trophée Gerd Müller : Robert Lewandowski (POL, 34 ans, Bayern Munich/FC Barcelone)
Prix Socrates : Sadio Mané (SEN, 30 ans, Liverpool)
Club de l'année : Manchester City

Nouvelle-Zélande 25-24 France

L'ÉQUIPE DU 6 NOVEMBRE 2022

ADRIEN CORÉE

Aux armes, au désespoir

Éliminées pour un point alors qu'elles étaient aux portes d'une première finale mondiale, les Bleues ont connu une nouvelle désillusion.

Quel bruit cela fait, un rêve qui s'éteint ? Celui des Bleues s'est évaporé dans l'air d'Auckland dans l'assourdissant fracas d'un public néo-zélandais transi. Ces cris de joie spontanés, emplis d'un soulagement à peine avouable, tranchaient cruellement avec le silence régnant dans les rangs français. La gorge tellement asséchée qu'il ne pouvait en sortir le moindre mot, les Bleues ont laissé leurs larmes parler pour elles.

Assises au pied d'un poteau, Émilie Boulard et Maëlle Filopon partageaient une peine qui semblait bien trop lourde à porter, même pour leurs solides épaules. Pour la huitième fois en huit tentatives, l'équipe de France a mordu la poussière en demi-finales d'une Coupe du monde. Cette donnée froide et absolue donne le vertige. Mais cela, les 32 Bleues réunies au bout du monde n'en ont rien à faire. Ce n'est pas leur histoire, tout au plus un héritage. D'autant qu'un twist final aurait pu changer la donne de cet haletant thriller. Mais Caroline Drouin a manqué, à la 80e minute, une pénalité à 35 mètres, légèrement à droite des poteaux. L'ouvreuse a ensuite promené son regard dans le vide, ressassant inévitablement cette balle de match manquée.

> **"On avait des ambitions, on se sentait bien, sereines. Mais à la fin, on perd"**
>
> AGATHE SOCHAT, TALONNEUSE DES BLEUES

Par la grâce d'une entame idéale, irriguée d'une agressivité rageuse et d'une efficacité clinique, les Bleues avaient pris les commandes (23e, 10-0). Et même un essai éclair de l'attaque kiwi après un coup franc vite joué (35e) n'a pas empêché l'équipe de France de rajouter un coup d'enclume sur l'ouvrage, juste avant la pause. Menées 17-10, les Black Ferns pouvaient même s'estimer heureuses de ne pas déplorer un plus grand débours. « *La première période a été très positive de notre côté*, appréciait Gabrielle Vernier. *Mais...* » Mais il y a cette reprise, au cours de laquelle les Bleues ont laissé aux Néo-Zélandaises ces centimètres qu'elles ne voulaient lâcher pour rien au monde quelques instants plus tôt.

La déception de Maëlle Filopon (à g., au sol) est à la hauteur de l'engagement mis par Marine Ménager (ci-dessus) et les Bleues.

La magie noire opérant, l'équipe de France encaissa quinze points en vingt petites minutes. « *On les a vraiment remises dans le match*, regrettait Romane Ménager. *Ce n'est pas que l'on a perdu notre agressivité, non, mais on a été moins présentes et les Black Ferns ont vite sauté sur l'occasion, galvanisées par l'événement et le public. Nous, on n'a jamais réussi à remettre la main sur le match.* »

Si la numéro 8 est bien allée inscrire son deuxième essai de la soirée pour offrir un dernier quart d'heure de frisson aux spectateurs, les Bleues avaient laissé beaucoup de cartouches physiques sur le front. Vint alors l'instant déchirant, quand Kendra Cocksedge expédia le dernier ballon en touche qui permit aux Néo-Zélandaises de valider leur place en finale, où elles retrouveront l'Angleterre. « *On a pris un coup sur la tête, on ne va pas se mentir*, souffla Agathe Sochat. *On avait des ambitions, on se sentait bien, sereines. Mais à la fin, on perd.* » Encore.

« *C'est un peu un silence de mort dans le vestiaire*, témoignait Vernier, du bout des lèvres. *Chacune est dans son coin. Il faut essayer de gérer ce moment pas évident. Cela fait trois ans qu'on bosse pour ça, deux mois qu'on prépare ce match et tous nos efforts ont été assommés par cette fin cruelle.* » Le visage encore tiré par le combat et la voix tremblante, Gaëlle Hermet était venue partager sa douleur encore vive. « *Il fallait un gagnant et un perdant, et on est du mauvais côté. C'est très dur et très frustrant. Le rugby féminin français mérite d'aller chercher quelque chose.* » La capitaine des Bleues a répété, comme ses partenaires, qu'elles se devaient, pour elles-mêmes, de remporter la troisième place de la compétition. Mais cela commence à devenir une tradition, pour nos petites bobines de froggies, d'échouer à un point du grand rêve, dans ce jardin d'Eden où les tourmenteuses de service portent le deuil de si jolis espoirs. Une bien vilaine habitude, certes. Mais une rengaine furieusement romantique.

FINALE POUR LA 3e PLACE

Les Bleues sur le podium

Tandis que la Nouvelle-Zélande est allée au bout de « son » Mondial en battant les Anglaises, pourtant favorites, en finale (34-31), décrochant ainsi son sixième sacre mondial en neuf éditions, les Bleues se sont parées de bronze pour la septième fois de leur histoire. Les coéquipières de Romane Ménager, auteure de deux des cinq essais tricolores de la petite finale, ont trouvé les ressources nécessaires pour surmonter leur déception de la demi-finale et ne faire qu'une bouchée des Canadiennes (36-0).

Caroline Garcia a ponctué une deuxième partie de saison de rêve par un titre au Masters.

Masters cheffe

Sacrée au Masters, comme Amélie Mauresmo il y a dix-sept ans, Caroline Garcia est entrée dans l'histoire du tennis français. À 29 ans, la Lyonnaise vise désormais un titre en Grand Chelem.

L'ÉQUIPE DU 9 NOVEMBRE 2022

QUENTIN MOYNET

Au milieu de la scène qui venait de la faire reine, Caroline Garcia, alors plongée dans le noir, fut soudainement éblouie par un trait de lumière attiré par son visage, tiraillé entre grimaces heureuses et émotions embrumées. Bientôt, les premières larmes chatouillèrent ses joues. Elles caressaient les cicatrices d'un passé parfois désenchanté et racontaient les échecs qui ont construit son succès, le plus grand d'une carrière que les derniers mois ont éclairée.

À quelques mètres de là, Louis-Paul Garcia, père d'abord, entraîneur des débuts ensuite, puis mentor, un temps écarté, aujourd'hui manager, n'avait rien oublié. Ni les blessures, le dos dès 2017, le pied encore récemment, quand elle se traînait en béquilles en avril dernier. Ni les doutes et les échecs qui ont nourri les critiques, à moins que ce ne soit l'inverse.

« Ça n'a jamais été facile, tout s'est toujours fait dans la difficulté. Il y a eu des jours très compliqués », soufflait le paternel, la voix fébrile au moment d'évoquer le chemin parcouru, de la *« toute petite »* brindille réservée des premières années à l'ASUL de Villeurbanne, à la gagnante du Masters, le deuxième de l'histoire du tennis français, dix-sept ans après celui conquis par Amélie Mauresmo à Los Angeles. Au bout d'une finale de cogneuses, la Lyonnaise, irrésistible au service, soyeuse à la volée, résolument offensive et plus tueuse que jamais dans les moments clés, a fait céder Aryna Sabalenka (7-6 [4], 6-4) et écrit la plus belle ligne d'un palmarès qu'elle n'est pas décidée à contempler.

> **“Ça a toujours été un objectif de gagner un Grand Chelem. Disons que c'est plus concret maintenant ”**
>
> CAROLINE GARCIA

Après plusieurs saisons galères et beaucoup de tâtonnements, il y avait des signes annonciateurs de lendemains heureux en début d'année, *« sa victoire face à Pegula à Sydney (6-4, 7-6) ou contre Halep à Doha (6-4, 6-3) »*, rappelle Bertrand Perret, son désormais ex-entraîneur, avec lequel Garcia a commencé à reposer les bases de son jeu agressif et à reprendre confiance en ses qualités d'attaquante il y a un an. *« Au début, elle était trop perfectionniste, elle n'acceptait pas de faire des fautes et, avec son jeu à risques, elle se frustrait »*, raconte le technicien, qui a quitté le navire en octobre pour des raisons extra-sportives. Et c'est finalement à la fin du printemps, dans la foulée de son titre en double à Roland-Garros avec Kristina Mladenovic, que Caroline, tombée au-delà du top 75, est réellement redevenue Garcia. Athlète d'exception portée par un service d'une efficacité rare, la Française, libérée de ses douleurs récurrentes au pied, a pu déployer son tennis offensif, plus structuré que par le passé.

Bloquée à sept succès de janvier à mai, elle a, depuis, remporté trente-six matches et glané quatre trophées dans toutes les conditions possibles : gazon (Bad Hombourg), terre battue (Varsovie), dur extérieur (Cincinnati) et indoor (Masters). Et depuis mi-juillet, elle a battu huit joueuses du top 10, de loin sa meilleure performance sur une saison. Titrée au Masters en 2005, Amélie Mauresmo avait remporté ses deux Grands Chelems l'année suivante, à l'Open d'Australie puis à Wimbledon.

La comparaison, tentante, a fait décrocher un sourire malicieux à Garcia. *« Évidemment, Amélie est une grande source d'inspiration*, glisse la nouvelle 4e mondiale. *J'espère vraiment continuer à faire grandir mon palmarès. Ça a toujours été un objectif de gagner un Grand Chelem, mais disons que c'est plus concret maintenant. »*

« Avec son jeu qui prive les adversaires de temps, de rythme et qui les intimide, Caroline est une prétendante évidente », acquiesce l'Américaine Pam Shriver, ex 3e mondiale. Dans cette quête ultime, Garcia peut encore faire évoluer certains aspects de son jeu. *« Plein de petits détails*, confirme-t-elle. *Ma deuxième balle de service peut être meilleure, plus variée, plus agressive parfois. Au retour, je peux être plus précise sur mes zones, notamment sur les deuxièmes. Physiquement, je peux encore gagner pour être plus explosive et couvrir un peu mieux mon terrain. Et tu ne vois jamais le bout de ton travail mental. »* Et Perret de conclure, admiratif : *« Caroline n'a aucune limite. »*

1472

Le nombre de points gagnants inscrits par Caroline Garcia sur le circuit WTA en 2022.

Elle devance Elena Rybakina (1230), Belinda Bencic (1202) et Ons Jabeur (1192). Elle est aussi en tête au nombre d'aces réussis (392), devant Rybakina (370), Qinwen Zheng (266) et Veronika Kudermetova (265).

France 30-26 Afrique du Sud

Toujours affamés

Au terme d'un combat de titans, les Français ont arraché une nouvelle victoire de prestige, cette fois sur les champions du monde sud-africains qu'ils n'avaient plus battus depuis 2009.

L'ÉQUIPE DU 13 NOVEMBRE 2022

RENAUD BOUREL

Du très haut perchoir d'où nous avions le privilège d'observer la qualité des débats, une nouvelle certitude est née : les personnes assises en tribune feront de meilleurs vieux que les 46 types qui se sont rendu tous les coups, pendant 80 minutes, et sans le moindre round d'observation. Alors bien sûr, il faut aimer ça. Ce rugby-là. Les combats de boue, même quand il manque l'ingrédient principal. C'est saisissant, presque effrayant.

Et puis il y a cette constante : l'équipe de France finit fort ses matches. Trop fort pour ceux d'en face. En tout cas pour le moment. Face à une telle brutalité, on a pu la croire sonnée, presque KO après avoir perdu quatre combattants en près d'une demi-heure, trois sur commotion, dont un seul (Uini Atonio) reviendrait sur la pelouse. Elle est allée arracher son 12e succès d'affilée à la rage et tout en puissance. D'abord par Sipili Falatea (74e, 27-26), après une première charge de Yoram Moefana, puis sur une dernière mêlée monstrueuse (78e) qui lui offrait la pénalité définitive (30-26). Alors il y a le tempérament, bien sûr, boosté par une confiance désormais gravée dans leur moelle, pour expliquer encore cette fin de match. Et puis il y a le travail, surtout. Cette méthode d'entraînement qui, aujourd'hui, rend ces Bleus indestructibles.

12

La France a signé contre l'Australie et l'Afrique du Sud ses onzième et douzième victoires de rang, effaçant la série record de dix succès établie par les Bleus en... 1937.

Folle intensité et maîtrise des actes et des émotions

Ce fut un match ahurissant par sa brutalité, son intensité et son scénario. On se demandait avant le coup d'envoi qui de l'hippopotame ou de l'éléphant serait le plus fort ? Il a fallu douze minutes pour identifier la tête de piaf. Elle était toute blonde, portait le numéro 7 vert et s'est rendue coupable d'un déblayage tout droit sorti des années 1970.

Sur un jeune père de famille en plus. Rouge sans appel après l'agression sur Jonathan Danty, ou comment gâcher une affiche par pure bêtise, même si au pays, ils parleront d'étourderie. À propos d'étourderie, il faudra délivrer le même diagnostic, authentique cette fois, à Antoine Dupont, passé sous Cheslin Kolbe, sur un ballon haut, et qui valait au capitaine bleu un carton de la même teinte que Pieter-Steph Du Toit (48e). Un premier carton rouge contre le meilleur joueur du monde comme pour dire que ce match-là serait tout sauf banal. Les Français ont imprimé, d'entrée, une intensité incomparable à celle de la semaine précédente face aux Wallabies au Stade de France (30-29). Sur le premier acte, c'est l'efficacité clinique des Bleus, à chaque passage dans le camp sud-africain, qui leur a permis de prendre le large. Un écart de treize points après 22 minutes de jeu (13-0) suite à un essai tricoté à la patience, à l'huile de coude et conclu par Cyril Baille, à ajouter aux deux pénalités de Thomas Ramos (3e, 17e).

Tout cela relevait du très bel ouvrage au milieu de ce « fight club » géant malgré les très grosses plumes perdues en route (Danty, Baille, Thibaud Flament). De quoi désorganiser un temps le collectif tricolore et surtout faire ressortir ses importantes lacunes sur les mauls défensifs. Elles étaient identifiées depuis l'absence de Paul Willemse (blessé) et elles ont coûté très cher : un minimum de quatre pénalités et l'essai qui ramenait les Boks à trois points (13-10) par Siya Kolisi (30e).

Un nouvel essai par Kurt-Lee Arendse (51e) et 100 % au pied avec trois buteurs différents laissaient entrevoir aux visiteurs la possibilité d'un exploit. Et puis les Bleus ont remis la main sur la rencontre. L'entrée précoce d'une autre poutre, Romain Taofifenua, en deuxième-ligne, l'improbable performance de Sekou Macalou, troisième-ligne reconverti ailier, le carton jaune de Deon Fourie (70e), la maîtrise globale de ses actes, de ses émotions, même dans l'agression, ce flegme qui contient la colère, a permis aux Bleus de se sortir d'un piège parfait jusqu'à cinq minutes du coup de sifflet final.

Le stade Orange Vélodrome et son acoustique quasi unique ont donné du coffre à un choc entre deux équipes qui étaient venues marquer un territoire. À dix mois de la Coupe du monde à la maison, le quinze de France a une fois de plus indiqué qu'il s'agissait bien du sien.

Absent du dernier Tournoi des Six Nations, Charles Ollivon retrouve le parfum de la victoire avec les Bleus.

Au plaquage Reda Wardi, Gaël Fickou et Anthony Jelonch ont fait mieux que résister au défi physique imposé par les Springboks.

6 OCTOBRE

BASKET **G-LEAGUE.** Pressenti pour être le numéro 1 de la prochaine draft NBA, Victor Wembanyama (18 ans, 2,21 m) a fait le show aux US. À l'occasion de deux matches des Mets 92 contre Ignite, une équipe de développement, le pivot français a scoré 36 et 37 points et s'est attiré les louanges des plus grandes stars NBA.

9 OCTOBRE

CYCLISME PARIS-TOURS. Arnaud Démare s'est imposé pour la deuxième fois de suite sur la classique de fin de saison. Le sprinteur de la Groupama-FDJ, 31 ans, bien lancé par le Suisse Stefan Küng, a fait la différence dans la dernière ligne droite pour devancer le Belge Edward Theuns et l'Irlandais Sam Bennett (à g.).

5 NOVEMBRE

GYMNASTIQUE CHAMPIONNATS DU MONDE. Coline Devillard a mis fin à treize années sans breloque pour la gymnastique féminine tricolore en décrochant la médaille de bronze au saut. La jeune femme (22 ans) confirme ainsi tout son potentiel, cinq ans après son titre européen sur la même épreuve.

6 NOVEMBRE

MOTOGP GRAND PRIX DE VALENCE. Un après la retraite de Valentino Rossi, l'Italie tient son successeur. À 25 ans, Francesco Bagnaia (Ducati) a profité des multiples trous d'air de Fabio Quartararo (Yamaha) durant la saison, de ses sept victoires et de sa bonne gestion du dernier GP (9e) pour être sacré champion du monde.

2 OCTOBRE

WRC RALLYE DE NOUVELLE-ZÉLANDE. Grâce à sa victoire à l'autre bout du monde, le Finlandais Kalle Rovanperä (Toyota) est devenu le plus jeune champion du monde de l'histoire de la discipline à 22 ans. Le plus jeune jusqu'ici avait été Colin McRae en 1995 à... 27 ans. Un record de précocité largement battu.

6 NOVEMBRE

TENNIS MASTERS 1000 PARIS. Après la tornade Alcaraz, voilà le tempétueux Holger Rune. Le Danois, déjà tombeur de quatre tops 10 durant la semaine, a surpris Novak Djokovic en finale (3-6, 6-3, 7-5) pour s'offrir son troisième tournoi de l'année, assurément le plus beau de sa jeune carrière, à 19 ans. La relève du tennis est là.

9 OCTOBRE

CYCLISME RECORD DE L'HEURE. Décevant lors du contre-la-montre des Mondiaux sur route (7e), Filippo Ganna s'est rattrapé en pulvérisant le record de l'heure. L'Italien de l'équipe Ineos a parcouru 56,792 km, soit plus d'une borne de plus que la précédente meilleure marque, établie par son ingénieur Dan Bigham au mois d'août.

ILS NOUS ONT QUITTÉS

UWE SEELER (ALL)

85 ANS

72 sélections en équipe d'Allemagne, finaliste de la Coupe du monde 1966.

Auteur d'au moins un but lors de quatre Coupes du monde consécutives (de 1958 à 1970).

FRANK WILLIAMS (GBR)

79 ANS

Fondateur en 1977 de l'écurie Williams F1 Team.

Sept champions du monde sur Williams (Jones, K. Rosberg, Piquet, Mansell, Prost, D. Hill, J. Villeneuve).

FRANCISCO GENTO (ESP)

88 ANS

Vainqueur de six Coupes d'Europe des clubs champions avec le Real Madrid (de 1956 à 1960, et en 1966), un record.

Douze fois champion d'Espagne.

GUY LAPORTE

69 ANS

Demi d'ouverture, 16 sélections en équipe de France.

Vainqueur du Grand Chelem en 1981.

BILL RUSSELL (USA)

88 ANS

Pivot. Onze titres NBA avec les Boston Celtics entre 1957 et 1969.

Douze fois All-Star. 2e meilleur rebondeur de l'histoire (21 620).

MANUEL SANTANA (ESP)

83 ANS

Vainqueur de quatre tournois du Grand Chelem : Roland-Garros (1961, 1964), US Open (1965), Wimbledon (1966).

Numéro 1 mondial en 1966.

FERNANDO CHALANA (POR)

63 ANS

Six fois champion du Portugal avec Benfica entre 1976 et 1989.

Champion de France avec Bordeaux en 1985.

FRANCOIS MONCLA

89 ANS

Troisième-ligne aile. 31 sélections (18 fois capitaine).

Trois Tournois des Cinq Nations consécutifs remportés (1959, 1960, 1961).

MARTIN ARAMBURU

42 ANS

Trois-quarts centre ou aile. 22 sélections avec l'Argentine.

Deux fois champion de France avec Biarritz (2005, 2006).

HERMAN VAN SPRINGEL

79 ANS

Sept fois vainqueur de Bordeaux-Paris (entre 1970 et 1981).

Tour de France : 5 étapes remportées, 6,5 jours en jaune.

BENOÎT DAUGA

80 ANS

Deuxième-ligne et numéro 8. 63 sélections, 9 fois capitaine.

Vainqueur du Grand Chelem 1968, et des Tournois 1967 et 1970.

VIKTOR SANEIEV (URSS, PUIS GEO)

76 ANS

Champion olympique du triple saut en 1968, 1972, 1976. Vice-champion olympique en 1980.

Trois records du monde, le dernier en 1972 (17,44 m).

JACQUES ZIMAKO
69 ANS
Ailier. 13 sélections, 2 buts.
Champion de France 1981 (Saint-Étienne).

FRANÇOIS REMETTER
94 ANS
Gardien de but. 26 sélections (de 1954 à 1959).
Deux participations à la Coupe du monde (1954, 1958). 3e en 1958.

HENRY ANGLADE
89 ANS
2e du Tour de France 1959. 2 jours en jaune en 1960.
Vainqueur du Critérium du Dauphiné Libéré en 1959.

MARYAN WIESNIEWSKI
85 ANS
Ailier. 33 sélections, 12 buts.
3e de la Coupe du monde 1958.

Nécrologie

■ Novembre 2021
Jean Le Droff (rugby)
Ron Flowers (ANG, football)
Bernard Magnin (basket)
CJ Hunter (USA, athlétisme)
Ray Kennedy (ANG, foot)

■ Décembre 2021
Darlene Hard (USA, tennis)
Lamine Diack (SEN, olympisme)
Horst Eckel (ALL, football)
Al Unser Sr (USA, automobile)
Victor Sillon (athlétisme)
Antoine Bonifaci (football)
André Souvré (basket)
Taniela Moa (TON, rugby)

■ Janvier 2022
Bob Falkenburg (USA, tennis)
Hervé Stéphan (athlétisme)
Jordan Michallet (rugby)
Szilvester Csollany (HON, gymnastique)
Wim Jansen (HOL, football)
Robert Péri (football)

■ Février
Tom Kiernan (IRL, rugby)
Va'aiga Tuigamala (SAM, rugby)
Ivanka Hristova (BUL, athlétisme)
Joeli Vidiri (FID, rugby)
Gilbert Moevi (football)

■ Mars
Dean Woods (AUS, cyclisme)
Shane Warne (AUS, cricket)
Gaétan Micallef (boxe)
Kirk Baptiste (USA, athlétisme)
Aimé Mignot (football)

■ Avril
Tom Smith (ECO, rugby)
Henri Depireux (BEL, football)
Georges Zvunka (football)
Freddy Rincon (COL, football)
Joachim Streich (RDA, football)
Pedrie Wannenburg (AFS, rugby)
Zoran Sretenovic (YOU, basket)

■ Mai
Manuel Abreu (football)
Mino Raiola (ITA, agent de football)
Adreian Payne (USA, basket)
Bob Lanier (USA, basket)
Faouzi Mansouri (ALG, football)
Camille Ninel (football)
Jean Carrère (rugby)

■ Juin
Yves-Marie Vérove (basket)
Julio Jimenez (ESP, cyclisme)
Phil Bennett (GAL, rugby)
Jüri Tarmak (EST, athlétisme)
Alain Plantefol (rugby)
Jean-Hervé Stievenart (athlétisme)

■ Juillet
Janusz Kupcewicz (POL, football)
Ken Kennedy (IRL, rugby)
Jean Bobet (cyclisme)
Alain David (athlétisme)

■ Août
Adèle Milloz (ski-alpinisme)

■ Septembre
Piet Schrijvers (HOL, football)
Pierre Tournier (football)
Jean-René Toumelin (football)
Patrick Van Kets (BEL, football)
Gilles Daubinet (tennis)

■ Octobre
Lucienne Schmith-Couttet (ski alpin)
Phil Read (GBR, moto)
Gerben Karstens (HOL, cyclisme)
Mike Birch (CAN, voile)

■ Novembre
Roland Guillas (football)

L'ANNÉE DES UNES DE *L'ÉQUIPE*

L'année avait débuté par les JO de Pékin, rythmés par les exploits de Quentin Fillon Maillet, Clément Noël ou le duo Papadakis- Cizeron, mais également par la maestria d'un quinze de France intouchable lors du Tournoi des Six Nations. Sans Coupe du monde de football pour animer l'été, la renaissance de la natation tricolore, portée par Léon Marchand, l'étourdissant Tour de France de la Jumbo-Visma et le beau parcours des Bleues à l'Euro ont pris toute leur place. Car le foot a évidemment été à l'honneur avec, outre le passionnant feuilleton de la Ligue 1, deux repères marquants : la célébration des 50 ans de ZZ et le Ballon d'Or de Karim Benzema. On se souviendra enfin que 2022 fut l'année des adieux de la « Queen » et du « King » du tennis, désormais retraités : Serena Williams et Roger Federer.

Du 15 novembre au 14 décembre 2021

Du 15 décembre 2021 au 19 janvier 2022

Les Fennecs sans filet
Mbappé sous surveillance
L'ÉQUIPE
ET BEN ARFA ARRIVE...
Les téléphones chauffent
Le choc des contraires

Ndombele et le PSG, l'intérêt réciproque
Algérie, l'incroyable fiasco
L'ÉQUIPE
QUI C'EST LES MOINS FORTS ?

La surprise Mannarino
Ngannou-Gane, étincelles garanties
L'ÉQUIPE
IMPARABLE
Un duo enchanteur
Le test islandais

MESSI attendu d'urgence
Monfils et Cornet, objectif quarts
L'ÉQUIPE
L'incroyable déroute
LE COUP DE MAÎTRE

Loeb, illimité à 80
MONFILS À L'HEURE DU QUART
L'ÉQUIPE
C'ÉTAIT MARCO VAN BASTEN

LE SCANDALE DES BIZUTAGES
Les Bleus assurent et se rassurent
L'ÉQUIPE
LA FORCE DE L'ÂGE
Drame aux portes du stade

Newcastle, 40 M€ pour Guimaraes
Et Monfils a calé
L'ÉQUIPE
LEUR DESTIN EN MAIN
Les avocats de la plaignante s'expriment

Verts espoirs
DEMBÉLÉ Le poker menteur
L'ÉQUIPE
LES BRAQUEURS
Nos porte-drapeaux à Pékin

Tout près des étoiles
L'ÉQUIPE
MONEY TIME
MEDVEDEV-TSITSIPAS Duel sans merci
Dans les pas du staff toulousain

NADAL, pour l'histoire
Blas, en état de grâce
L'ÉQUIPE
MALHEUREUX EURO
ICI COMMENCE LE RÊVE AMÉRICAIN
3 000 000 €

NADAL ET MEDVEDEV Deux rois sans joker
Versailles royal, Bastia impérial
L'ÉQUIPE
ADROITS AUX TIRS AU BUT

L'ÉQUIPE
LE MARTIEN

Nadal : « On n'en a pas terminé »
L'ÉQUIPE
BULKA, GARDIEN N°1
« OLYMPICO » Refaites vos jeux
Lacazette fait rêver l'OL

Le CIO dans l'étau
La face cachée du mercato
L'ÉQUIPE
ULTRA POSITIF

Perrine Laffont en reconquête
Mané guide le Sénégal
L'ÉQUIPE
ANTOINE DUPONT « J'AI TOUJOURS ÉTÉ UN LEADER DE JEU »

L'ÉQUIPE
PÉKIN 2022
LE GRAND LIVRE BLANC

Au relais de dégainer
Sans Galthié et en sursis
L'ÉQUIPE
MILIK DÉCLIC CHOC

De l'argent pour se lancer
L'ÉQUIPE
Le grand jour de Laffont
TAPER FORT VISER LOIN
Monaco dans le bon wagon
LE DUEL DES TALENTS

Leçon pour un champion
L'ÉQUIPE
NOUS AVONS RENCONTRÉ PENG SHUAI
Le Sénégal enfin sacré
Le bonus pas le brio

Clarey toujours plus jeune
Chevalier-Bouchet presque parfaite
L'ÉQUIPE
MARCO VERRATTI « Il arrive que les gens me prennent pour un fou »
Villière : « Une hargne et une envie débordante »

L'argent pour consoler Ledeux
PARIS CIBLE HAALAND
L'ÉQUIPE
QUENTIN FILLON MAILLET ENFIN SON OR

Trespeuch, l'argent très content
L'ÉQUIPE
Bordeaux, Guion plus que favori
JUSTIN PUR TALENT

Nantes recevra Monaco
Atonio, le retour en force
L'ÉQUIPE
EN RÉALITÉ AUGMENTÉE

MBAPPÉ, roi du money-time
PAPADAKIS-CIZERON Retour en glace
L'ÉQUIPE
DÉJÀ UNE PREMIÈRE FINALE

FILLON MAILLET valeur sûre
L'OL régale enfin !
L'ÉQUIPE
Feu d'artifice à Los Angeles
EN POSITION DE FORCE

Milik met le feu
Bordeaux touche le fond
L'ÉQUIPE
LE VENT DE L'HISTOIRE

SHOW DEVANT
L'ÉQUIPE
GOLDEN ICE
PAS BESOIN DE REGARDER LE CIEL POUR VOIR DES ÉTOILES
CANAL+

QUENTIN FAIT CROQUER LES COPAINS
L'ÉQUIPE
MAIS SI, C'EST ENCORE LUI !
HUBLOT

Comment Pochettino a piégé le Real
Coman, sauveur du Bayern
L'ÉQUIPE
Les Bleues déroulent
LA MAGIE DE NOËL

Fillon Maillet face à l'histoire
Milik olympique
L'ÉQUIPE
PROLONGATION DE MBAPPÉ VRAIMENT IMPOSSIBLE ?
Ingebrigtsen enflamme Liévin

Neymar très attendu
Lille lambine avant Chelsea
L'ÉQUIPE
À COUPER LE SOUFFLE
HAMILTON : « Surveillez-moi bien cette saison »

FILLON MAILLET « Ça va être difficile de faire mieux »
Toulouse, l'incroyable série noire
L'ÉQUIPE
MAGIE JAUNE

Djokovic, retour majeur et pas vacciné
Le Racing se paie le leader
L'ÉQUIPE
CLERMONT ÉTEINT LE VOLCAN

Paris peine sur penalties
Qui pour remplacer Villière ?
L'ÉQUIPE
SUPER TUESDAY
LE CHAMPION DE FRANCE DÉFIE LE CHAMPION D'EUROPE
CANAL+

Ntamack et Dupont fêtent leurs trois ans
OM, un vestiaire sur les nerfs
L'ÉQUIPE
UNE CLASSE D'ÉCART

Manchester s'en sort bien
Rallumer la flamme
L'ÉQUIPE
Sept matches ferme pour Antonetti
NOVAK DJOKOVIC « Pas l'impression d'être une menace pour les autres »

Du 20 janvier au 24 février 2022

Du 25 février au 1er avril 2022

Du 2 avril au 8 mai 2022

Du 9 mai au 13 juin 2022

Du 14 juin au 19 juillet 2022

Du 20 juillet au 24 août 2022

Du 25 août au 29 septembre 2022

L'ÉQUIPE
MOLARD SANS MOLLIR
DERNIER APPEL AVANT FERMETURE

L'ÉQUIPE
À L'ASSAUT DU MONDE
MISSIONS VERS MARS

L'ÉQUIPE
UNE VICTOIRE SANS ÉCLAT
LENS SUR SA LANCÉE

L'ÉQUIPE
LENS TOUT EN HAUT...
LE PARIS DE TOUS LES PARIS

L'ÉQUIPE
SACRE ROYAL
POGBA Le scandale familial...
ACCROCHES

L'ÉQUIPE
ATCHER ÉCARTÉ DE L'ORGANISATION
LA POGBAFFAIRE

L'ÉQUIPE
DES BLEUS INDOMPTABLES
TUDOR, LE GRAND DUC DE SPLIT

L'ÉQUIPE
LE RETOUR DE L'ABONDANCE
UN DÉFI XXL

L'ÉQUIPE
LES BLEUS SE COMPLIQUENT LA TÂCHE
LES JEUX SONT FAITS

L'ÉQUIPE
LES BLEUS SOUS PRESSION
Ça grince au PSG...
LA FACE CACHÉE DU MERCATO

L'ÉQUIPE
FOURNIER RELANCE LES BLEUS...
PARIS PEINARD

L'ÉQUIPE
BINGO, C'EST EMBOLO
GARCIA LE RÊVE ÉTOILÉ

L'ÉQUIPE
SUPERBE LIGUE

L'ÉQUIPE
TIREZLES PREMIERS
LA FUSÉE DÉCOLLE

L'ÉQUIPE
LEUR MONDE S'EFFONDRE
L'OM CHANCELLE

L'ÉQUIPE
LA REINE QUI AIMAIT LE SPORT
NANTES JUBILE

L'ÉQUIPE
EN TÊTE, CE SONT LES CORONS

L'ÉQUIPE
PARIS AU PETIT TROT
DROIT DEVANT

L'ÉQUIPE
LES TIREURS DE L'OUEST
LYON ACCUSE LE COUP

L'ÉQUIPE
VAINCRE À TOUT PRIX
L'OPTION QUI RELANCE LE FEUILLETON

L'ÉQUIPE
MESSI EN TERRE PROMISE
REFAITES VOS JEUX

L'ÉQUIPE
LES TROIS MAGES
MIRACLE À LA FRANÇAISE

L'ÉQUIPE
GOD SAVE THE KING

L'ÉQUIPE
AMINATA DIALLO EN DÉTENTION PROVISOIRE
TOTALE MAÎTRISE

L'ÉQUIPE
LE CLASICO FINAL
SANS RIRE ?

L'ÉQUIPE
TROP HAUT POUR LES BLEUS
CAPITAL MESSI

L'ÉQUIPE
EN CLASSE AFFAIRES

L'ÉQUIPE
DE LOURDES RÉQUISITIONS
UN COIN DE CIEL BLEU

L'ÉQUIPE
NE PAS DESCENDRE PLUS BAS
«LA FIN D'UN CONTE DE FÉES»

L'ÉQUIPE
LES BLEUES FRAPPENT FORT D'ENTRÉE
NETTEMENT MOINS FLOU

L'ÉQUIPE
LA DER DE FEDERER
AU BOUT DE SON MONDE

L'ÉQUIPE
OLLÉ-NICOLLE : «J'AI ÉTÉ UTILISÉ»
AMIS POUR L'ENVIE

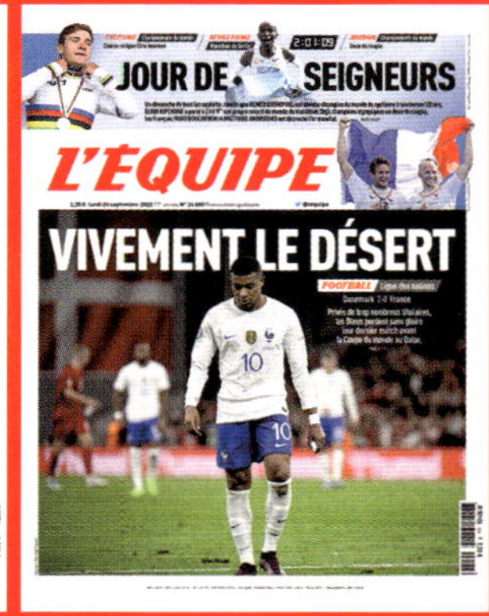
L'ÉQUIPE
JOUR DE SEIGNEURS
VIVEMENT LE DÉSERT

L'ÉQUIPE
TOUT POUR ÉVITER LES ÉTATS-UNIS EN QUARTS
TERRAIN GLISSANT

L'ÉQUIPE
LES BLEUES FACE À UNE MURAILLE
LE QATAR, C'EST TOUT DROIT

L'ÉQUIPE
SADAF KHADEM
DÉSACCORDÉS

Du 30 septembre au 4 novembre 2022

Du 5 novembre au 14 novembre 2022

L'ÉQUIPE, 40-42, quai du Point du Jour, 92100 Boulogne-Billancourt.
Président : Aurore Amaury.
Directeur général, Directeur de la publication : Laurent Prud'homme.
Directeur de la rédaction : Jérôme Cazadieu.

LE LIVRE DE L'ANNÉE 2022, UN AN DE REPORTAGES DES JOURNALISTES DE L'ÉQUIPE

Les impératifs de fabrication nous ont amenés à clore la prise en compte des événements au 13 novembre 2022. Les événements survenus depuis seront traités dans notre édition 2023.

Crédits photographiques

L'ÉQUIPE

Sébastien Boué, Philippe Caron, Franck Faugère, Pierre Lahalle, Nicolas Luttiau, Stéphane Mantey, Alain Mounic, Bernard Papon, Jérôme Prévost, Franck Seguin
Et aussi : Benjamin Crémel, Xavier de Nauw, Étienne Garnier, Laurent Gudin, Alex Martin, Baptiste Paquot, Frédéric Porcu, Aléxis Réau, Sylvain Thomas.

PRESSE SPORTS

p. 4 Hasan Bratic/Picture Alliance (haut), Lukasz Swiderek/PSP (bas g.)
p. 5 Denis Boulanger (bas g.)
p. 8 Ayman Aref/PIcture Alliance
p. 11 Frank Molter/PIcture Alliance
p. 14 Gary A. Vasquez/USA Today Sports (bas g.)
p. 15 USA Today Sports
p. 36-37 Kenjiro Matsuo/Aflo Sport, Koji Aoki/Aflo SPort (bas g.)
p. 40-41 Gregory Picout, Luc Percival/CPSF (haut g.)
p. 43 Kirby Lee/USA Today Sports (bas g.)
p. 45 Lennart Preiss/Witters (milieu), Simon Stacpoole/Offside (d.)
p. 51 JFK/EXPA, Christophe Pallot/Zoom
p. 52 Christophe Pallot, Alexis Boichard/Zoom
p. 53 Alexis Boichard/Zoom (bas)
p. 54 Ilario Biondi, Luca Bettini/Sprint Cycling Agency (haut & bas)
p. 61 Maurizio Borsari/Aflo Sport
p. 62 Jayne Kamin-Oncea/USA Today Sports
p. 63 Luca Bettini/Sprint Cycling Agency (bas g.)
p. 71 Laszlo Geczo/Inpho
p. 72 Hoch Zwei/PIcture Alliance
p. 73 Simon Stacpoole/Offside
p. 74-75 Michael Madrid (double), Geoff Burke (g.)/USA Today Sports
p. 79 Oscar J. Barroso/AFP7, David/Cordon
p. 80 Hoch Zwei/PIcture Alliance
p. 89 Luca Bettini, Ilario Biondi/Sprint Cycling Agency
p. 91 Paul Chesterton/Focus Images/EXPA (haut g.)
p. 92 Pieter Stam De Young/ANP SPORT (bas g.)
p. 103 MotoGP.com/Cordon (haut), Mateusz Jagielski/PSP (bas)
p. 107 Dirk Waem/Belga (haut g.), MotoGP/Pool/Cordon (haut d.), USA Tocay Sports (milieu d.)
p. 114-115 Charlotte Wilson/Offside
p. 122 Rob Prange/AFP7 (bas g.)
p. 126 Hoch Zwei/PIcture Alliance (haut d.)
p. 129 Jo Kleindl/Eibner/EXPA (haut)
p. 131 Picture Alliance/Geisler-Fotopress (bas)
p. 135 Susan Mullane/USA Today Sports
p. 136 Eric Knoll/Images Inn (haut d.)
p. 140-142 Danielle Parhizkaran, Robert Deutsch/USA Today Sports
p. 145 Luis Angel Gomez/Sprint Cycling Agency
p. 148-149 Remko de Waal/Anp Sport (bas d.), Tino Henschel/Eibner/Expa (bas g.)
p. 150 Hasan Bratic/Expa, Hoch Zwei/Picture Alliance
p. 156 Rob Prange/AFP7
p. 159 Pool/ MotoGP.com/Cordon (milieu g.), Ivan Benedetto/Sprint Cycling Agency (bas d.)
p. 161 Malcolm Emmons (B. Russell)
4e de couverture : Pool/ MotoGP.com/Cordon (F. Quartararo), Paul Brechu/Zoom (M. Shiffrin), Danielle Parhizkaran/USA Today Sports (S. Williams), Michel Cottin/Zoom (T. Worley), Koen Van Weel/ANP SPORT (M. Verstappen).

Un ouvrage réalisé par Jean-Christophe Bassignac avec Paul Rouchard et Clément Aubry, sous la direction de Laurence Gauthier.
Direction artistique : Benoît Juge, Bertrand Lacanal.
Chef de studio : Thomas Bastin.
Maquette : Karim Mezoudji, Jean-Marc Guyot.
Infographie : Arnaud Varatges, Jean-Noël Mélinon.
Détourage et traitement photos : Vincent Dursen, Kamel Benbahi, Denis Farges.
Iconographie : Dorothée Lefebvre, avec Stéphane Cabaret, Côme Persat et François Samson.

AFP

Couverture : Katelyn Mulcahy/Getty Images (Caroline Garcia)
p. 14 Brenton Edwards (haut d.), Ezra Shaw/Getty Images via AFP (milieu g.)
p. 54 Marco Bertorello (milieu)
p. 76 Nikolay Doychinov (milieu & bas)
p. 106 Jack Guez (milieu g.)
p. 136 Giuseppe Cacace (haut g.)
p. 159 Guillaume Souvant (haut g.)

Autres

p. 9, p.14 (milieu d.), p. 61 (haut) PA Images/Icon Sport
p. 42 ActionPlus/Icon Sport (bas)
p. 48 DeFodi Images/Icon Sport
p. 53 Mario Buehner/Icon sport (haut)
p. 49 Manzoni, Bildbyran/Icon Sport
p. 55 XPB, Hoch Zwei/Icon Sport
p. 63 SUSA/Icon Sport
p. 68 Spi/Icon Sport
p. 72 XPB/Icon Sport
p. 76 Gepa/Icon Sport (haut)
p. 88 LaPresse/Icon Sport
p. 99 XPB/Icon Sport
p. 106 Schreyer/Icon Sport
p. 123-124 Augusto Bizzi/Icon Sport
p. 127 Proshots, SUSA/Icon Sport (haut g. & d.)
p. 128 LaPresse, SUSA/Icon Sport
p. 130-131 (haut) Sirotti/Icon Sport
p. 136 Proshots (milieu d.), John Angelillo (bas d.)/Abaca / Icon Sport
p. 149 Franco Arland/Icon Sport (bas g.)
p. 155 Dave Lintott/Icon Sport
p. 159 McKlein/Icon Sport (milieu d.)
4e de couverture : Sirotti/Icon Sport (S. Vigier), Augusto Bizzi/Icon Sport (Y. Thibus et E. Lefort)
p. 10-11 Antoine Couvercelle/Panoramic
p. 81 Elyxandro Cegarra/Panoramic (bas)
p. 14 Helen H. Richardson/MediaNews Gr
p. 92 Jari Pestelacci/Eurasia Sport Images/Getty Images (milieu d.)
p. 102 Erdem Sahin/MaxPPP (haut), FIE (bas)
p. 143 Martin Divisek/MaxPPP
p. 126 Dario Belingheri/Getty Images (haut g.), ATHLE.ch (bas g.)
p. 148 J.Heise/FFTIR (bas)
p. 153 Fédération Française Handisport (bas d.)

Achevé d'imprimer par Pollina en novembre 2022

ISBN13 France Messagerie : 978-2-36347-084-3
Dépôt légal décembre 2022
ISBN13 diffusion Interforum : 978-2-263-18291-4

L'EQUIPE
le Livre de l'année
96
L'ÉQUIPE
le Livre de l'année
97
L'EQUIPE
le Livre de l'année
98
L'EQUIPE
le Livre de l'année
99
L'EQUIPE
le Livre de l'année
00
L'ÉQUIPE
Le livre de l'année 2001
L'ÉQUIPE
Le livre de l'année 2002
L'EQUIPE
LE LIVRE DE L'ANNÉE 2003
L'EQUIPE
LE LIVRE DE L'ANNEE 2004
L'EQUIPE
LE LIVRE DE L'ANNEE 2005
L'EQUIPE
LE LIVRE DE L'ANNEE 2006
L'EQUIPE
LE LIVRE DE L'ANNEE 2007
L'EQUIPE
LE LIVRE DE L'ANNEE 2008
L'EQUIPE
LE LIVRE DE L'ANNEE 2009
L'EQUIPE
2010
LE LIVRE DE L'ANNÉE
L'EQUIPE
LE LIVRE DE L'ANNÉE
2011
L'EQUIPE
LE LIVRE DE L'ANNÉE
2012
L'EQUIPE
LE LIVRE DE L'ANNÉE
2013
L'EQUIPE
LE LIVRE DE L'ANNÉE
2014
L'ÉQUIPE
BRAVO LES BLEUS
MERCI LES BLACKS
LE LIVRE DE L'ANNÉE
2015
L'ÉQUIPE
Le livre de l'année
2016
L'ÉQUIPE
Le livre de l'année
2017
L'ÉQUIPE
Le livre de l'année
2018
L'ÉQUIPE
Le livre de l'année
2019
L'ÉQUIPE
le livre de l'année
2020
L'ÉQUIPE
le livre de l'année
2021